ちくま学芸文庫

ポパー〔第2版〕

小河原 誠

筑摩書房

本書は、一九九七年三月十日、講談社より「現代思想の冒険者たち」の第一四巻として刊行された。文庫化にあたっては、改訂を施した。

第2版序

本書はかつて筆者が講談社の「現代思想の冒険者たち」シリーズ第一四巻として刊行した『ポパー　批判的合理主義』（一九九七年）の改訂版である。改訂にあたっては全体の構成には手をつけず、基本的に誤記や表現などの修正をおこない、また若干の補足を加えて読みやすくすることに努めた。（一部、センテンスそのものを変更したり、翻訳書からの引用文をより趣旨の明瞭なものに取り換えた箇所もある。）

旧版では、種々の事情から引用箇所は明示していなかったが、本版では明示した。そのさい、いろいろご教示くださった蔭山泰之氏と松尾洋治氏には心から感謝申し上げたい。翻訳の引用文は、本書の入門書的性格にかんがみ、既存の訳書から採用させていただいたが、本文と合わせるために若干の変更を加えた箇所もある。

二〇二四年四月

小河原　誠

まえがき

カール・ポパーの著述はどれもこれもじつに明快なことばでつづられている。てらいや虚仮脅かしなどどこにもない。かれは率直に語り、率直に批判に身をゆだねる。

このような思想家について解説が必要なのだろうか。解説は屋上に屋をかさね、かえってポパーの思想の真髄を覆い隠すことになりはしないか。

たしかに筆者もかつて、この国における研究のスタイルにならって、そしてまた研究者としての評価を得ようとして、ポパーの評伝を書きたいと思ったことがある。哲学を学んだ一学生として、自分の研究した思想家の生涯と思想の全体を描き出してみたいものと、心密かに野心を暖めつづけていたときがある。

しかし、筆者がかつてそのもとで学んだことのある故バートリー教授が、ポパーについての詳細な研究をつづけられていたことを知った頃から、筆者の密かな野望は消え失せていった。せめて、ポパーその人のもとで学び、かつきびしく批判することのできるほどの才能に富んだ人物による詳細な研究がでたら、その翻訳くらいはさせてもらいたい。野望は、己の能力に見合って、つつましい水準に落ちついていた。

にもかかわらず、いま臆面もなく執筆を引き受けたのはどうしてか。およそ信じがたいようなポパー像が流布していることに対するいらだちもあった。論敵が描き出した像を鵜呑みにしているだけの議論、ポパー哲学の全体を見ないで聞きかじりの知識で全体を割り切ったり、切り捨てている議論、こうしたものに対する敵愾心があったことを隠すつもりはない。しかしながら、ポパーの知的明晰性に対する憧れこそが、この知の巨人を描くことへのいっさいの躊躇《ちゅうちょ》を吹き飛ばし、向こう見ずな企てへとかき立てた原動力であったような気がする。己の精神のあまりにものたくったような動きを自覚するにつれ、問わざるをえない。なぜ、あらゆる領域にわたってかくも明晰に書くことができるのか、と。ここで急いで述べておくが、筆者には、明晰さの背後に何が潜んでいるのかといった人格の謎解き的な、あるいはフロイト的な問いを提出するつもりはまったくない。そうした問いは、無意味ではないであろうが、本書の枠の外にある。

問題を熟知すること、かれの明晰性の秘密はこのあたりにあるのではないだろうか。ポパーは、われわれにかれ自身と同じ見解、立場をとることを要求しない。かれは、ひたすら問題と真正面から取り組み、格闘し、成果を取り出す。かれは、われわれに最初から特定の立場に立って問題に臨むのではなく、ただ試行し、解を練り上げることを要求するのみである。

筆者もおよばずながら、ポパーが取り組んだ問題をたどり、かれの思考の筋道を描き出してみたいと思う。もとより、ポパーと同じ明晰性の水準に達しうるとは思わないが——それを望むことだけは許されると信じて。

目次

第2版序　003
まえがき　005

第一章　若きポパー　017
1　ウィーン、時代の激動　018
2　マルクス主義との出会い、そして別離　027
3　科学についての基本的洞察　033
4　音楽、そして芸術と科学　049
5　哲学者への歩み　068

第二章　反証主義　099
1　認識論の二大根本問題　100
2　帰納の問題　106
3　探究の論理　116
4　因果的説明のモデル　117
5　反証可能性の理論──論理的側面　122
6　境界設定問題──方法論的反証主義　148

7　反証可能性の度合い——理論比較のための基本的考察　158

第三章　社会科学の方法　171

1　イギリス滞在、そしてニュージーランドへ　172
2　『ヒストリシズムの貧困』と『開かれた社会とその敵』の成立事情　177
3　ヒストリシズムの貧困　181
4　弁証法の克服　195
5　状況の論理　201

第四章　開かれた社会とその敵　209

1　プラトン　212
2　マルクス　219
3　政治哲学——民主主義の理論　225
4　合理主義の根本問題　236

第五章　思想の冒険——論争の哲学　253

1　批判の伝統——ソクラテス以前の哲学者に帰れ　255

2 ウィトゲンシュタイン批判——哲学的問題は存在するか 262
3 いわゆる「実証主義論争」について 272
4 パラダイム論争 288

第六章 オープン・ユニヴァース 301
1 非決定論 303
2 三世界論 335
3 進化論的認識論 343
4 自我とその脳 368

第七章 倫理 391
1 ヒストリシズムの倫理への批判 394
2 ヒストリシストの倫理への対抗倫理 400
3 倫理と認識論 408
4 新しい職業倫理 417

ポパー略年譜　423
主要著作ダイジェスト　436
キーワード解説　444
読書案内　451
あとがき　457
索引　i

カール・R・ポパー

ポパー〔第2版〕

第一章

若きポパー

1　ウィーン、時代の激動

父親の哲学

カール・ポパーは一九〇二年七月二八日にオーストリアの首都ウィーンで同化（改宗）したユダヤ人家庭に生まれた。父のジーモン・ジークムント・カール・ポパー（Simon Siegmund Carl Popper, 1856－1933）は、他の二人の兄弟と同じく、ウィーン大学で法律学の学位をとった法律家であった。ジーモン・ポパーはまた、自由主義者最後のウィーン市長であったカール・グリューブルの法律事務所のパートナーであり、一八九六年にはグリューブルから完全に法律業務を引き継いでいた。妻となったイェニー・シフ（Jenny Schiff）は音楽の才能や学問的才能で著名であったシュレージンガー家とシフ家につながる人であった。夫妻は、われわれの主人公カールが生まれる前にルター派に改宗していた。

父のジーモンは、成功したユダヤ人として、経済的地位が上昇するたびにそれにふさわしい住居に引っ越した。かれが三度目に引っ越した旧市街（バウエルンマルクト）のアパートメントはまさにかれの地位を象徴する。まず、この区自体が、上流ブルジョワの住む地区であった。かれは、ここに当時経営していた法律事務所、建築会社、融資組合の部屋を含めて二〇以上の部屋をもつアパートメントを手に入れたのである。当時の教養人の趣味で飾られた部屋の窓からはウィーン市のシンボルである聖ステファン大聖堂を望むことができた。

さて、ポパーがユダヤ系であり、上流ブルジョワジーの子弟であるという事実そのものは、ポパーの哲学を理解するうえではほとんどなんの意味ももたないように見える。というのも、かれの哲学は、哲学一般がそうであるように、高度に抽象的なものであり、くわえて科学という普遍的な知識についての冷静で批判的な考察を基軸として展開されているからである。とりわけ、普遍的な真理を探る傾向の強いポパーの哲学においては、民族的な背景とか社会的経済的要因はとうぜんのことながら濾過されてしまい、なんらの痕跡さえ残していないように見える。そして、このこと自体は、かれの哲学の名誉ではあっても、なんら非難されるべきことがらではないであろう。

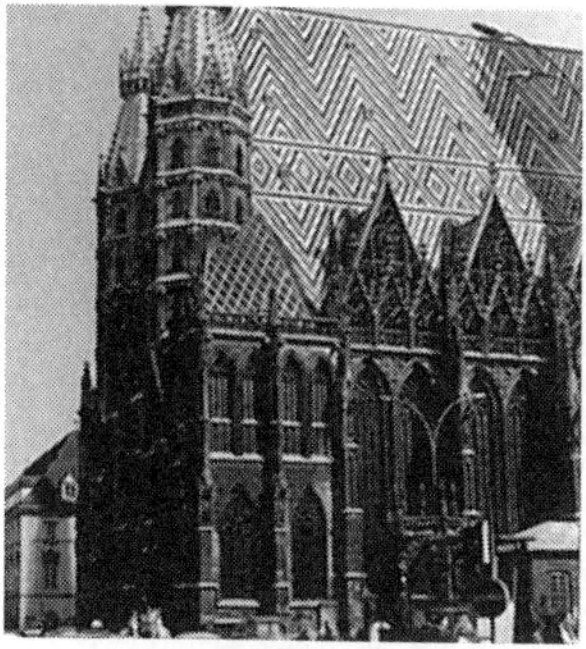

聖ステファン大聖堂

しかしながら、ポパーの歩んだ人生、あるいはかれの哲学の時代的背景を少しでも追体験的に理解し、そしてかれの哲学を時代の中に埋め込んで描き出してみようとするときには、かれがみずからの責任において選びとった属性ではなく、生まれながらに背負わされた属性、つまり「ユダヤ系」であり「上流ブルジョワジーの子弟である」という属性は、かれの哲学と生きた時代に接近していくにあたっての手がかり、あるいはかれの哲学を読み解くにあたってのヒントを与えてくれるかもしれない。

こうした観点からすると、父親の生きた時代についても触れておいた方がよいであろう。自由主義者ジーモンがその職業的活動を開始することになった一八七〇年代は、軍部がイタリアおよびドイツとの戦争に敗北して威信を喪失し、かわってブルジョワジーが六〇年代からひきついだ発言力をさらに増大させた時期であった。ブルジョワジーは自由主義のイデオロギーを掲げ、帝国政府の経済政策や民族政策に大きな影響を与えた。この時期におけるブルジョワ自由主義の特色は、帝国内における自由な通商の保証を要求することは当然として、カトリック教会の(とくに教育における)勢力を殺ぐこと、また、ドイツ語およびドイツ文化を鼓吹し伝播させることにあった(ドイツ民族主義)。

しかしながら、時代が自由主義者たちの隆盛を許したのは、ほんのわずかの期間にすぎない。というのも、産業化や都市化の進展にともなう急激な変化はウィーンの町を変貌させたばかりでなく、自由主義に内在する矛盾を容赦なく暴露し、自由主義者を引き裂いたからである。もともとかれら自由主義者(憲政党)は、納税額に応じた選挙権システムによっていたわけであるから、その支持基盤ははじめから狭いものであった。くわえて、帝国の官僚たちは、選挙権を拡大することによって、政府に逆らう自由主義者たちよりも、より保守的でかつ教会よりの従順な票を獲得できることを見越していた。したがって、一九八〇年代から始まる選挙権の漸次的拡大は、中流および下層の勢力を大幅に伸張させ、自由主義者を少なくとも議会内において少数勢力に転落させた（普選の実現は一九〇七年）。ウィーンの上流ブルジョワジーの自由主義は、没落の運命のもとにあった。古い自由主義の凋落を目にして、ジーモンは、新しい進歩的な自由主義を求め、それを、イギリスの自由主義者J・S・ミル（1806 - 1873）のうちに見出す。そして、父親が信奉した自由主義は、ポパーにも大きな影響をおよぼした。われわれはのちに、ポパーがミルをてきびしく批判するにもかかわらず、父親の哲学であったミルの哲学を大幅に継承していることを随所に見ることになるだろう。

反ユダヤ主義とシオニズム

一八九〇年代以降になると、ウィーンの政治は、選挙権の拡大にともなって、自由主義的名望家政治から大衆政治へという典型的な転換をとげる。キリスト教社会党を率いたカール・ルエーガー（1844 - 1910）は、カトリック教徒、手工業者、小商人、農民、小規模自営業者などの大衆のあいだに支持基盤を広げていき、一八九五年には市長に当選する（皇帝の認可を得たのは一八九七年）。かれは、イギリスから下水道システムを買い込んだり、ガス管を敷設するなどしてウィーン市のインフラの大規模な近代化を進めるとともに、社会福祉施設を建設するなどして貧民の救済にも力を尽くしている。しかしながら、その一方で、かれは意識的に野卑で下劣なユダヤ人攻撃演説をおこなう扇動的政治家でもあった。とすれば、ヒトラーがルエーガーの葬儀を見守る数万の群衆のなかにいてかれを讃えていたのも不思議ではなかったのである。

反ユダヤ主義が鼓吹されるならば、それに対抗するようにしてユダヤ人の民族的自立を説くシオニズムが台頭してくるのは、いわば状況の必然であった。シオニズムとは、言うまでもなく、パレスチナの地にユダヤ人の民族国家を樹立しようとする運動である。この運動はウィーンの新聞記者ヘルツル（1860－1904）が一八九六年に『ユダヤ国』というパンフレットを発行したことをもって嚆矢とし、第二次大戦後にイスラエル国が樹立されるに及んでやっとその宿望を果たす。シオニズムを支えていたのは、主として、世紀の変わり目頃に東方から移住してきたユダヤ人たちであった。

ポパーの父ジーモンはこの民族主義的な運動を拒絶した。ジーモンは、同化したユダヤ人として、正統ユダヤ社会からは非難の目をもって見られる一方で、高まる反ユダヤ主義のなかでみずから選びとった同化の立場が真に反ユダヤ主義を鎮静させる方向につながるかどうかを絶えず思慮せざるをえない状況におかれていたから、反ユダヤ主義的感情をかき立てるシオニズムは、まさに神経を逆撫でする以外のなにものでもなかったのである。かれは自由主義者としてあらゆる民族主義的運動に反対し、多民族国家の樹立というハプスブルク帝国の「実験」に希望をつないでいた。そしてこの思想は息子のカールにも引き継がれたように見える。

ポパーは、学童期において、級友たちのシオニズムから父親の立場を、そしてそれを支持するみずからの立場を擁護しなければならなかったという。かれがどのように擁護したかは『果てしなき探求――知的自伝』――以下、『自伝』と略す――のなかで父母の立場を弁護している箇所から推測できる。ポパーにとっては「反ユダヤ主義はユダヤ人によっても非ユダヤ人によっても等しく忌避されるべき悪であり、そのような反ユダヤ主義を挑発させないように最善をつくすことがユダヤ出身のすべての人びとの義務である、というのが正しい答えであった」(『果てしなき探求』岩波現代文庫下、二ページ)のである。ポパーは、シオニズムといったユダヤ民族主義を含めて、あらゆる民族主義あるいは人種主義を悪とし、圧倒的なキリスト教社会で暮らしていくために同化の方策を採った父母の立場を受け入れ、弁護したのである。『開かれた社会とその敵』を読むと、あらゆる民族主義や人種主義に対する嫌悪とでも言うべきはげしい批判とコスモポリタニズムを感じざるをえないが、その根のひとつは遠くウィーンにおけるシオニズム批判にあった。

混乱と荒廃の一九一一九年

さて、筆がポパーの学童期におよんだので、ここではかれの学童期をごくごく簡単に整理しておこう。基本的にいって、ポパーは、ルエーガーが反ユダヤ主義を鼓吹しつつウィーン市政を支配していた時期に学童期および少年期を送った。ポパーは一九〇八年から一九一二年にかけて進歩的団体によって運営されていた「フリースクール」としての私立の小学校に通い、一九一二年から一九一四年にかけては第三区の小さな実科学校に通い、一時期（一九一四年～一九一五年）、第一区のフランツ・ヨーゼフ・ギムナジウムに転校したあと、さらに二年間（一九一五年～一九一七年）勉学をつづけ、その後に、第三区の実科学校に戻ったという。いずれの学校においてもユダヤ系の人びとが多数を占めていた。

カール・ポパー（1914年）

そして、ポパーの『自伝』にもあるように、かれはまもなく学校を中退し（一九一八年末）、ウィーン大学に聴講生として入学し、数学、物理学、哲学、心理学などを中心として幅広い学習を開始する。そして、この頃からわれわれは一人の哲学者へと成長していく若き思想家ポパーに出会うのである。

思想家ポパーを問題にするときには、大学に入った翌年、一九一九年という年が決定的な重要性をもってくる。というのは、この年、ポパーはマルクス主義からの離脱をとげるとともに、アインシュタインの相対性理論を研究した結果として、反証可能性理論の基本的アイデアを得ているからである。この同じ年に、マルクス主義を徹底的に批判し、「開かれた社会」の理念を説くかれの政治哲学と、科学的知識は原理的に反証可能であることを主張するかれの認識（知識）論の骨格が形成されたのである。認識論は、かれの科学哲学上の主著『探究の論理』（一九三四年）において、他方でマルクス主義体験を踏まえたかれの政治哲学は、一九四五年の『開かれた社会とその敵』において、実を結んだ。これら二大著作については、もちろん、本書ではそれぞれに章を割りふって論じよう。ここでは、ポパーにとって記念すべき年であった一九一九年が、かれの知的ブレイク・スルーとは対照的に、現実にはいかなる年であったのかについてもう少し触れておいた方がよいであろう。

一九一九年は、科学史上においてこそエディントンが、重力場における光線の湾曲というアインシュタインの予測を確認した輝かしい年としてひとびとに記憶されているが、われわれの主人公の生きていたウィーンの政治的・社会的・経済的現実は最悪といってよいものであった。当時、ウィーンの街は、いうまでもなく、第一次世界大戦後の混乱と荒廃のさなかにあった。一九一八年から一九一九年にかけての冬には飢餓による暴動があったし、インフレーションもまたうなぎ登りであった——この国でもまた政府は印刷機で問題が解決できると考えたとみえる。そのうえに、スペイン風邪が流行して多くの人びとが亡くなった。また、いい遅れたが、すでに前年（一九一八年）にはオーストリア共産党が結成されていたし、ハプスブルク家の支配下にあったオーストリア＝ハンガリー二重帝国も、大戦のさなか老帝フランツ・ヨーゼフがシェーンブルン宮殿で一九一六年一一月二一日に息をひきとるとともに、混乱のなかで実質的に崩壊していたのである。

この年、一九一九年の五月にはウィーン市議会選挙で社会民主党が男子普通選挙法を基盤として絶対多数を占めるに至り、プロレタリアート層を支持基盤とするいわゆる「赤いウィーン」が成立する。社会民主党は、巧みな住宅政策によってプロレタリアート層をひきつけた。一〇月には、ドイツとの「合邦」を禁止したサンジェルマン条約（一九一九年締結、翌年発効）によって、ハプスブルク帝国は最終的に解体し、人口七百万にして面積は北海道ほどの小国オーストリア共和国（第一共和国）が莫大な賠償金を背負わされて生まれた。また、この年にはポパーとも深いかかわりをもつ学校改革運動がグレッケルの手によって開始される。さらにつけ加えれば、やがてポパーの論敵の一人となるルートヴィヒ・ウィトゲンシュタインが、捕虜として抑留されていたモンテ・カッシーノから、消耗しきった姿でウィーンの家族のもとに帰還し、ありあまる富をもった家族のもとで手厚い保護を受けることができたのは例外中の例外であった。

こうした激動のなかで、ポパーはマルクス主義と出会い、ほどなくして永遠の別れを告げた。

2 マルクス主義との出会い、そして別離

歴史予言の餌食に

戦後オーストリア社会の激変のなかで、ポパーはマルクス主義へと接近していった。当時、オーストリアには三つの主要な政党があった。社会民主党、ドイツ国民党そしてキリスト教社会党（内実はローマ教会の党、第二次世界大戦後は国民党に流れていく）である。一九一九年の選挙では、ヴィクトル・アドラー（1852 - 1918）によって設立されていた社会民主党がウィーンの市政を掌握し、いわゆる「赤いウィーン」を成立させていた。他方で、ドイツ国民党とキリスト教社会党は、反ユダヤ主義をがなり立てていた。戦後の混乱のなかで、状況は、内乱の危機をはらんだ先鋭な二極分裂を示しつつあった。こうしたなかで、ポパーは社会主義的中等学生の団体の一員となり、各種の集会に参加して社会民主党員や共産党員の演説を聴くようになった。ポパーによれば、当時においてはかれらのマルクス主義的信条は相互によく似通っていたという。ポパーは、ついに、一九一九年の春、数名の友人とともに共産主義者の宣伝によって改心させられ、二、三カ月のあいだ自身を共産主義者と見なすようになった。

当時のオーストリア共産党は、歴史の書物によれば、レーニン主義の路線に沿ってプロレタリア独裁を目的としており、「赤い護衛隊」という武装集団をもつ党員数約三〇〇〇名の集団であった。この党は、卓越した指導者をもつことがなく、またはっきりした政治的プログラムも提示せず、政治的には弱小状態をつづけたのだが、時の政府と社会民主党にとっては脅威でありつづけた。

ポパーが共産主義に惹きつけられた理由はある程度までなら推測がつく。おそらく、マルクス主義者たちが正当にも主張した、戦争への反対、暴力への反対、平和の希求などが年若いポパーの心をとらえたのであろう。また、貧困や失業、飢餓による暴動やインフレーションといった当時の社会情勢がポパーの「改心」に大きく作用したであろうことも想像にかたくない。しかしながら、後年におけるかれの述懐によると、かれをマルクス主義へ押しやった最大の力は、社会主義到来の必然性を説くマルクス主義の歴史予言であった。かれは、共産主義者たちがしばしばうそをつき、また道徳的にいかがわしい手段を用いることを知っていたにもかかわらず、社会主義が到来せざるをえないのだとしたら、それに逆らうことは犯罪であり、あらゆる力を尽くして到来を妨げるものを取り除くことこそ義務であると考えたのである。そしてかれは、個人はか弱いものであるから、運動に参加し、党とともに歩む必要がある——そのためには、道徳的に吐き気をもよおすようなことでも呑み下さざるをえない——とも考えた。ポパーの後年のことばでいえば、かれは歴史予言の完全な餌食になったのである。

かくしてかれは、一九一九年の四月、党中央を訪ね、使い走りの仕事をしたい旨申し出たのであった。ポパーは、間もなく、理論にも通じ、党員になるには若すぎたとはいえ、最高幹部の歓迎を受けて、いろいろな職務をこなすようになり、また、秘密めいた会議にも出席するようになった。しかしながら、ポパーは、マルクス主義の虜にはならなかった。回想によれば、かれは、ずっと後年になってから「マルクス主義のイデオロギー的ねずみ取り」と呼んだマルクス主義的世界からやっとの思いで抜け出したのである。そして、一七歳の誕生日前には永久にそれとは手を切った。では、かれはなぜそして如何にしてマルクス主義に別れを告げたのであろうか。

知的自己犠牲のメカニズム

ポパーがマルクス主義から離れたのは、理論的な考察によってではなく、実体験のもたらしたショックによってであった。かれは、一七歳の誕生日の少し前、六月一五日に起こったヘール通りにおける衝突から大きな衝撃を受けた。それは、警察に逮捕されていたなん人かの共産主義者の脱出を助けようとしたデモ隊に警察が発砲し、クロイツァーによれば、二〇名が殺害され、七〇名が重傷をおった事件であった。ポパーは目撃者のなかにおり、「警察の残忍な行為にぞっとし、強い衝撃を受けたが、しかしまたわれとわが身に恐怖を覚えた。それというのも、私はマルクス主義者としてこの悲劇に責任の一部を――少なくとも原則的には――負っている、と感じた」（森博訳『果てしなき探求』岩波現代文庫上、五六ページ以下）からであった。ポパーがこう感じた背景には、資本主義はやがて来る社会主義革命よりも日々多くの犠牲を要求しているのであるから、いかなる犠牲を払ってでも階級闘争を激化させ、革命を一日も早く到来させることが重要であるとするマルクス主義の主張があった。つまり、簡単にいってしまうと、遠い将来の目的によって手段――階級闘争の激化――を正当化できるという一種の「倫理」にポパーは恐怖を覚えたのである。換言すれば、未来の楽土がもたらす功利と現在そのために支払わねばならない犠牲との差引勘定によってこそ倫理は「成り立つ」とする考えにかれは身震いしたのであった。

さらにポパーは友人のマルクス主義者のなかに見られるエリート主義にも鼻持ちならないものを感じた。ポパーによれば、かれらの多くは労働者階級を指導する未来の指導者をもって任じていたにもかかわらず、せいぜい知っていたのはマルクス主義の文献であり、肉体労働者の生活の現実についてはあまりにも無知であった。ポパーはかれらに反発し、マルクス主義の呪縛から離れたあとではあったが、肉体労働者になろうとしていろいろな試みもおこなった。父母の家を出て、道路工事に従事したのもそうした試みのうちのひとつであった。そして、この試みの最後にきたものが、かれの『自伝』の冒頭に出てくる指物師のペッシュ親方のところへの弟子入りであったと思われる。

ところで、マルクス主義についてのかれの反省は、倫理的水準にとどまるものではなかった。それは、当然のことながら、マルクス主義のすぐれて知的な側面にまで疑いの目を向けさせることになった。マルクス主義は歴史の発展法則を発見したと主張し、それにもとづいて資本主義社会ののちに社会主義社会が到来することを予言していたが、ポパーは、それはほんものの知識なのであろうかと、また、みずからはその予言を批判的に検討したのであろうかと自問したのである。この批判的な問いを発した時点で、伝記作家の目からするならば、ポパーはすでに『ヒストリシズムの貧困』(邦訳タイトル『歴史主義の貧困』)や『開かれた社会とその敵』の著者になる道を歩み始めていたと言うことができるであろう。かれは、社会科学における予言もしくは予測の問題、そしてさらには社会科学の「科学性」の問題に足を踏み入れていったのである。しかし、ここは、そうした問題やそれらを扱った著作の内容を検討する場所ではない。

ここでは、ポパーが自問のなかで見出したあるメカニズム——「自己犠牲のメカニズム」と呼んでおきたい——を述べておくべきである。ポパーは、マルクス主義をみずから検討しはじめたとき、その実践面における誤りのみならず、理論面における誤りについても「すでに気づいていた」ことを知ってぎょっとしたという。しかしながら、かれはこの自覚を胸中にしまいこんだ。というのは友人に対する裏切りになるのではないかという恐れがあったからであり、他には「信条」への忠誠心があったからである。たしかに、ひとはみずからの知的良心をいったんなにかに捧げてしまうと、みずからの誤りを認めようとはしなくなる。誤りを認めることよりもみずからの知性、あるいは道徳的良心を犠牲にしてまでも、良心を捧げた「信条」を擁護しようとする。したがって、いさぎよくみずからの誤りを認めることができないかぎり、ますます自己の良心を犠牲にしていくことになる。しかし、それは当事者本人にとっては忠誠心の証なのである。

ポパーは、これを「損失を回復しようとしてますます損失を重ねていくのに似ている」と表現している。ポパー自身はこのメカニズムが、他のマルクス主義者のみならず、自分自身の内においても作用していたことを悟ったのである。ポパーに言わせれば、このメカニズムは、「信条」を無批判的に受け入れたことの代償でもあった。これを自覚したとき、かれは、当初は懐疑主義者になり、ついであらゆる合理主義に反抗するようになったと回顧している。そしてのちには、これが失望したマルクス主義者の典型的な反応パターンであることを認識したという。

ところで、知的自己犠牲のメカニズムにかんするかれの議論は、すでに見たように第一義的には、失望したマルクス主義者の典型的な反応パターンにかんするものであるが、容易に、思想それ自体と思想を担う者とのあいだの関係の問題——志操の堅固さと誤りに対する柔軟性がどう結びつくのかの問題——として一般化しうる。いかなる過程が「損失を回復しようとしてますます損失を重ねていく過程」であり、いかなる過程が志を高くもって自己の思想をねばり強く鍛えていく過程であるのだろうか。一方は他方にかぎりなく類似している。この点に思い至るとき、ポパーのうちには当然、一方を他方から区別する規準の問題が生じたことだろう。そして、この時期、おそらくポパーは「損失を回復しようとしてますます損失を重ねていく過程」を非科学的な態度としてとらえていたに違いない。とするならば、ポパーにとって、それとは正反対であるべき科学的な態度とはいかなるものであったのだろうか。

3　科学についての基本的洞察

科学的であるとは

ポパーがマルクス主義と出会いそして永遠の別れを告げた一九一九年は、かれの科学哲学が誕生した年でもあった。というのも、この年、かれは科学についての根本的洞察を得たからである。この時期、ポパーはアルフレート・アドラーの個人心理学やフロイトの精神分析学と出会う一方で、アインシュタインの相対性理論も学び、また生々しく体験したばかりのマルクス主義を含めてこれら諸思想を比較検討するなかで、その洞察に到達したのであった。

当時マルクス、アドラー、フロイトそしてアインシュタインの諸理論は、疑いもなく、科学的理論であると見なされていた。当時のほとんどの人びとにとって、かれらの理論は世界のもろもろの出来事を圧倒的な力をもって説明し、またみずからの真なることを立証する証拠をかぎりなく積み重ねているように思われた。マルクス主義者は、新聞を開けば必ずといってよいほどかれらの歴史観および社会理論を支持する証拠を見出したし、記事の書き方ひとつをとってもその新聞の階級的偏向を指摘できた。今日、日本ではその名を聞くことが少なくなったアドラーについて言えば、その個人心理学は、人間行動のすべてを劣等感の観点から説明していた。またフロイトの精神分析学は、それらを性欲、あるいは性的抑圧の観点から説明していた。そしてアインシュタインの相対性理論は、自然界の物理的現象を光速度一定の原理から説明することで、ニュートン理論から相対性理論へという二〇世紀におけるもっともめざましい革命のひとつを成し遂げつつあった。

しかしながら、若きポパーにとっては、アインシュタインの相対性理論は科学的と思われたのに対し、マルクス主義やアドラーの個人心理学、さらにはフロイトの精神分析学といったものは、それ自体としては、科学とは考えがたいものであったばかりでなく、それらを支えている知的態度にしても科学的態度とは認めがたいものであった。

とすると、ポパーはどのような基準で両者を区別したのであろうか。——ほかでもない、この問題こそがかれの科学哲学の核心のひとつであり、『探究の論理』(邦訳はこれの英語訳からであり『科学的発見の論理』と題されている)の中心問題のひとつでもあった。この書についてはのちに一章を設けて議論するつもりなので、ここではこの当時におけるポパーの洞察がどのようなものであったのかを、テクニカル・タームを用いることなく日常のことばで語っておくことにしよう。

　ポパーの洞察を解説するのに役立つおもしろい逸話がある。一九一九年当時ポパーはアドラーがウィーンの労働者地区に設置した児童相談所で子供や青少年のために働いていたのだが、夏のある日、とくにアドラー的とは思えない事例を報告した。すると、アドラーは、その患者を見たこともないのに、みずからの劣等感理論によってなんなく説明した。いささかショックを受けたポパーが、どうしてそれほど確信をもって説明できるのかと尋ねたところ、「こういった例は千回も経験しているからだよ」という返事だったので、ポパーは、――筆者が思うには、相当に皮肉のこもった眼差しを向けながら――「で、この新しい事例で、先生の経験は千と一回になるんですね」（『推測と反駁』六一ページ）と言わざるをえなかったという。

　この話、ポパー哲学について以前に解説を聞いたことのない人には、言わんとしていることがまったくつかめないのではないかと思う。若干の解説をくわえるためには、まず、アドラーがまさにあらゆる事例を説明し尽しうること、さらに肯定的証拠をどんどん積み重ねることこそみずからの理論の科学性を証明する根拠であると考えていた点を指摘しておかねばならない。そして、このような考え方は、今日でも多くの人びとが漠然とではあれ、科学について抱いているイメージの一部かもしれない。

しかしながら、なんでも「説明」できてしまうということに、われわれは一種のいかがわしさを感じはしないか——現代の週刊誌をにぎわせている占星術とか血液型性格判定といったものにいかがわしさを感じるように。論理的に考えるならば、少なくともみずからの理論と矛盾することがらは——それが現実に生じていようがいまいが——整合的には説明できないはずである。なぜなら、説明するとは、少なくとも理論と説明されるべきことがらとを論理的に両立させることだからである。

この点をごく簡単な例で説明してみよう。いま、ある町で殺人事件があったとしよう。刑事は、容疑者Xを真犯人とする理論——「理論」ということばが大げさだと言うならば、説明の体系とか推理と言ってもかまわない——をたてたとする。この理論によれば、容疑者Xは、犯行のあった時点で当然のことながら、現場にいたはずだということになる。他方、この理論は、言うまでもないことながら、容疑者Xがアリバイをもつこととは両立しない（矛盾する）。もし、この理論が、容疑者Xにアリバイがあっても、なくても、Xを真犯人にしてしまうとしたらどうであろうか。だれしもこの理論をバカげたものと考えるだろう。あるいは、こうした理論なるものを振り回す人物に恐怖を覚えるかもしれない。矛盾することがら——たとえば簡単に言って、アリバイがあることとないこと——を同時に「説明」してしまう理論は、理論としての中身がないのであり、空虚なのである。ポパーは、アドラーの理論にこの種の「空虚さ」を感じとったのであろう。

反証回避戦略

一般的にいって、理論は、もしそれがまともなものであるとすれば、みずからの主張と矛盾することがら（事象、出来事）は起こりえないこととして排除する。言い換えると、あることがらが生じると主張することは、それとは両立しないことがらを生じえないこととして排除することなのである。これは、当然なことであろう。右に挙げた例にそくして言えば、Xが「真犯人」であると主張するときにはXがアリバイをもつことを排除している。理論は、まともであるかぎりで、ある種の事象を排除するのだとすれば、その排除された事象が生じてしまったときには、理論の方に誤りがある、つまり、理論は偽とされた（反証された）ことになる。例に戻っていえば、容疑者Xにアリバイがあることが明らかになったら、Xを真犯人とする理論（説明の体系あるいは推理）は崩れさったということである。

しかしながら、みずからにとって都合の悪い事実が生じてきたときに、これを巧みに回避してしまうこと――反証回避戦略をとること――も論理的には決して不可能ではない。われわれの例で言えば、容疑者Xにアリバイがあることが明らかになったとき、刑事はみずからの理論を信じるあまり、Xのアリバイ崩しにのめり込むかもしれないし、さらに証人たちは偽証しているとさえ考えるかもしれない。ところで、もしXが真犯人でなかったときには、刑事のこのような行いは、前節でのポパーのことばで言えば、「損失を回復しようとしてますます損失を重ねていく過程」であったことになろう。だが、他方で、Xが真犯人であったときには刑事の試みは真実を探求する正当な試みであったことになる。

反証回避戦略をとることは、ときとしては理論が反証されてしまったことに対するみっともない取り繕いであり、ときとしては新たな真理を発見するための果敢な試みである。したがって、この戦略をとることを頭からいいとか悪いとか決めつけることはできない。

しかしながら、反証回避戦略のうちには極端な種類のものがある。すなわち、いっさいの反証をはなから受けつけない狂信的タイプの反証回避戦略といったものが存在する。ポパーは、そのような戦略をフロイトの精神分析やマルクス主義などの一部に認めた。

「精神分析家は、どんな批判に対しても、それは批判者に抑圧があるせいだとして、説明し去ってしまうことができる。そして、意味の哲学者たちはふたたび、論敵の主張は無意味であると指摘しさえすればいい。そして「無意味」という語はそれについてのどんな議論も定義上無意味である！　というように定義されているのだから、無意味であるという指摘はいつでも真なのである。同様に、マルクス主義者は、自分たちとは異なる相手のどんな考えでも、階級的な偏見によって説明しようとするし、知識社会学者は全体イデオロ

ギーによって、説明しようとする。」（『開かれた社会とその敵』岩波文庫、第二巻下一一六ページ）

このような反証回避戦略がとられると、反証ということが原理的に考えられなくなる。どんなまともな反論が述べられたところで、それは「抑圧があるからだ」とか「階級的偏見があるからだ」と言って片づけられてしまう。これは、一見、その理論が無敵の理論であるかのような印象を与えるが、よく考えてみるならば、どんなことでも説明できる——みずからに対する反対意見としての批判さえ説明し去ることができる——ということは、じつはなにごとも排除していないから可能なのであり、理論としては空虚なのである。そして、（理論として）「空虚である」とは、経験となんらのつながりをもたないということでもある。ことばを換えれば、そのような理論は、決して（経験的には）反証されえないのであり、したがって無傷でいられるのである。この点をべつの角度から説明してみよう。

反証可能性

いま、ある人が「明日の天気は雨であるか雨でないかである」と言ったとしてみよう。この言明は論理的には「pまたはpでない」（$p \vee \neg p$）という排中律のかたちをしているから、現実の世界で何が生じようが、つまり、明日の天気が雨であろうがなかろうが、真である。しかし、真であるとはいえ、この言明はわれわれにとってはなんら有意義な情報をもたらすものではない。「明日の天気は雨であるか雨でないかである」といったことは初めからわかりきったことだからである。論理学上の真なる言明（命題）はトートロジー（恒真命題《こうしん》）と呼ばれるが、それらはまさに経験とはなんのかかわりももたない「空虚な」言明であるからこそ、恒久的に真なる言明なのである。換言すれば、「空虚である」とは、経験的内容（情報内容）を欠いているということであり、経験的に反証されえないということである。トートロジーは経験的世界について何事も語らないという代償を払って、恒真性を獲得しているのである。

しかし、経験科学の理論はまさにわれわれが経験する世界について真なることを記述しようとしているのであり、したがって本来的に空虚であってはならないものである。この点についても、例を挙げて説明してみよう。

いま、「明日の天気は雨である」という主張（予測）があったとしよう。もし明日、雨が一滴も降らず晴天であったならば、この言明は反証されることになる。とはいえ、この言明には情報としての価値があった。というのは、この言明は、天気には数かぎりない可能性――晴れ、曇り、雨、雪、みぞれ、強風などなど――があるなかで、明日の天気においては、まちがったとはいえ、雨以外の現象は生じないと言っていたからである。雨以外の現象が生じれば、簡単に反証されてしまうのである。ところで、ここに「明日の天気は曇りか雨か雪かである」という予測が仮にあったとしてみよう。この予測は、明日の天気が雨か雪なのかをはっきり知りたいという人にとっては情報としての価値は低い。そして、この予測は、最初の予測、つまり、「明日の天気は雨である」という予測とくらべてみると、曇りか雨か雪以外の現象が生じたときに初めて反証されることになる。雨以外のいっさいの現象によって反証される言明と、曇りか雨か雪以外の現象によって反証される言明とを比較してみると、前者の言明の方が——少なくとも直感的には——反証されやすい（反証可能性の度合いが高い）と言えるであろう。なぜなら、たとえば、前者は曇りであっても雪であっても反証されるのに対し、後者の言明はそれらによっては反証されはしないからである。

まとめておこう。理論は、反証可能性をもつことが空虚でないことの証であり、そして、反証されやすい、すなわちより高い反証可能性をもってはじめてより多い経験的情報内容をもつことになる。公式をたてれば左記のごとし。

1　より高い反証可能性　＝　より多い経験的情報内容をもつ
2　反証可能性がない　＝　経験的情報内容がない　＝　空虚である

この公式の観点からすると、（論理的に言って）反証されえないということは、その理論が経験的理論であることを自称しているかぎり、強みではなく、まさに決定的な弱みなのである。ポパーは、アドラーに不信の目を向けた一九一九年の時点でこの点を洞察したということである。

さて、以上でポパーがアドラーに不信の目を向けたときの理由の一端を説明したことになる。ここでは、もう一端、つまり、肯定的証拠を積み重ねることが科学の営みであるという考えに立ち返ってみよう。これは科学についての本当にただしい見方であろうか。

一例として、天動説、つまり、大地は静止しているという考えが信じられていた時代を考えてみよう。その時代にあっては、京都においてであろうが、北京においてであろうが、たとえば小石を自然落下させれば真下に落ちるという、大地静止説にとっての肯定的証拠をあらゆる地点あらゆる時点で無数に集めることができただろう。そしてもし、帰納法が科学を営む唯一ただしい方法であると信じられていたとしたら、世界の各地をめぐりながら、またさまざまな物体を自然落下させながら、真下への落下の事例をかき集めていくことが科学であることになっただろう。しかし、それらの証拠なるものは、なるほど大地静止説とは矛盾しないかもしれないが、大地静止説が真なることを立証するだけの力をもっていただろうか。明白に否である。

地動説を信じ、地球の自転を信じている今日のわれわれにとって、小石が自然落下で真下に落ちるのはまさに地球が静止しておらず、動いているからである。真下への自然落下は、慣性の法則を念頭におけばまさに、地動説——天動説とは決定的に矛盾する——にとっての肯定的証拠である。真下への自然落下という同一の事象が相矛盾する理論双方にとっての肯定的証拠となってしまうのである。いったいこれはなにを意味しているのであろうか。——ひとつの解釈がある。肯定的証拠をいくらかき集めたところで、理論の真なることを立証できないのであれば、そのような営みはきっぱりと投げ捨てて別な方向に科学の真のあり方を探らねばならないということだ。そして、じつにこれこそが一九一九年の時点でポパーが歩みだした道であった——二〇世紀における科学哲学の樹立に決定的役割を果たした反証可能性というみのり豊かな観念を胸中に秘めながら。

もはや、なぜポパーがアドラーに皮肉のこもった眼差しを向けたかは理解していただけたであろう。ある理論にとって肯定的「証拠」となるものをいくら集めたところで、それらは当該の理論を立証しえないのだ。とすれば、肯定的証拠を千と一回つみ重ねたところで、それはまったく無意味である。それどころか、もしかしたらみずからの支持している理論は偽であるかもしれないのに、それにしがみつきつづけるという危険な営みでさえあるのだ。

さて、ここに述べてきた話は、科学とは証拠をたくさん集めて理論を立証することだと信じている人にとっては相当にショッキングなことがらであろう。理論の真なることを立証するのが科学だという考えが根本から揺さぶられることになるからである。

いったい、科学とは何なのであろうか。——再度言うが、これがまさしくポパーの直面した問いであった。ひょっとしたら、科学というものは証拠によっては立証できない、天動説とか地動説といった観念の体系にすぎないのではないだろうか。われわれはそれに捕らえられた囚人にすぎないのではないだろうか。

ポパーは反証可能性の考えを把握したとき、囚人の地位から逃れ出る道のあることも同時に把握していた。話を抽象的にしすぎないようにするために、大地静止説に則してポパーの立場を解説してみよう。たとえば、大地静止説に拠っていても、進行している船の船室内で自然落下の実験を試みることはできるだろう。その時、大地静止説の立場からするならば、落下物は当初の予想地点(すなわち、落下物より見て真下の甲板)よりも後方に落ちると予測せざるをえないはずである。落下している間に船は前進してしまうからである。そうでないのであれば、大地静止説は反証された——あるいは少なくとも大きな疑問にさらされた——ことになるか、あらたに大地静止説を救うための反証回避戦略がたてられねばならない。しかしながら、少なくともここには観念体系の内部にいてさえその体系への反証実験を考えることができるのであり、そして反証が生じるならばそれをつうじて、体系の囚人であることから逃れでる可能性のあることが示唆されている。ポパーは、反証をつうじてよりよい理論を求めることこそが科学であって、肯定的証拠のみを拾い集めることは——そんなことをしても理論の真なることを立証することはできない——科学とは無縁な行為であると考えるに至ったのである。

ポパーは、アドラーの個人心理学、フロイトの精神分析、マルクス主義などのなかに、反証を回避し、とにもかくにも肯定的証拠を積み重ねようとする「非科学的な態度」を見た。それに対して、ポパーがアインシュタインのうちに見たものはそれとはまったく正反対のものであった。

「しかし私に最も感銘を与えたのは、アインシュタイン自身が、もし自分の理論が一定のテストに落第したならば支持しがたいものと認めると、はっきり言明したことであった。

……

……アインシュタインは選別実験（crucial experiments）を求めた。その選別実験はかれの予測と一致しても彼の理論をけっして確立しないであろうが、一致しない場合は、彼が真っ先に強調したように、かれの理論が支持しえないことを立証するであろう。

これこそ、真の科学的態度である、と私は感じた。それは、自分のお気に入りの理論に対するもろもろの「実証」は存在するとくり返し公言する独断的態度とは、まったく異なっていた。

こうして私は、一九一九年の末までに、科学的態度とは批判的態度であり、この批判的態度は実証を求めるものでなく決定的テスト――理論を確立することはけっしてできないけれども、テストされる理論を反駁できるテスト——を求めるものである、という結論に達した。」(『果てしなき探求』岩波現代文庫上、六六ページ以下を一部改訳)

ポパーは、科学的理論は反証にさらされうるものであり、そして科学的態度とはなによりもまず理論をそうした反証にさらそうとする批判的態度であると考えたのである。そして、この態度のうちにかれは観念の囚人であることからの脱出の可能性、あるいは「損失を回復しようとしてますます損失を重ねていく過程」から逃れでる可能性を見ていた。

しかしながら、若きポパーのうちに萌したこの思想が成熟し、ひとつの科学哲学として実を結んだのは、はるか後年、一九三四年の『探究の論理』においてであった。ここで、一挙に話を『探究の論理』に押し進め、かれの哲学の核心について本格的にしてよりテクニカルな説明を開始することは、ポパーの多感な青年時代と修業時代を無視するのみならず、哲学者としてのかれの多面性と豊饒性を無視することになるだろう。じじつ主著の公刊に至る一五年(一九一九年〜一九三四年)の歳月は才能に満ちあふれた青年の頭脳に、やがてわれわれの世界を一歩一歩変革するようになるさまざまなアイデアをもたらした。

次節以下ではそうしたアイデアのいくつかについて語ってみたいと思う。しかし、そのためには話のいわば前提として、この一五年間におけるポパーの外面的な歩みを、たとえ年表風にではあれ、読者の記憶の片隅にいれておいてもらった方が好都合ではないかと思われる。

『探究の論理』に至る一五年の足どり

ポパーは、一九一八年、一六歳の時にすでに中等学校（レアール・ギムナジウム）をやめ、ウィーン大学に聴講生として在籍し、数学、物理学、哲学などの勉学を開始していたことについてはすでに触れた。そして、一九一九年というポパーの知的成長にとって決定的な年を経たあと、一九年から翌二〇年の冬のあいだ、ポパーは家をでて、かつての軍事病院を改造した「学生の家」で生活し、道路工事——これは体力がつづかず、すぐ止めたようである——などの労働にも従事する。（ポパーは小柄な体格であった。）『自伝』によれば、家を出たのは戦後のうなぎのぼりのインフレーションですべての蓄えを失ってしまった父親の重荷になるまいとしての決心であった。この間、アドラーの児童相談所での活動をつづける一方、アルノルト・シェーンベルクの「私的演奏協会」の会員となる。この年の秋頃から一九二二年

ウィーン大学

ごろまでポパーは音楽家になることを真剣に考えていたようである。二二年には大学入学資格試験にも合格し、ウィーン大学の正規の学生となる。この年にはウィーンの指物師アルバート・ペッシュのところで徒弟奉公（一九二四年一〇月まで）を始めている。同年には、のちにポパーの博士論文の試験官となったシュリック（1882 - 1936物理学者、ウィーン学団の指導者）が、かつてマッハがつとめていた帰納論講座の教授として赴任してきている。二四年には、教員養成大学での二次試験に合格。しかし、すぐに教師としての職を得ることはできず、翌年になって孤児たちのための社会奉仕員となった。二五年にはウィーン教育研究所に入所し、当時心理学者としてヨーロッパ中に名の聞こえていたカール・ビューラー（1879 - 1963）を師としている。二八年には「思考心理学の方法問題」と題した博士論文をビューラーとシュリックのもとに提出し、最優秀の成績で学位をえている。

一九二九年に中等学校の数学と物理学の教師資格を獲得し、翌年には中等学校の教師となる（一九三五年まで）。また同じ一九三〇年には、教育研究所で知り合ったジョゼフィンヌ・アンネ・ヘニンガー（1906 - 1985）と結婚。この年にはファイグルをつうじてウィーン学団との接触が始まっている。三二年の早いうちに『認識論の二大根本問題』の第一巻を完成。一二月、ハインリッヒ・ゴンペルツより『認識論の二大根本問題』第一巻の原稿を高く評価した手紙をもらう。一九三三年には『認識論の二大根本問題』全体の草稿を完成。そして、この原稿を切り詰めたものとして一九三四年に『探究の論理』が出版された。

さてこのような経歴をみると、この時期のポパーには音楽家になろうとしていたこと、そしてまたみずからの勉学を心理学の論文を書くことによって締めくくろうとしたこと、また教師となるための努力をつづけていたことがはっきりと見て取れる。そして中等学校の教師をするかたわらで主著の『探究の論理』が書き上げられたのであった。

4 音楽、そして芸術と科学

音楽と科学

おそらく音楽好きであるとともにピアノをよくした母親からの強い影響があったのだろうが、ポパーは一八歳ころから二〇歳頃にかけて音楽家になる希望をもっていた。この志望は、かれの家族的背景を考えると理解できないことではない。ポパーは母方をつうじて音楽的素質に恵まれていた。母の長姉は職業的ピアニストであったし、伯父（母の兄）はヴァイオリニストであった。また母方の祖母（旧姓シュレーディンガー）はブルーノ・ワルター家の出であった。くわえて母の両親は、楽友協会の設立メンバーでもあった。かれ自身は、幼い頃にヴァイオリンのレッスンを受けていたし、二年間ほどアルノルト・シェーンベルクの「私的演奏協会」の会員にもなり、また自作のフーガによってウィーン音楽学院の教会音楽部に入学もした。しかし、かれはまもなく音楽家としての才能に見切りをつけた。夢は棄てたとはいえ、かれは、生涯をつうじて音楽を愛し、また、音楽とのかかわりのなかでみずからの哲学にとって重要な考えを育んでいった。ポパーにとって音楽について考えることと科学について考えることは、ともに創造の本質について考えることだったのであり、別々のことがらではなかった。

かれは、『自伝』のなかで往事をふり返りつつ、当時の思索を三つの観点から要約している。第一は、独断的思考と批判的思考についての考察であり、第二は「主観的」音楽と「客観的」音楽との区別であった。第三は、音楽および芸術一般におけるヒストリシズム的考えの知的貧困と破壊力についての認識である。

独断的思考と批判的思考

第一の独断的思考と批判的思考にかんするポパーの考察は、九世紀から一五世紀のあいだに生まれたポリフォニー(多声音楽)の成立史についての推測のなかで鍛えられた。ポパーは、そのなかで批判的思考に先行する独断的思考の重要性を悟ったのである。かれの推測について説明するためには、かなり細かな専門的知識が要求されるので、ここでは話の運びが平板になってしまうことをお断りしたうえで、かれの議論の結論的部分を述べておくことにしよう。

ポパーは、ポリフォニーを支える基本的考えが、それ以前のきびしい制約——たとえばグレゴリオ聖歌のような一種の典範――からの誤謬あるいは意図せざる結果として発生し、かつては想像もできなかったような新しい美の世界を出現させたと推察した。かれは次のように言う。

「私の推測は、定旋律――これに対して対位法が発展しえた――を生み出したのは、教会旋律の教典化、教会旋律に加えられたドグマ的制限であったというものである。混沌に陥ることなしにインヴェンションの自由を可能にしたのは、じつに典範化されていた定旋律であった。」(『果てしなき探求』岩波現代文庫上、一〇五ページを一部改訳)

ポパーの基本的な考えは明白であろう。実にドグマティズム――たとえばグレゴリオ聖歌の典範化――こそが、逆説的なことに、新しい秩序、新しいコスモスを生み出したというのである。ドグマは混沌とした世界に秩序を押しつけ、世界を探求するための足場を提供する。ポパーにとっては、ドグマこそ世界を探求し、新しい創造をおこなうための不可欠の手がかり、出発点である。そして、ドグマからの意図的な、あるいは意図せざる逸脱が新しい秩序をもたらすのである。

これは、音楽においても科学においても変わりはないとかれは考える。科学の場合においては、神話に始まるもろもろの理論は、カントが述べたように――当時ポパーはカントを繰り返し読んでいた――自然から引き出されたものではなくして、神ならぬ人間の知性がドグマティックに自然に押しつけた法則である。とすれば、そこに誤りが紛れ込むのは当然である。しかし、われわれは足場としてのドグマ――ニュートン理論でさえ、まさにポパーがアインシュタイン革命をつうじて根底から自覚させられたようにドグマにすぎなかった――なしにはなにひとつ始めることさえできない。とはいえ、われわれはみずからのドグマに対して批判的態度をとることができるのであり、ドグマによって強いられた失敗をつうじて、また果敢な新しい試みをつうじてドグマ（理論）を改善していくことができる。いずれにしても批判的態度の前にドグマが先行する。

そしてポパーはのちになってから、この考えを生物学的レベルにおいても展開するようになる。つまり、生物は子として生まれる以前から遺伝子的レベルで外界のあり方についての一定の見込み――ドグマ――を背負っているのみならず、生まれ落ちたあとにおいても特定のドグマを刷り込まれる――刷り込み現象については後論を見よ――という議論である。しかし、ここはその議論に立ち入る場所ではない。われわれは後に進化論的認識論などを議論するときにこうした点に触れることになるであろう。

いずれにせよポパーは音楽に沈潜するなかで、独断的思考と批判的思考との関連についての重要な認識をえた。それからすれば、音楽と科学は別物ではなかった。両者はポパーの偏愛のうちにおいてのみ結びついていたのではなく、創造の営みの類似性という点で客観的にも結びついていたのである。

「主観的」音楽と「客観的」音楽

さてポパーの第二の考察、すなわち、「主観的」音楽と「客観的」音楽との区別について見てみよう。音楽家になることを夢見ていた頃、ポパーはバッハ、モーツァルト、ベートーヴェンはもとよりのこと、ブルックナーやブラームスを好み、シューベルトを最後の偉大な作曲家と感じていた。ただ、モーツァルトについては「かれの魅力の背後にはなにかしら測りがたいものがある」(『果てしなき探求』岩波現代文庫上、一一一ページを一部改訳)と見ていたようである。他方、ワーグナーやリヒャルト・シュトラウスの音楽ははげしく嫌っていた。ともあれ、音楽を愛しつつ音楽について考えていたとき、かれはある二項対立軸のまわりに想念の糸を紡いでいた。

ポパーは、ベートーヴェンのうちに音楽を自己表現の手段とする「主観的音楽」が現れていると考え、バッハのうちに自己の楽想の批判的発展を可能にする範例的音楽としての「客観的音楽」を見た。「主観的」対「客観的」という対立軸が立てられたのである。ポパーの挙げている例にそくして言えば、ベートーヴェンの『フィデリオ』とバッハの『インヴェンション』との対比である。とはいえ、かれの立てた区別は必ずしも明確ではない。

たしかに、ベートーヴェンのうちに、ポパーの言うように、苦悩、失意、あるいは人間の信念や希望、さらには心の純粋さといった主観的なものの表現を聴きとり、バッハのうちに、人間の主観をこえた典雅な音楽的秩序あるいは構造を感じ取ることは不可能ではない。しかし、ベートーヴェンもまた父親やネーフェ先生あるいはモーツァルトやハイドンといった師について「客観的音楽」を学んだのではなかったか。他方で、バッハの音楽のうちにも強烈な感情の表現（たとえば、『マタイ受難曲』）が聴きとれるのではないだろうか。しかもポパーは、世俗的であるか宗教的であるかによって、あるいはただたんに感情的表現があるか否かによって「主観的音楽」と「客観的音楽」を区別したのではなかった。かれの区別を把握するためには結果的にある程度の誇張を加えることになってしまおうとも、両者をその極限形態において鋭く対比させてみる必要がある。

主観的音楽

1、作曲者はみずからの人格、魂、感情などを表現しようとする。作品は、かれの感情等を表現するための、あるいは讃えるための道具もしくは奉仕の品である。

2、作曲者はまずある種の感情的気分に捕えられ、それから、そのような固定的にまえもって存在するものとしての感情的気分を音楽に表現する。

客観的音楽

1、作曲者は我を忘れて——つまり、自己の感情を表現しようなどとする気持ちは忘れて――ひたすら作品の自律性に奉仕する。

2、作曲のためには、模範例にそくした修練が必要である。作曲者はトライアル・エンド・エラーのなかで自己批判をくり返しながらみずからの魂を成長させるとともに作品を成長させる。

プラトンの芸術論

もちろんかれがこの区別の十全な意味を悟り、それを音楽というジャンルをこえてひとつの芸術理論に仕上げていくには、当然のことながら時間が必要であった。しかし、この時期に、ポパーが音楽についてたてたみずからの区別を芸術一般へと、そしてそれどころか広く科学理論などを含めて人間の知的生産物一般にまで適用する可能性について考え始めたことは確かである。もし原理、原則をとことん貫くためにあらゆる障害をのりこえて思考しつづけるのが哲学者であるとするならば、その面《おもて》が若者の相貌であろうがあるまいがポパーは生まれついての哲学者であった。

かれは音楽について考えているときも、反証の一般的形態としてのドグマへの批判という観念を手放しはしなかった。ポパーは「主観的音楽」に対する批判を強めるなかで、科学と芸術を結ぶか細い線、すなわち批判こそが新しいコスモスをきりひらくという観念を手繰りつづけた。そしてそれは、さしあたり、芸術における表出主義(expressionism)批判というかたちで実を結ぶ。このとき展開した考えをかれは、後に『自伝』を書いた時点では、プラトンの『イオン』における芸術論――「芸術＝神がかり」説とでも呼ぶべきもの――を手がかりとして明快に説明している。それゆえ、そこでの議論を追いかけることがわれわれにとっても好都合である。

ポパーは、プラトンの芸術論のうちに、主観主義的芸術論、すなわち表出主義の一原型を認める。ここで言う「主観主義的芸術論」あるいは「表出主義」とは、今までのことばとの関連をつけるならば、主観的音楽という考え方の一般化であると理解していただいて構わない。それは、つきつめて言うならば、芸術とは主観的感情の端的な表出であるという考え方である。

ポパーは、議論を展開するにあたってまずプラトンの議論をつぎの四点にまとめている。(各テーゼのあとに筆者の簡単な説明を付記しておく。)

一、「詩人または音楽家が作るものは、彼自身の作品ではなく、むしろ神――とりわけミューズ――からのお告げまたは施与なのである。」(『果てしなき探求』岩波現代文庫上、一一九ページ)

ポパーは、この点を支えるひとつの論拠として、『イオン』から「このことを証するために、神はわざと最も平凡な詩人を通して最も妙なる歌をうたった」という箇所を引用している（上掲箇所）。つまり、芸術は芸術家という人間個人に由来するのではなく、超人間的なもの、すなわち神に由来するという考え方である。このような芸術＝神がかり説のもとにおいては、現実の詩人は、詩の女神ムーサが語りだすための媒体にすぎない。詩人のことばは現身の人間が紡ぎだしたことばではなく、詩の女神ムーサがその見つめていた世界を忠実に映し出す（表出する）ためのことばとなる。たしかに、われわれは人間業とはとうてい思えない芸術作品に出会ったとき、このような思いに駆られることを否定できないであろう。

二、「神的精霊にとりつかれた（創作的または実演的）芸術家は、狂わんばかりになる、つまり感情的にいちじるしく興奮させられる。そして彼のこの状態は、共感的反響の過程をつうじて、彼の聴衆におのずから伝わる」（上掲箇所）。この考え方によれば、芸術は感情の共感的連鎖反応のうちにこそ臨在することになろう。これは、舞台芸術などを念頭におくときとりわけ当てはまるように思われる。

三、作品によって、その作り手も聴衆も感情を呼び覚まされ、感動させられる。

この考えは、感動は制作者の感情によってではなく、制作者とは独立に存在する作品そのものによって呼び起こされるという考え方である。これからすれば、制作者がどのような感情または動機のもとに作品を制作したかは、まったく二次的な問題にすぎなくなる。

四、訓練または学習によって修得される「技」と神与の霊感とは区別されねばならない。後者のみが芸術家を作る。

芸術家は己をむなしくして神のことばをとりつぐ純粋な霊媒となることによって初めて真の芸術家になるというわけだ。「技」が知性を媒介にしてえられるのだとしたら、徹底的な反知性主義の立場に立つこと、すなわち芸術家の賢しらをいっさい投げ捨てることによってはじめて神与の芸術が生まれると主張されている。

表出主義芸術理論の誤り

さて、プラトンの議論をこのように整理したあとで、ポパー自身は「もし神から発するという点を捨て去って霊感および熱狂の説をとりあげれば、芸術は、自己表現である、あるいはもっと正確に言うと自己霊感と感情の表出および伝達であるという近代の理論にそのままいきつく」と主張する(上掲書、二二ページ)。

近代の理論、つまり表出主義の理論とは、ポパーによれば、プラトンの議論から神を差し引いた「一種の神なき神学」である。ことばを換えれば、制作者の魂——これがいまや神の位置を占める——の、なにものにも邪魔されることなきストレートな表現こそが芸術となる。ポパーがこのように言うとき、もちろん、かれは、表出主義がプラトンの議論における第三点を無視せざるをえないことを抜かりなく指摘している。ポパーによれば、表出主義は、まず芸術家がみずからの感情を表現してこそ受け手にもその感情を分かちもたせることができると考えるのであり、その逆、つまり作品こそが作り手のみならず受け手をも感動させるのだという点を見てはいない。しかるに、ポパーは、表出主義が無視したこの第三点から客観主義的芸術理論を組み立てようとする。そのための手がかりをかれはプラトンが吟誦詩人イオンに語らせた（表出主義に対する）皮肉のうちにつかむ。

「いつだってわたしは、演台の上から、かれらが嘆き悲しんだり、こわそうな目つきをしたり、あるいは語られていることに感動したりしている姿を、見ているのですから。なにしろわたしは、かれらの方に注意を――それも大いに――払っていなくてはならないのです。というのも、もしわたしがかれらを嘆き悲しませると、わたし自身の方がお金を儲《もう》けて笑うことになりますが、反対に、もしかれらを笑わせようものなら、わたしの方がお金を儲けそこなって、嘆き悲しむことになるのですからね。」（プラトン『イオン』535e）

　この引用文は、芸術の実演者あるいは制作者が、成功裏に聴衆――一般的に言って、芸術の享受者――を感動させるというとき、自分自身が最初に感動しているわけではなく、むしろ、一種の巧妙な詐欺師として存在していることを示唆している。制作者には計算があり「技」がある。それによってこそ、芸術の享受者は感動させられる。作品こそが芸術の享受者を感動させるのであって、制作者の気分や感情が第一原因となって、感動の連鎖反応を引き起こすのではない。第一原因はあくまでも作品それ自体である。

じっさい、ポパーは後年のある講演の中で、「……ほとんど知られてはいないのですが、ハイドンは自作の『天地創造』の初演を聞いたときに、涙をあふれさせて『これは自分が書いたのではない』と言った」(『客観的知識』第四章注(28))というエピソードに言及しているが、これは、ポパーが表出主義的芸術理論に対置した客観主義的芸術理論の核心を示す好例であろう。芸術作品は、作り手の感情の表現などではないのである。それはむしろ、ポパーのウィーン時代からの僚友であるE・H・ゴンブリッチ——おそらく二〇世紀最高の美術史家——の理論にそくしていえば、巧みな技によって作り出され、そして作り手自身にさえ感動を惹き起こすような幻影(Illusion)である。

ゴンブリッチの理論になじみのない読者は「幻影」ということばにつまずくかもしれない。おそらく、「幻影」ということばで、他人にはとらえようもない夢幻のような純粋に主観的な現象を考えてしまうのであろう。しかし、たとえば映画を考えてもらいたい。もし映画が芸術であるならば、それはスクリーン上に客観的に存在する「幻影」としての絵空事である。そして、それを作り出すためには、最高の才能——感情ではない——と最高の技量を必要とする。反知性主義のはいりこむ余地などどこにもない――それどころかみずからが反知性主義の産物であるという仮象さえ作り出すことができるのだ。客観主義的芸術理論は、制作者を「一種の巧妙な詐欺師」としてとらえ、作品を客観的に存在する幻影としてとらえる。

もちろん、客観主義的芸術理論においても感情が否定されるわけではない。制作者がみずからの作品によってひきおこされる感情は、みずからの作品を批判的に改善する手がかりとなろう。産出されたものとして客観的に存在する作品――ポパーののちの用語では世界3の存在者と呼ばれる――が、作り手の精神――世界2とも呼ばれる――に作用をおよぼし、そして他方で作り手の精神が作品に作用をおよぼすというフィードバック的な相互作用こそが、ポパーによれば芸術のみならずおよそいっさいの創造の秘密である。作品はますます改善され、作り手は古い自分自身をのり超えてますます成長していく。

創造におけるフィードバックを強調する一方で、ポパーはこのような過程をほとんど踏まない芸術家や文筆家の存在することも忘れてはいない。ポパーが代表的な例としてあげているのは、モーツァルトやラッセルである。モーツァルトは――これは伝説かもしれないが――スケッチ一枚なしに完全な楽譜をやすやすと書き上げたというし、ポパーによればラッセルは三、四ページに単語をせいぜい一つ訂正する程度でもっとも美しい英語を書く天才であった。しかしポパーは、誤りの修正という過程をほとんど踏まない天才がいるにもかかわらず、創造の過程はフィードバックの過程なしには考えられないと言う。レンブラントは、何枚もの試し刷りを作成し、光と影の絶対的世界を探究していたのである。(参照、ツヴァイク「芸術創造の秘密」『ツヴァイク全集』第一九巻「時代と世界」一九六五年所収)筆者は、これは原理的に妥当な結論であると思う。モーツァルトにしたところで改作の過程はあったのだし、ラッセルにしても若い頃は論文を一〇遍も書き直していた。

話を戻そう。フィードバックの過程は、一言でいえば、誤謬の修正過程である。そしてそれは、自然科学の理論が、反証をつうじてときに投げ捨てられ、またときに修正されていくのとまったくパラレルである。なるほど、芸術における誤謬と科学における誤謬とではあきらかに性質を異にする。一方は芸術的価値のもとで判断されることがらであり、他方は真理という価値のもとで判断されることがらである。しかしながら、「誤謬」という判断が成立する一点においてフィードバックの過程が進行していくことに変わりはない。そして誤謬の排除という思想はまさにポパーが反証可能性の概念をえたときの根本的思想でもあった。そしてもし科学が科学者個人の感情の表現ではない――これは疑いえないことだ――とするならば、同じフィードバックの過程を踏む芸術もまた微々たる制作者個人の感情の表現ではないことになろう――たとえ、これが常識人の芸術観にとってどれほど受け入れがたく思われようとも。そしてもし芸術が客観的に存在するのであれば、知識もまた個人の頭脳の外部に客観的に存在するのではないかという展望が開けてくることになる。この点については、のちにポパーの三世界論をあつかうときにより詳しく説明するつもりである。いまや、科学と芸術を結ぶ「か細い線」は、かりに「か細い」ままであるとしても、強靭な鋼《はがね》のごとき線に変わったはずである。

ポパーの到達した芸術理論からすれば、表出主義の理論は、「フィードバック的な相互作用」の連関を、作り手の自己表出の過程とのみ捉えるような致命的な誤りを犯している。さらに、表出それ自体は人間のどんな活動にも相伴う。身ぶり手振りでさえ、その時点におけるご本人の何らかの身体的あるいは精神的状態を表出する。そして、表情や身体の動きは、ある意味でその人によって作り出された作品である。そこに作り手のなんらかの状態の表出があるのは疑いえない。だが、このように言ったところでいったい何が説明されたというのか。表出は、いわばわれわれの活動における最下辺の——したがってどんな活動にも付随している——機能であり、これによって芸術の核心的部分を説明することはできない。

ヒストリシズムと天才

ポパーの第三の考察に移ろう。それは、すでに触れたように音楽および芸術一般におけるヒストリシズム的考えの知的貧困と破壊力についての認識であった。じゅうらいポパーの言う「ヒストリシズム」とは、簡単に言って歴史の法則的展開、または運命のような必然性を信じる立場を指すことばとして政治哲学的に理解されてきた。もちろん、そのような意味でのヒストリシズムについてはポパーの歴史認識あるいは歴史哲学(社会科学方法論)を論じる際に扱うことにする。ここではむしろ、ヒストリシズムと音楽との結びつきという、これまであまり注目されてこなかった側面に光をあてることによって、後刻、この概念を理解するための準備作業としておこう。

ポパーが音楽の領域においてこの概念に触れるとき、かれはこの概念の周辺部で語っている。かれは音楽における天才の概念を問題にする。ところで、なぜに天才の概念が問題になるのであろうか。ヒストリシズムの概念と天才の概念はいったいどのように結びつくのであろうか。そもそもわれわれは「天才」ということばにどのようなイメージをこめているのか。ポパーは、われわれのうちに巣くっている一種ロマンチックな「天才」概念をはげしく批判する。

「ワーグナーはまた、世に真価を認められぬ天才——時代の精神を表現するだけでなく、実際には『時代に先んじている』天才、少数の『進んだ』鑑識者を除くすべての同時代人に通常は誤解される指導者——という、無批判的でほとんどヒステリックな考えを打ち出した。」(『果てしなき探求』岩波現代文庫上、一二九ページ以下を一部改訳)

このような天才観は、われわれの身の回りでも折りに触れ、よく聞かされる観念である。早熟の、あまりにも時代に先駆けているゆえに世にうけいれられず若くして悲劇的な死を遂げる天才。こうしたイメージのうちのいかなる部分をポパーは問題にするのか。

ポパーは「時代に先んじている」という観念を嫌悪している。この観念は、時代の流れ、時代の運命、歴史の（次の時代への）必然的進行といった観念を前提している。つまり、歴史には必然的な段階があると信じているからこそ、先駆者としての天才は「時代に先んじている」という観念が生じてくるのだ、とこうポパーは考える。しかし、ポパーに言わせれば、歴史の必然的進行という観念（または、「『進んだ』鑑識者」――エリート？――によってのみ認識されうるという観念）こそまさに唾棄されるべきヒストリシズムである。「天才」概念と「ヒストリシズム」概念との野合をポパーは許せない。ワーグナー的「天才」概念に惹きつけられるなかで、われわれは思わず知らずヒストリシズムの餌食になってしまう。

ポパーは、過去の天才たちが「ヒストリシズム」の概念を引き合いに出すことなく正当に評価されてきた例を挙げる。バッハは明らかに時代に先んじていなかったにもかかわらず、その時代のなかで、たとえば、プロシアのフリードリッヒ大王によって高く評価された天才であった。モーツァルトは貧困のうちに亡くなったが、全ヨーロッパをとおして高く評価された。ベートーヴェンが高く評価されなかったというのは神話である。天才は、ワーグナーのようなヒステリックな見解とはうらはらに、時代のなかでただしく評価されていたというのがポパーの主張である。われわれとしては、世阿弥が足利義満に高く評価され支援されたという事実を追加してもよいだろう。そして、おそらく場面を自然科学の領域に移すならば、ポパーの主張に分があることは明白と思われる。

芸術は「天才」という大芸術家をつかってつねに時代をきりひらき先へ先へと必然的に前進するという一種の進歩主義をポパーは批判しているのだ。この文脈でかれはみずからがシェーンベルクの私的演奏協会で体験したことを痛烈な皮肉として語っている。それは、以下の三つの命題をならべていくだけですむ(以下の引用は上掲書、一三二ページから)。

第一の命題「いかにしてわれわれはワーグナーにとって代わることができるか。」

第二の命題「いかにしてわれわれはわれわれ自身のうちにおけるワーグナーの残滓を棄て去ることができるか。」

第三の命題「どのようにしたらわれわれは万人に先んじつづけることができ、また絶えずわれわれ自身の先を越すことさえできるか。」

第三の命題では思わず笑ってしまうが、ポパーに言わせると、シェーンベルクの仲間は第一の命題から第三の命題へ速やかに「進歩」したということなのだ。そして、これら三つの命題が進歩主義の思考構造を暴き出していることは間違いないだろう。とにもかくにも時代に先んじること──かれらは次に来る時代を知っているというわけだ──そして、理解されずとも十分なショックを与えること、これが進歩主義の芸術論となる。肝心の芸術はどこかへ飛び去ってしまう。ここから生まれてくるのは、目まぐるしいまでの新しいスタイルであり、新しいファッションであり、新しい流行である。ことばを換えれば、モダニズムである。ポパーを離れて言えば、それがわれわれの時代における文化の装置になっている。とはいえ、ポパー自身とて流行の存在そのものを否定するわけではない。次の引用文は、ポパー自身のスタンスが奈辺にあるかを明瞭すぎるほど明瞭に語っている。

「流行は、私の思うに、多くの他の分野でと同様に芸術においても避けがたい。しかし、みずからの芸術の熟達者であったばかりでなく独創性の天賦に恵まれた数少ない芸術家たちが、ほとんど流行を追おうとせず、またけっして流行の先導者たろうとしなかったことは、はっきりしていよう。ヨハン・セバスティアン・バッハもモーツァルトもシューベルトも、音楽に新しい流行とか『スタイル』をつくりださなかった。流行をつくりだしたのは、カール・フィリプ・エマヌエル・バッハ、才能と魅力のある——そして巨匠たちよりも発明の独創性の乏しい——熟練した音楽家、であった。」（上掲書、一三三ページ以下）

哲学者ポパーもまた流行を追うことはない。かれはひたすら問題に沈潜し真理をつかみ取ろうとするだけである。ポパーは、音楽についての考察を深めるなかで、のちに『開かれた社会とその敵』のなかでいっそう多面的に批判することになるヒストリシズムの害悪を悟ったのである。

以上で音楽についてのポパーの三つの考察をひと通り見たわけであるが、筆者のみならず読者の多くも、音楽への沈潜が、かれにみのり豊かな贈り物をしたことに驚かざるをえないであろう。かれは、音楽家になることは断念したとはいえ、哲学者にこそふさわしい見事な代償をえたのである。しかし現実にはかれはまだ「公認された」哲学者ではなく、その途上にあった。

5　哲学者への歩み

哲学者への変貌

本節では、ポパーが中等学校を退学したころから主著の『探究の論理』(一九三四年)を書き上げる頃までの時期を描いてみたいと思う。

大局的に見れば、この時期は、政治的にはオーストリア社会民主党が敗北につぐ敗北を重ね、戦後間もない革命的高揚期からドルフュス独裁へと振り子が揺れ戻るように政局が急速に右へシフトしていく時期であった。それは、もう少し視野を拡大してみれば、人口七〇〇万の小国オーストリアがムッソリーニのイタリア・ファシズムとヒトラーのドイツ・ナチズムに挟撃され、あえいでいる姿であったとも言えよう。

この間、ポパーは大学での勉学をつづける一方、「赤いウィーン」における最大の業績のひとつ、学校改革運動にアドラーの児童相談所をつうじて実践的にかかわり、そのなかで多くの問題をつかみ取っていた。なかでも学習についての心理学的理論への関心から、かれは一九二五年以降約三年間、カール・ビューラーが所長を務めていた教育研究所で主として心理学を学び、二八年には博士論文を提出する。もちろん、勉学に追われるなかにあっても政治情勢の急激な変化から目をはなすことはなく、当時の社会民主党によって代表されたマルクス主義の理論と実践への批判を深めていく。学位を獲得したあと、ポパーは教職に就き(一九三〇年)、それまでのみずからの思索を整理し、物理学者のシュリックのまわりに集まった一群の科学者や哲学者(ウィーン学団)の諸見解を批判する論考を書きためるなかで主著を書き上げ、哲学者へと変貌を遂げるのである。

学校改革運動

ポパーの歩みのなかで注目しなければならないひとつは、なんと言っても学校改革運動とのかかわりである。グレッケル(1874 - 1935)に指導された学校改革運動は、当時においてはたんなる教育改革運動にはとどまらず、先鋭な政治運動でもあり、同時に(教育の)心理学と哲学をめぐる闘争でもあった。この運動はポパーを巻き込んだのみならず、かれの論敵の一人でもあったウィトゲンシュタインをも低オーストリアにおける小学校教師として参加させていた（一九二〇年〜一九二六年）。そして、両者はともにこの運動の理論的支柱であったビューラーの心理学理論から大きな影響を受けたのである。

学校改革運動が闘った古い制度については他の適当な書物に譲ることにして、ここでは哲学者ポパーにふさわしく、古い制度を支えていた哲学に着目してみよう。それは、ヘルバルト（1776 - 1841）およびその学徒たちの教育理論（哲学）であった。かれらは、ハプスブルク治下の権威主義的教育体制を理論面から補完していた。ヘルバルト学派は、今日の哲学史の教科書などからはほとんど抹消されているが、一九世紀のオーストリアにおいては哲学界および教育界において圧倒的な支配力を誇っていたのであり、その影響力が打破されたのはやっとブレンターノ（1838 - 1917）の弟子たちによってであった。（ついでに述べておくと、ヘルバルトの教育理論は明治期に日本にも導入され、長くわが国の教育界を支配した。）

さて、この派の教育理論によれば、人間の精神は、知識を受動的に受け入れるだけの器――のちにポパーがバケツと呼ぶようなもの――にすぎず、能動性、自発性は否定されていた。人間、とりわけ児童は、機械的な反復練習をつうじて観念を連合させることによって知識を蓄えていくだけの受け身の存在と考えられていた。生徒はひたすら教師のいうところを暗記していればよかったのである。べつな言い方をすれば、討論をつうじて、あるいはなんらかの作業をしながら、生徒が主体的に学んでいくという側面はほとんど無視されていた。

このような哲学に対して、学校改革運動が拠り所とした理論もしくは哲学は、ある種の奇妙さをもっていたように思われる。というのも、学校改革運動そのものが一枚岩の運動ではなかったのと同じように、理論面においてもこの運動には時代のさまざまな思潮が流れ込んでいたからである。筆者の理解のおよぶかぎりでいえば、そこには、社会民主党員たちのマルクス主義的哲学、かつてポパーが入学したこともある「フリースクール」を支えていたリベラリズムの哲学、マッハの哲学およびかれの影響のもとでようやく姿を現しつつあった論理実証主義の哲学、ポパーが児童相談所をつうじてかかわっていたアドラーの個人心理学、そしてなによりも言及しなければならないビューラーの心理学などがあった。ポパーがこれらもろもろの理論や哲学から影響を受けたことは言うまでもないが、ポパーを理解するうえでとくに言及しておきたいのは、マッハおよび論理実証主義の哲学、そしてビューラーの心理学である。順次ごく簡単な説明をくわえておきたい。

さて、マッハおよび論理実証主義の哲学についていえば、これは、ロック、バークリー、ヒュームの哲学につながる経験主義の哲学であった。とくにマッハは、存在するのは感覚のみとする感覚一元論（中性的一元論）の哲学を主張していた。こうした哲学によれば、われわれの観念は視覚とか触覚などをとおして受け取るもろもろの感覚印象の連合

(association) によって構成される。ロックのことばを使うならば、精神はいわば白紙状態 (tabula rasa) にあり、そこに感覚印象という経験によって知識が書き込まれていく、というのである。

例を挙げてみよう。たとえば、われわれが「雨」という観念をもっていたとしよう。すると、この観念は、われわれが空から降ってくる水滴を見たとか、さわって冷たかったとか、なめても無味無臭であったというもろもろの感覚印象が精神にそのまま受け入れられ、そこで連合されることによって構成されたということになる。そして、このメカニズムを説明するのが連合心理学 (psychology of association) なのであるという。したがって、図式化して言うならば、観念には感覚印象――より一般化して言えば心象 (イメージ) ――が、一対多の関係として対応することになろう。

ここでは、この図式 (思考の枠組) がマッハを含めた経験主義的哲学の基本構図であったことに気づく必要がある。たとえば、「観念」をことばとして捉えてみよう。すると、ことばの意味はさまざまな心象 (イメージ) ――さまざまな感覚印象――ということになろう。後者が、前者すなわちことばの意味を支え、正当化する。今度は、「観念」を理論として捉えてみよう。すると、理論に対応するのは、さまざまな感覚印象を述べるさまざまな観察命題ということになろう。観察命題が理論を支え、正当化する。こうした哲学においては「思考」はさまざまな感覚印象から「観念」へと進行していく。そして、このような考え方の頂点にあったのが帰納法である。

帰納法とは、言うまでもなく、感覚印象を述べる個別の観察命題をつみ重ねていけば一般的な法則に到達できるという考え方である。つまり帰納法は、感覚印象から、「観念」の位置を占める一般法則への通路の役割を果たすものと考えられていた。たとえば、毎日、太陽が東から昇り西に沈むのを観察した結果として、太陽は一日一回東からのぼり西に沈むという一般法則の導出を許すのが帰納法であるというわけである。

しかしながら、こうした意味での帰納法が論理的にはただしくない（妥当でない）ことは哲学史的には古くから知られていたし、また当時の経験主義者たちにもよく知られていた。一九一二年に出版されたラッセルの『哲学入門』は成功した書物であり、論理実証主義運動にも影響を与えたが、そのなかには、毎朝、農夫から餌をもらっていたヒナは、農夫は毎朝永遠に餌をくれるものと考えていたが、ある朝首を絞められてしまったという話が書いてある。ラッセルは、かれ一流の機知をもって、帰納法が論理的にはただしくないことを指摘していたのである。かくしてマッハ流の論理実証主義にも明白な欠陥が存在していた。

ところで、こうした構図が教育の現場で利用されると、教師は感覚印象に相当する材料を提供し、それらを生徒のなかで一定の仕方で連合させること――ことばを換えれば、特定の仕方で帰納させること――が哲学的にも正当な教育方法であると主張されることになるだろう。生徒は、教師が提供する材料を教師の押しつけるただしい連合の仕方で鵜呑みにすればよいというわけである。そしてこれは、ほかでもなく、ヘルバルトの心理学の基本的な構えであった。とすれば、マッハ流の哲学は、時代の最先端の理論を吸収し新しいことばで着飾っていたとしても、根本においては、学校改革運動が闘っていた敵としてのヘルバルトの哲学と同質同根のものであった。ファッションの新しさをもって、古い祖父の時代の哲学と闘ったにすぎなかったのである。

カール・ビューラー

これに対して、学校改革運動の理論的支柱でもあり、ポパーがもっとも影響を受けたビューラーの心理学は、その伝統においても哲学的構図においてもマッハ哲学とは根本的に異なっていた。かれは、ヴュルツブルク学派というカント哲学の影響を強く受けた心理学の一学派に属していた。ここでカント哲学が、ロック、バークリー、ヒューム、そしてマッハの経験主義的哲学と決定的に異なることは今さら言うまでもないことだろう。そして思うに、ポパーがカント哲学の系譜に属しているという点についての理解が深まるならば、ポパーを論理実証主義のなかの一変種としかみない哲学史はその哲学史的理解を根本から改めざるをえなくなろう。おもわず、ポパーをカント主義者として解釈しようという筆者の「先取り」とでも言うべきものを思わずもらしてしまったが、ここでは叙述の本道に戻らなければならない。

ビューラーは、当時のヨーロッパ世界においてたいへんに令名の高かった人物である。かれは、ドイツのヴュルツブルクで学問的経歴を開始し、一九〇六年にマッハの実証主義に対する批判者として有名なオズヴァルト・キュルペ（1862 - 1915）の助手となった。こうした師弟関係からしても、ビューラーの学説は、最初からマッハ的方向とは逆方向にあった。かれは、当時興隆しつつあった二つの潮流、すなわち、フロイトの精神分析学と条件反射学説にもとづく行動主義心理学とのあいだにあって、いわば第三の道をゲシュタルト学説的な認知心理学あるいは発達心理学の方向にさぐろうとしていたのである。

今日ではかれの理論は、ゲシュタルト心理学の一形態あるいはピアジェ（1896 - 1980）の思想に近いものとして理解されている。一九二二年にビューラーは、ウィーン大学の心理学の教授として招聘され、おなじく心理学者の妻シャルロッテともどもウィーンに着任し、そして翌年にグレッケルの肝煎りで設立されたウィーン教育研究所の所長をつとめていた。ポパーは、先にも述べたように、一九二五年から三年間この研究所に学び親しくビューラーの教えを受けたのである。

さて、ビューラーの学説を特徴づけたのは、感覚印象よりも、それらを整え秩序づける考えとか枠組み――つまり、観念――が優位するという主張であった。この点を具体的に説明してみよう。たとえば、子どもは外界の諸対象、馬とか人とか蝶などの絵を描くが、それらはほとんどの場合、実物とは大きくへだたった絵であり、対象ははなはだしくデフォルメされている。こうした絵を見ると多くの人びとは、子どもは対象を正確に観察する能力をもっておらず、外界の対象を写実的に写し取り、紙の上に反映させる力がないのだと結論しがちである。しかしながら、ビューラーの考え方からすれば、子どもはみずからがそうした対象について先立ってもっている観念を紙面に投影しているにすぎないのである。絵を描くに先立って観念が先行しているのである。たとえば、人間には頭と手足があるという観念のもとでいわゆる頭足人間を描くのである。ビューラーは、このことを「じつは子どもは見えるものを描かないで、知っていることを描く」（原田茂訳『幼児の精神発達』協同出版一四六ページ）という見事なことばで定式化している。子どもはじつは虚心坦懐ではないのだと言ってもよいだろう。哲学的な言い方をすれば、感覚印象から出発して「観念」が構成されていくのではないのである。その反対に、観念（すでに知っていることの方こそ）が感覚印象を体系化しまとめあげる原理となっている。感覚印象の哲学とは正反対の構図がもちこまれている。

もう少し例を挙げながら説明をくわえてみよう。たとえば、ビューラーが指摘しているのだが、幼児は形容詞の三級（原級、比較級、最上級）変化のような語形変化の習得においてさかんに類推を働かせるといった事実、あるいは、輪郭が少し描かれただけでなにが描かれようとしているのかをあてようとする行動がある。こうした例から推察されるのは、子どもは規則的な繰り返しによって学ぶのではないということである。むしろ、「子どもを観察したことのある人なら、規則ただしく繰り返して起こることはたいてい子どもの思考を全く刺激したり呼び起こしたりしないことを知っている。……知能は新しい、未聞の事態を解決するための道具」（上掲書一二七ページ）なのである。思考は、反復的事象から法則的なものを帰納するのではなく、積極的に、一回かぎりでしか生じないものであっても、ともかく問題状況――いまの例でいえば、つぎにどのような語形がくるべきか――にかかわり、テストにあたいする解を能動的に案出しようとする働きなのである。

ビューラーにばかり紙幅を割いているわけにもいかないので、簡単にまとめておこう。かれの理論は、感覚印象（impression）から観念（idea）が作られるとするロックやヒュームまたヘルバルトの経験主義的学説そして当時その立場を代表していたマッハ哲学とはするどく対立するものであった。ビューラーの学説では、観念は、感覚印象から受動的かつ自動的に作られるのではなく、逆にそれらに先行する。この点を学校改革運動との関連で言えば、かれの心理学は、子どもの知的能動性を強調する心理学となる。ビューラーが描き出した「児童の精神発達」とそこから当然引き出されてよい教育者への助言は、児童をただ受身の存在者と捉え、知的な能動性を認めない従来の心理学とそれに依拠する教育学を根本から批判するものであった。一九一八年に出版されたビューラーの『児童の精神発達』は、学校改革運動に大きな影響を与えた。

ビューラーの理論は、論理実証主義者たちとは異なって、最初から帰納の問題にぶつかることはない。しかしながら、この理論においては、そうした観念とか理論はいったいどこから来るのか、またそれらのただしさはどのようにして確かめられるのかという問題を避けて通ることはできないはずである。そして、この問いはじつにポパー自身の問いともなった。とはいえ、かれには、こうした問題に対する答えがないわけではなかった。というのも、『自伝』によれば、かれはこのころ学習についてのひとつの生物学的色彩の濃い心理学的理論を抱懐していたからである。

仮説と淘汰

ポパーの考えを手短に説明してみよう。かれは、感覚印象に先行するものとしての「観念」を仮説として解釈した。しかしながら、「先行」ということを厳密に考えていくならば、いっさいの経験に先立って、つまり生誕以前から、「観念」(仮説)をもっていなければならないことになろう。ポパーはこれを認めた。哲学のことばで言えば、生得観念の存在を認めたのである。かれは、それを『自伝』のなかではコンラート・ローレンツ(1903－1989)の「刷り込み」によって説明している。

「刷り込み」現象とは、ポパーの幼友達であったローレンツによって発見された生物学上の興味深いメカニズムである。この現象はたいへんによく知られているので、読者も動物行動学関係の書物やテレビなどをつうじてその例をいくつかご存知だと思う。たとえば、ひとたび、おもちゃのロボットを母親と見なすように刻印づけられた（刷り込まれた）ガチョウのひなは一生それを母親と見なすことになる。これが生じたときには、もはや修正はきかない。ガチョウのひなは、生まれてはじめて出会った「音を発し動くもの」をみずからの母親と見なすようにプログラミングされているのであり、そして現実における「音を発し動くもの」との出会い（経験）は、このプログラムを発動させるいわば引き金なのである。

ポパーは、この「プログラミングされている」ということ、あるいは、言語的に表現すれば「音を発し動くものは母親である」という「観念」——反応性向——を、生まれつきもっている観念、すなわち生得観念として理解した。この種の生得観念は、修正可能な仮説としてではなく、ほとんどの生物において修正のきかない独断、すなわちドグマとして存在する。そして、人間が現代において自然界をかくも荒々しく改変してしまう以前においては、生物のもつそのようなドグマは、大自然との絶妙な呼応を示しており、外界からの無限に多様な情報を簡潔に処理する有効な装置であった。

ところで、ここでひとつの疑問が生じてくる。それは、このような生得観念はいかにして生じてきたのかという問いである。この疑問に対して、ローレンツは種のレベルにおける帰納という考えをもって対応した。つまり、種は膨大な年月をかけて多様な「経験」のレベルから環境世界の安定した構造を帰納すると考えたのである。これに対して、ポパーは――もっとも、かれがこうしたことを主題として語り出すのは六〇年代以降に進化論的認識論を主張するようになってからのことであるが――変異と選択（selection）というダーウィン的メカニズムをもって答えようとした。つまり、種そのものではなく、種のなかのなんらかの個体（変異体）が、試行錯誤的に環境世界の安定した構造を先取りする試みをし、それが淘汰過程を生き延びたときに、変異を惹き起こした遺伝子が遺伝子プールに蓄積され、それが次世代にとっての生得的なプログラムされた反応性向（生得観念）になったというわけである。

ポパーにとっては、種のレベルにおいてさえ帰納は存在しないのであり、変異体の突然の出現とか個体の側の試行的な新しい行動といった主体の側からの働きかけ、能動性があくまでも重要なのである。そして、これもずっと後年になってから語られるのであるが、変異体が出現してくるのは――もちろん、ここでは形而上学的言説として受けとめておいてよいのだが――窮極的には世界（全宇宙）が非決定論的構造をもち、新しいものを作り出す創造性（Kreativität）をもっているからである。

さて、ポパーは「観念」の先行性をみずからの学習理論のなかでは、なんら妥当性の保証されていないドグマティックな仮説として解釈した。つまり、学習とはある問題状況――たとえば、みずからの母親を早急に発見するためにはどうすればよいか――のなかで仮説、あるいは予期を形成していく過程であると考えた。それらは、経験のなかでテストされ、不適切なものは除去される。この過程は仮説の試行的形成とその批判的選択として定式化できよう。ポパーは、これが学習の中心をなす過程であると見た。学習とは、感覚印象からの帰納などではないのである。こうしたポパーの考え方からすれば、「刷り込み」現象は、試行としての独断的仮説（予期）が批判的修正のきかない状態にあるものとして理解されることになろう。十分な意味での批判的修正がきくようになるには、独断的仮説（予期）が言語的に定式化されて、みずからの身体的行動様式から切り離され、批判的にテストされる段階をまたねばならない。しかし、こうした思想は進化論的認識論において十分に展開される思想であり、一九二〇年代においてはその萌芽が育まれつつあったと見なした方がよい。いずれにせよ、ポパーの学習理論からすれば、一定の問題状況下で、感覚印象をまとめたり整理する仮説を試行的に形成していく過程と、他方でそれらを批判的に選択する過程が重要視されることになる。ここからすると、ヘルバルト流の帰納主義的な教育理論が介入する余地は皆無となる。

教育研究所で

さて、ポパーは一九二五年に学校改革運動の実践から離れ、ビューラーが所長を務めていたウィーンの教育研究所に入学した。この研究所は、教師にもアカデミックな教育――

とりわけ、心理学――が必要であると考えたグレッケルによって、先にも触れたように、一九二三年に設立された。ウィーン市当局は当時まだ心理学の講座をもっていなかったウィーン大学に対して、教師のための新しいプログラムを導入すること、またこの研究所を大学に併合することを求めたが拒否されたので、市は一九二五年に研究所をアカデミックな心理学部門として改組し、学校改革運動を支援するとともに、ウィーン大学ともゆるやかに結びつくようにしたのである。改組された研究所は若干数のソーシャル・ワーカーにも入学を許したので、ポパーはその一人としてここに一九二七年まで約三年間学ぶのであった。

この研究所で過ごした年月はポパーの生活と知的発展にとって重要な意味をもったと思われる。第一にかれはここで生涯の伴侶、ジョゼフィンヌ・アンネ・ヘニンガー、愛称ヘニー夫人をえた(結婚したのは一九三〇年)。スキーやハイキングに時を過ごしたのも、二〇代の若者として当然のことであった。またかれは、スポーツを楽しむ一方で学友たちにセミナーをしてやったり、あるいは教室を使って試験準備のための授業もしてやった。ポパーは、いわば教師としての見習いもしていたわけである。かれはまた、最初に私的会話を交わした大学教授として回想しているビューラーとも親しくなり、多くのことを学んだ。ポビューラーの心理学理論がどのようなものであり、またそれが学校改革運動のなかでポパーの知的発展とどうかかわっていたかという点については、すでにその概要を述べたので、ここではそれ以外の点についてポパーがビューラーから学んだものに触れておきたい。

言語論と心理学

回想によれば、ポパーがビューラーから学んだ最大のものは言語論であった。そしてその言語論は、ポパーが施した追加的修正を含めて、ポパーの哲学においてはのちに見るようにじつに大きな役割を果たす。それゆえここでは、ビューラーの言語論がそもそもどのようなものであったかをできるだけ簡潔に述べておくことにしよう。

ビューラーは「言語」を機能の観点から見る。しかし、ここで最初に注意しておかねばならないのは、「言語」と言われるとき、狭い意味での人間の言語のみが考察の対象になっているのではないということである。生物体が、環境と取り交わす相互交渉、また生物間の相互的やりとりなども「言語」という名のもとに包括されている。

ビューラーによれば、言語には三つの機能がある。第一のもっとも下位の機能は、表出機能と呼ばれるものであり、第二の機能は信号機能であり、第三は叙述機能である。ビューラーはこの三つの機能がピラミッド状に積み重なったものとして言語を理解した。これらの機能について順次簡単な説明をくわえておこう。

表出機能とは、主として生物――ポパーの場合では、生物に限定される必然性はない――がなんらかの徴候とか身体状態――より一般的に言えば、広い意味での内部状態――

を表出する機能のことである。たとえば、人間の頬が赤くなったとすれば、それはその人間のなんらかの状態（たとえば、興奮状態）を表出しているというわけである。信号機能とは、第一の表出機能によって表出された状態などが他の生物個体にとっての信号となり、ある特定の反応を惹き起こす（解発する）機能のことである。具体的事例は、ローレンツに代表されるような動物行動学の書物に数多く挙げられている。たとえば、トゲウオがライバルの下腹が赤いという状態（刺激）によって攻撃行動を解発されるのもその一例である。第一と第二の機能は人間にも動物にも共通の機能である。第三の叙述機能は、たとえば「この部屋の室温は今一六度である」といったような事態を記述し、そしてそれを情報として伝達する機能のことである。これには、カール・フォン・フリッシュの発見した蜜蜂のダンスのようなものを含めることもできるだろう。もちろん、この機能は第一と第二の機能が十分に発達していなければ成立しえない。

ポパーは、これら三機能に第四の機能、つまり、叙述された事実について、たとえば賛否の議論を可能にするような「議論機能」を追加するのだが、この点については（すぐ後述の）連合心理学に対するかれの批判を見るときに触れることにしよう。

ポパーはビューラーから言語論のみを学んだのではなかった。かれは学習の理論に興味をもって研究をおこなっていたのであり、ビューラーを含めて広くヴュルツブルク学派の人びとから多くを学んだ。ここで注目に値するのは、ポパーが「心象（イメージ）なき思考」という考え方——これについては、すでにビューラーの心理学に触れたさいに概略を説明しておいた——にくわえた批判である。かれは、この考え方を首肯する一方で、きびしく批判した。かれが首肯した点は、「心象（イメージ）なき思考」という考えが、ロック、バークリーそしてヒュームといった英国経験論における基本的考え——外界の諸対象についての印象（impression）から観念（idea）が作られる——を否定している点であった。しかしその一方でポパーは、この考え方が、アリストテレス的論理学を継承し、そしてそれを心理学の用語に翻訳した点では決定的に誤っていると考えた。この点を理解していただくためには、まずアリストテレス的論理学を連合心理学との関連で説明しておく必要がある。

アリストテレス的論理学は、誰でも知っているように、ふつう三段論法として理解されている。「人間は死すべきものである。ソクラテスは人間である。ゆえに、ソクラテスは死すべきものである。」ポパーは、連合心理学との関連では、アリストテレス的論理学を——三段論法を含めてであるが——観念を連結させる論理学として捉えている。アリストテレス的論理学は、主語と述語を「……は……である」といったつなぎことばで結びつける論理学であるというわけである。たとえば、「人間は生物である」といった言明においては、「人間」という観念と「生物」という観念がつなぎことばによって結びつけられ、判断が構成されているわけである。三段論法は、つなぎことばによる観念の連結を推移させていくことでしかない。もはや、アリストテレス的論理学が連合心理学の基礎になっていることは明らかであろう。

ところが、われわれは三段論法的な推理のみをしているわけではない。本書で言及してきた反証は、背理法の一種であり、結論の誤謬なることから、前提のうちに誤謬が潜んでいると推理するものであるが、これは三段論法による推理ではない。こういった推理は言語表現の構造（たとえば、「偽である」、連言を示す「かつ」とかあるいは「矛盾する」といったことばなどで示されるもの）からして可能になると考えられる。言語にはアリストテレス的三段論法をこえた推理、すなわち論証をおこなわせる力（機能）が存在するのである。

ポパーの見るところ、ビューラーの心理学は連合心理学を否認するにもかかわらず、その基礎をなしていたキュルペ流の論理学は、アリストテレス的論理学の呪縛を免れてはおらず、論証と判断を明確に区別していなかったという。事実についてなにかを述べることはひとつの判断を提出することである。それに対して、論証は言明の連鎖としての推論をつくり出すことである。しかし、論証もまた判断であるというならば、事実判断と論証（推理）を区別する必然性はなくなってしまう。ポパーはこの点を洞察したときに、ビューラーがその言語論において第三の機能として設定した叙述機能のうちに議論（論証）機能を混在させていることを見抜いたのである。そして、ポパーはこの点を博士論文の公開の試験においてビューラーに指摘できた。つまり、かれはビューラーの言語論に第四の機能として議論（論証）機能を追加することができたのである。こんにち、四つの機能の存在を説く言語機能説はビューラー＝ポパー説と呼ばれている。そしてまた、ポパーの言うところによれば、かれはビューラー批判をつうじて心理学を研究する前に論理学を研究しなければならないことを悟ったのである。

連合心理学の基礎にアリストテレス的論理学があるという説を批判したポパーからすれば、当時受け入れられていた条件反射説にしても、観念の連合を条件反射によって説明しようとする誤った理論に他ならなかった。かれによれば、パブロフの犬は、なにもないところで条件づけられて反射的な行動をするのではない。そうではなく、犬は条件づけられる以前に、みずからのおかれている問題状況のなかで、その解決に役立ちうるような不変と見なしうる要因についてある種の見込みとか期待を先取りとして形成し、それを篩《ふるい》にかけるという能動的な過程のなかにいる。ところが、この過程が、アリストテレス的論理学の影響を受けて、誤って観念の条件づけ（連合）としての判断の形成過程であると解釈されたとポパーは考えたのである。（条件反射説に対する詳しい批判については、『自我と脳』P4章を見よ。）

ポパーの問題意識と論理実証主義への批判的かかわり

このようにしてポパーは、教育研究所でビューラーから大きな影響を受けつつ多くのことがらを学び考えた。そして、ポパーの博士論文「思考心理学の方法問題」は、かれ自身は失敗作であると考えていたにもかかわらず、最優秀の成績で合格したのであった。ポパーが一九二八年に、ビューラーとシュリックの審査のもとで博士号を獲得したあとから主著を書き上げるまでの数年間は、それまでのみずからの思索を整理し、練り上げていく時期でもあった。他方で、社会的あるいは思想的交際という点から見るならば、それはポパーがウィーン学団と呼ばれる一群の論理実証主義者との交友を深め、批判的討論を積み重ねていく時期でもあった。

ポパー自身の思索の方に目を向けてみるならば、この時期、かれの心を占めていたものは、第三節でも述べておいたように、科学と科学でないもの（えせ科学）を区別する境界線をどう引くかという問題（境界設定問題）であった。そしてかれは、その問題を中心軸として自己の思索を整理した。

まず境界設定問題をよりよく理解するためには、ベーコン以来の科学観のもとでは、科学とは帰納法によって理論を正当化する営みであるとされていたことを思い出す必要がある。ベーコンに代表される近代の科学哲学は、科学の営みを神学や形而上学またえせ科学から区別する規準として帰納法を用いた。帰納法こそが科学をして科学たらしめる最大の特色とされた。帰納法は、いささか衒学的な定式化をするならば、かつてヒポクラテスの誓いが医療を魔術的営みから峻別し独自の「いかがわしくない」営みとして確立しようとした試みであったように、近代の科学者たちがみずからの営みを他から区別し、ひとつの専門的職業（profession）として確立するための宣誓（profession）の第一の厳守事項に属したのである。

しかしながら、ポパーは、すでに見たように、そもそも帰納法が論理的には存在しえないことを洞察していた。しかも、帰納法を捨てたからといってかれの場合には科学とえせ科学との境界を引けなくなるわけでもなかった。かれの手許ではそれに代わるものとして反証可能性という有力な規準が長いあいだ育まれていたのである。もう少し説明的に言えば、仮説的に想定された理論から帰結（多くの場合、予測）を演繹的に導出し、それが反証されるかどうかをテストにかけるという方法こそ科学の中心的営みだとかれは考えていた。法則的言明は論理的に言って完全に実証はされることはないが、論理的に反証はされうるという非対称性をポパーは明確に理解していたのである。

このような立場からすれば、論理実証主義者たちの見解は知的にはとうていポパー自身の立場と競い合えないものであった。かれの見るところ第一に、論理実証主義者たちは、科学とえせ科学との境界設定の問題を理解しておらず、形而上学を無意味なナンセンスと決めつけるための意味規準の問題にかかわっていたにすぎない。ポパーにとっては、形而上学は初めから有意味な体系であったうえに、科学の研究に指針を与えたり、発見をもたらしうるようなリサーチ・プログラム的性格をもつものでさえあった。ポパーには、科学を唯一無上の価値として他を貶めるような発想は最初からなかった。

第二に、有意味性の規準としてかれらがたてた実証可能性（verifiability）の規準は、じっさいには、観察命題を証拠として法則的言明を正当化（実証）しようとする帰納に他ならなかった。しかしポパーによれば、帰納は実体のない蜃気楼にすぎない。くわえて、そもそもある理論が実証されるか否かを知るためには前もってその理論の意味を理解していなければ、そのような試みをおこなうことさえできないはずである。ということは、有意味性の規準はすでに有意味であることがわかっているものにしか適用できないということである。これはじつに笑うべきたわごとであろう。じっさい、実証可能性の規準は、エイヤーの『言語・真理・論理』増補版（一九四六年）での序文に明らかなように、その内的不整合性が明らかになっていくのである。

論理実証主義者たちの実証可能性の規準とポパーによる境界設定規準との相違は、文脈を少しずらしてみると鮮明になってくる。つまり、科学と宗教の対立という古くからの文脈にたち帰って二つの規準を考えたらどうなるであろうか。

論理実証主義者たちの規準からすれば、たとえば「死後の生がある」といった宗教的あるいは神学的言明は、実証不可能であるが故に無意味とされるであろう。しかし、宗教家とか神学者にとっては、そうした言明は無意味ではあるまい。むしろ、かれらは、論理実証主義者たちは宗教的言明を扱えないというかぎりで、科学の限界を示したにすぎないと考えることだろう。さらにかれらは、有意味性規準そのものは、その規準に照らして有意味なのか、と自己適用から生じる矛盾を指摘してくることだろう。みずからの言明の有意味なことを信じている宗教家とか神学者から見れば、論理実証主義者たちは著しく知的理解力を欠いた連中ということになる。他方で、論理実証主義者の方が、みずからが無意味と決めつけたことがらに立ち入っていくわけもない。

とすると、ここに生じてくるのは一種の棲み分けである。生活様式あるいは言語ゲームが異なるというわけだ。ウィトゲンシュタインが、その著『論理哲学論考』(一九二二年)の第六・五三命題で、哲学のただしい方法は語りえないことについてはなにも語らないことだというとき、かれは実質的に宗教批判の道を封じ、宗教にそれが犯罪的かつ反社会的であろうがなかろうが、その居場所を保証している。これに対して、ポパーの境界設定の規準からすれば、宗教的言明は依然として有意味である。したがってそれは批判可能である。ポパーは、大部分の宗教的言明を科学でないものに分類するとはいえ、宗教的あるいは形而上学的レベルでの討論の可能性を否定しない。つまり、ポパー的立場に立つかぎり、宗教の内部に立ち入って宗教批判をおこなうことが可能なのである。現代日本におけるカルト宗教のおぞましさに引きつけていえば、科学者はカルト宗教を別種の生活様式としてたてまつる必要がないどころか、それらに立ち入って批判しうるということである。

ポパーは、以上のような論点(科学哲学上の問題)についてカルナップとウィトゲンシュタインとを徹底的に研究し大量のものを書いたと述べている。今日、それらのものは『認識論の二大根本問題』に収められている。かれは、それらをハインリッヒ・ゴンペルツに見せる一方で、ウィーン学団のメンバーであったヴィクトル・クラフトやシュリックの学生であったヘルベルト・ファイグルと討論した。他方で、ポパーはフリッツ・ヴァイスマンとも知り合うようになり、広い意味でのウィーン学団のメンバーとも意見を交わすようになっていった。

モーリッツ・シュリック

しかしながら、かれはシュリックが木曜日の夕方に会合をもった私的ゼミナールに招待されることはなかったし、みずから招待を求めることもなかった。シュリックはポパーを学団の敵対者と見ていたからである。こんにち、狭い意味でのウィーン学団のメンバーとは、シュリックのゼミナールに招待された人物と見なされるのが普通であるから、その意味からするとポパーは決してウィーン学団のメンバーではなかった。それどころか、ポパーの思想は、その内容も知的背景もウィーン学団とは根本的に異なっていた。他方で、ポパーは、エドガー・ツィルゼル（1891－1944）のグループでウィーン学団批判の論文を読み上げたり、カール・メンガーの「数学談話会」といったサークルで確率論にかんする問題を論じたりした。こうした活発な知的交流のなかで、ポパーは一九三三年の早い時期に『認識論の二大根本問題』を書き上げた。そして、この書物はウィーン学団の指導者であったシュリックと数学者のフランクによって、かれらの科学的世界把握叢書のなかの一巻として出版されることになった。しかしながら、出版社の強い要求があって短縮を余儀なくされ、最終的には伯父のワルター・シフ（ウイーン大学の統計学教授）の手によって原稿は半分の長さに切り詰められた。そして、それが今日『探究の論理』――日本では、英訳のタイトルにしたがって、『科学的発見の論理』と呼びならわされてきた――として知られているポパーの主著なのである。この著作の内容については、次章で説明しよう。

政治史的背景

次章に移る前にここでは、オーストリアの、そして隣国ドイツの政治情勢にも目を向けておかねばならない。言うまでもなく、ポパーはたんなる科学哲学者にすぎなかったのではなく、政治哲学者でもあったからである。

この時期、ポパーを取り巻くウィーン、オーストリア、ヨーロッパそして世界の政治的・経済的現実はまさに「暗雲たれこめた」とでも表現すべきものであった。少しさかのぼってみれば、オーストリアでは一九二七年に七月事件と呼ばれるものが起こっていた。この事件は、ポパーの政治情勢認識にとって大きな意味をもった事件であったので、その輪郭を簡単に描いておこう。

これは、右翼の武装集団である護国団によって社会民主党の二人の労働者が殺害されたにもかかわらず、殺人容疑者が証拠不十分で無罪とされたことから生じた事件であった。ウィーンでは、憤慨した労働者による大デモが発生し、裁判所が放火された。そのとき、警官隊が発砲したために、デモは暴動化し、約九〇名の死者と一〇〇〇名近い負傷者がでた。戦闘中の闘士たちから、社会民主党の軍事組織である防衛同盟に武器を与えて行動させよという要求がだされたのだが、指導部はそれを受け入れず、一日間のゼネストと無期限の輸送ストを指令したのみであった。しかもそれは、軍隊と護国団のスト破りによって押しつぶされた。この事件は、後世の歴史家の評価によれば、もしも社会民主党が断固たる闘争をしていれば時のザイペル内閣を打倒し、ファシズムの到来を少しでも遅延させえたかもしれない性質のものであった。しかし、社会民主党は、この事件の過程で時のザイペル内閣によって弱腰を見抜かれてしまったのであり、政治的には以後ますます退却戦をつづけていかざるをえなくなったのである。

ポパーはこの事件に社会民主党の「無責任かつ自殺的」な行為を見た。かれは、口に暴力を唱えながら、じっさいには断固たる行動をとることを躊躇してしまい、現実にはますます不利になった状況下で、妥協を重ねていく社会民主党の政策に致命的な誤りを見た。ポパーのこのような情勢判断は、のちに書かれる『開かれた社会とその敵』でのマルクス主義批判の重要な論拠を形成することになった。この大虐殺のあとポパーは、「中央ヨーロッパの民主主義的砦が崩壊し、全体主義的ドイツがもう一度世界大戦を始めるであろう」(『果てしなき探求』岩波現代文庫下、一ページ)と予想し始めたのであり、一九二九年の大恐慌以降に至っては、ヒトラーの躍進とそしてドイツによるオーストリアの併呑を予想したのであった。

ここでは、ポパーの生きた時代を理解するという観点からすれば、大恐慌に触れずにすますことはできない。よく知られているように、一九二九年一〇月二四日ニューヨーク・ウォール街の株式大暴落に始まった大恐慌はたちまちにして全世界をおそい、人びとを倒産と失業の恐怖にさらした。この大恐慌の最悪期は三三年、三四年頃であり、フランクリン・D・ローズヴェルトが一九三三年にアメリカ大統領に就任しニュー・ディール政策を展開するころからやっと前途に光が見えてくる。

しかしながら、この間、ポパーの隣国ドイツにおいては国家経済そのものが破産に瀕し、三一年六月からは大銀行も相次いで支払停止に追い込まれていた。ドイツでは経済規模はまたたくまに縮小し、産業労働者の三分の一以上、約六〇〇万人もの人びとが失業者となった。大量の首切りのもとで労働運動は急進化し、他方で没落した小市民や農民は右翼勢力を躍進させることになった。こうしたなかでナチスと共産党が急速に台頭するが、やがてナチスが一九三三年一月三〇日に政権を掌握する。すなわち、史上もっとも民主主義的な憲法をもったといわれるワイマール共和国の崩壊である。

ナチスは二月の国会放火事件を共産党の仕業であると宣伝し、共産党を壊滅させた。同年三月にはわずか五条からなる「全権委任法」が成立し、ヒトラーは合法的に独裁者になる。四月には「公務員制度再建法」が成立し、ユダヤ系の大学教師は続々と罷免され追放された。そして、五月にはフライブルク大学の学長となったばかりのハイデガーが就任講演のなかで大学の自由の理念を否定する。また、ベルリン・オペラ広場での焚書を筆頭にしてドイツのほとんどすべての大学において「非ドイツ的」とされた万巻の書物が火中に投じられていった。六月には社会民主党も弾圧され解体された。この時期ドイツは雪崩をうってナチ化していったのである。そして、ドイツの褐色のファシズムとオーストリアの緑色の(オーストリアの民族衣装からこう呼ばれる)ファシズムとが、一九三八年三月一五日(ヒトラーによるオーストリア「合邦」)に、五〇万もの人びとがヒトラーを歓呼のうちに迎え入れるなか、ウィーンの英雄広場で手を結ぶまで、わずか五年もなかったのである。

さてポパーの祖国に話を戻すならば、一九三三年のオーストリアでは三月にドルフュスがクーデターにより議会を解散してしまう。ドルフュスはカトリックの権威をたよりとし、イタリア・ファシズムをモデルとするとともにその支援をうけて独裁体制を作り上げていく。オーストリアのナチも勢力を伸張し、一九三三年一月には四万三千人の党員数を誇っている。翌一九三四年二月には社会民主党系の労働者による蜂起(二月事件)があるものの、ムッソリーニの圧力を受けていたドルフュスによって鎮圧される。社会民主党は非合法化され、ある者は亡命し、ある者は地下にもぐる。これは社会民主党の指導者たちの指導の不徹底ぶりならびに政治的無能さの帰結でもあった。二月事件の結果として、ウィーン学団の通俗化機関であったマッハ協会は禁止される。また、ノイラートの社会経済博物館も閉鎖され、ノイラートはオランダへ亡命した。七月にはオーストリア・ナチスがクーデターを試み、緑色のファシストたるドルフュスを暗殺する。しかし、クーデターは失敗に終わり、たとえばオーストリアに生まれ育ったアイヒマン（のちのユダヤ人大量虐殺の責任者）はミュンヘンに逃れていった。このあとに成立したのがシュシュニック政権であった。この政権は初期の段階ではムッソリーニの支援を受けていたものの、国際情勢の変化のなかでやがてヒトラーに屈服し、三八年にオーストリアはドイツに併合されるのであった。

騒然たる世情のなかで、ポパーの主著であり、また二〇世紀の哲学の古典となった『探究の論理』は諸多の事情から一九三五年の日付が付されて九月（一〇月という説もある）に刊行された。しかしながら、時代の暗い予感のなかで書きあげられたこの書物は、すでに触れておいたように政治哲学の書物ではなかった。それは、哲学の領域についての古い分類によれば認識論と呼ばれるものであって、常識的にそくして言えば、知識についての冷静な議論であり、表面上およそ政治哲学とはかかわりのないものであった。にもかかわらず、この書物はその奥底に、われわれ自身の政治哲学のみならず、われわれの時代の政治的現実そのものを変革するに足るエネルギーをひめていた。次章ではなにはともあれ、この書を認識論として、最近の用語で言えば科学哲学の書物として読み解かねばならない。

第二章

反証主義

1 認識論の二大根本問題

実証主義＝協定主義への批判

すでに前章の第五節「哲学者への歩み」でも述べたように、ポパーは、『探究の論理』の刊行に先立って、そのもととなった草稿『認識論の二大根本問題』を一九三〇年から一九三三年にかけて書き上げていた。それは、かれが学校教師のかたわら、夜間に書き上げた一二〇〇ページにもおよぶ膨大な草稿であった。この草稿はポパーが哲学者としての地位を確立したあとにあってもその手許に長いこと埋もれていた。それが、トロエルス・エッガース・ハンセンの努力と編集によって日の目を見たのは、最初の草稿が書き出されてからなんと五〇年近くもたった一九七九年のことである。

ハンセンは、ヘニー夫人が夫のためにタイプを習い、原稿を打ちだしたさいに残されたカーボン・コピー——それらは主としてK1、K2、K3、K4と題された四冊の手稿本からなっていた——を探しだし編集することによって、今日『認識論の二大根本問題』として知られている書物を刊行したのであった。この書物は、ポパー自身が全体を通覧し、新たに注をくわえるとともに「序文一九七八年」を書き加えたものであるから、言うまでもなくポパー自身が認証した著作である。

ところで『認識論の二大根本問題』は、『探究の論理』が伯父のワルター・シフによって抜粋されたあとの残りかすにすぎないという誤解もあってか、これまでていねいに読まれ、十分に吸収されてきたとは言いがたい。事実、ポパーの主要な書物はほとんどが多数の外国語にも訳されてきたのに対し、この書物のみは今日に至るもドイツ語のままで英語にさえ翻訳されていない。（追記。英訳は二〇〇九年にラウトリッジ社から刊行された。）このようなある意味で不幸な状況が生じていることについてはそれなりの理由が考えられる。その理由を説明するとともに、この書物の重要性を理解していただくために、まずその基本的構成に触れておくことにしよう。

『認識論の二大根本問題』という一冊の書物（四七六ページ）は、内部的には二巻から組み立てられている。そしてポパーの言う認識論における二大根本問題、すなわち、法則的言明は個別の観察事例によって正当化されうるのかという帰納の問題――これはヒュームの問題とも呼ばれる――と、科学と科学でないものとの境界を設定する境界設定問題――これはカントの問題とも呼ばれる――とが、それぞれの巻に割り当てられている。第一巻が全体の四分の三ページほどを消費し、若干の繰り返しは感じられるものの、一定のプランのもとでの体系性と叙述の綿密性を明確に示しているのに対し、第二巻は、本質的部分を抜き取られてしまった後の残骸、しかも何種類もの草稿の集積という印象が強い。これより、『探究の論理』は第二巻に相当する部分から抽出されたのではないかと思われる。

したがって、『認識論の二大根本問題』は大きく見れば帰納の問題を扱った第一巻から構成されていると見ることができるのであり、『探究の論理』が抽出された後の残りかすといった誤解は訂正されねばならないことになる。

さて、ここで第一巻についてもう少しくわしく触れてみよう。第二巻については、次節で『探究の論理』をくわしく解説することになるので、ここで触れる必要はないであろう。第一巻での主題は、ウィーン学団の思想（論理実証主義）やポワンカレとかデュエムに見られるような協定主義的思想との徹底的な対決である。ポパーは、それらの立場がことごとく帰納の問題の解決に失敗していることを論証して、みずからの立場である反証可能性の理論によって、帰納の問題を解くとともに境界設定の問題も解決しようとしたのである。ポパーは、一方で、ウィーン学団の精神的父と呼ばれたウィトゲンシュタイン、また学団の実際上の指導者であったシュリック、そしてまた学団の重要メンバーであったカルナップ等に見られる実証主義――ごくごく簡単にいって感覚的経験に還元されうるもののみが科学の基礎として許容されるべきであるという主張――を徹底的に批判した。他方でかれは、法則的言明を協定（定義）として扱い、反証的事例が生じてきたときには測定系の方を修正することで、いつでも反証を回避してしまう協定主義を、ポパー自身の方法論的反証主義とは相対立するものとして批判したのであった。

しかしながら、一九三〇年代においてならともかく、刊行された一九七九年においてはポパーのこのような批判は明らかに遅きに失した議論と見なされたことであろう。すでに、論理実証主義はウィーン学団的な形態においては存在しなかったからである。ファシズムの嵐のなかで英語圏への亡命を強いられた論理実証主義者たちは、異国の文化、たとえばアメリカのプラグマティズムとの接触のなかで、その知的立場を大きく変質させていた。科学を擁護し形而上学を排撃しようとするかれらの世界観的な哲学は、その攻撃的性格を著しく弱め、科学の言語やさらには日常言語についてのこまごまとした分析をこととする哲学への強い志向を示していた。この意味で、『認識論の二大根本問題』は今日あきらかに歴史的価値——論理実証主義はその絶頂期において敵対者の目にどう映ったかの証言——を有するにすぎないと見なされるかもしれない。

しかしながら、『認識論の二大根本問題』をていねいに読んでみると、筆者の見るところ、学ぶべき点が少なくとも二点ある。ひとつは、認識論においてポパー自身はいかなる立場をとっているかという点についてのかれ自身の反省である。ポパーは、その反省をつうじてみずからの立場を超越論（トランスツェンデンタリスムス）と呼んだ。では、このことばのもとでかれはいったいなにを考えていたのであろうか。この点についてはすぐつぎに論じることにしよう。第二に学ぶべき点は、認識論の現実的な課題についてのかれの基本的構想である。それは、一言でいえば、二大根本問題のひとつである帰納の問題を徹底的に論じ、それを解決するために反証主義を提唱し、またそれによって同時に、他方の根本問題である境界設定問題を解決するという構想であった。そして『認識論の二大根本問題』は、この基本構想を他のいかなる著作、とりわけ『探究の論理』にもまして明瞭に示していると考えられる。この点については、節を改めて論じることにしよう。

トランスツェンデンタリスムス

ポパーがみずからの立場を指して呼んだトランスツェンデンタリスムスという考え方は、カントの議論に由来する。それは、われわれが知識をもっている、あるいは、科学的知識が現実に成立しているという事実から、知識の獲得とか学習が可能であると論じるとともに、知識の不可能性を主張する議論（たとえばヒュームの議論）は誤っていると結論する議論である。ポパーは、この議論を踏まえたうえで、科学において知識の獲得を可能にさせている方法を議論の対象に据えようとする。そして、そのようなことをおこなうみずからの議論の仕方を「超越論的」と呼んだのである。定式化した言い方をすれば、超越論的立場とは経験科学において事実上用いられている方法を問題にし、またそれを中心にして科学のおこなう主張や概念構成そのものを批判的に考察しようとするものである。

しかしながら他方で、超越論的立場においては、科学の方法を問題にすることによって、逆にある特定の認識論を構想するみずからの立場——たとえば、ポパー自身の場合では反証主義——を批判的に考え直すことが可能になっている。というのも、超越論的立場が、科学の現実において用いられている方法をあまりにもはなはだしく誤解しているときには、当然のことながら、議論としての有効性をもちえないからである。要約して言えば、認識論は経験科学に対して批判的にかかわっていくことができるが、同時に経験科学そのものによって批判的に問い直されうるということである。

この点をもう少し説明しておこう。そのためには、経験科学と認識論とのある種の並行関係に言及してみるのがよいかもしれない。言うまでもなく、科学は、対象（経験的現実）に対して一定の方法をもちいてかかわり、知識を獲得する。これに対して、認識論はポパーの言う超越論的観点からするならば、科学の方法に対して超越論的方法をもちいてかかわっていく。そして、経験科学において知識（理論）の失敗が考えられるように、認識論における議論もまた、経験科学において事実上用いられている成功的な方法との比較において反駁されうる。科学のあり方と認識論のあり方とのあいだには一種の類比的な関係が成立する。それは図示するならばおそらく上掲図のようになるであろう。この図が示すように、認識論者はいわば一歩引き下がって科学者の営みを考察しているのである。

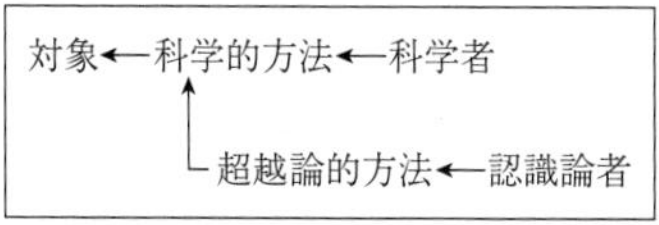

さて、ポパーの考えている認識論者は、現実の科学者が賞金とか名誉をもとめてどのように行動するかといった社会科学的な考察をおこなうわけ

ではなく、また、科学者の心理的レベルにおいて仮説がどのようにして生じてきたかといったことを問題にするわけでもない。また他方で、科学的知識という言明の体系を純粋に形式的な、あるいは論理的な観点から静態的に分析するのでもない。かれが問題にするのは、知識が公的な知識として、つまり科学的な知識として公に承認されたり、あるいは廃棄されていくダイナミックな過程において用いられ、そして科学の「客観性」を支えていると言われている方法である。ところが、ポパーによれば、超越論的方法はいままで首尾一貫して用いられてこなかった。それは、カントでは認識心理学の方向へそれてしまったし、カルナップやウィトゲンシュタインでは、科学で用いられる概念や記号、そして言語の問題へとそれてしまったとされるのである。

2 帰納の問題

帰納法は成り立たない

さて、超越論的立場に立つポパーの観点からすると、科学で用いられている方法は帰納法である、と想定する一群の人びとは帰納主義者ということになる。ポパーによれば、かれらは科学の営みを支えている方法を完璧に誤解している。というのも、かれによれば、そもそも経験科学の方法としての帰納といったものは存在しないからである。われわれはまずこの点をより正確に理解しておく必要があるだろう。

すでに農夫とヒナについてのラッセルの話を引き合いに出したときにも触れておいたように、個別の観察事例をいくつか積み重ねることによって一般的法則を引き出すという帰納法は論理的には妥当ではない。ことばを換えれば、過去の経験によってすでに知られていることから、未来についての妥当な知識を引き出すことはできない。

この点をもう少し論理的なことばで、そしてまた単純化して表現してみよう。ふつう、個別的な観察事例を表現する言明は単称言明と呼ばれ、それをいくつか積み重ねるというのは単称言明を「かつ」で結んで連言をつくることであり、帰納法とは、そうした連言から対象となるすべてのことがらについての主張である全称言明をつくることとして理解されている。時空領域P_1にいるあのカラスも黒い、時空領域P_2にいるこのカラスも黒い、といった個別的な言明から、すべてのカラスは黒いと一挙にジャンプしてしまうのが帰納である。帰納法が成立しないという意味は、単称言明の連言から全称言明を引き出す妥当な論理的手段は存在しないということである。

ところで、帰納法の論理的非妥当性ということが新たな衝撃力をもったのは、近代においてヒュームがルネサンス期に再発見されたセクストゥス・エンピリコスの『ピュロニズム概論』をパリ滞在中に読むことをつうじてこの議論の射程を再構成したことによる。ヒュームは、帰納法が知識を獲得する確実な方法ではないこと、したがって科学を他の営みから分かつ信頼すべき規準とはなりえないことを明らかにしたのである。

そのさい、ヒュームの議論の中心はつぎのような点にあった。個別の観察から一般法則への移行（帰納）をおこなうためには、そのような移行を許す原理――つまり、帰納の原理――が必要となる。では、その帰納の原理なるものはいかにして得られたのか。もしいままでに「移行（帰納）」がとどこおりなく成立していたからだというならば、これは、帰納の原理を正当化するにあたって帰納の原理そのものをもち込むことにひとしく、証明すべきことがらを先取りしてしまっている。とすれば、帰納の原理にはなんらの根拠もなく、原理としては崩壊する。

さて、帰納法が崩壊してしまうならば、それにもとづくとされるあらゆる自然法則はその妥当性を疑われることになろう。しかしながら、これは、ニュートン力学という法則的な輝かしい自然認識があることと明白に衝突する。ニュートン力学のようなすばらしい科学が成立しているにもかかわらず、帰納法の論理的非妥当性を信じるかぎり、じつはそれは不可能事であるという逆説が生じてしまう。そしてじつは、これこそがカントが直面した問題でもあった。ポパーはカントの『純粋理性批判』から次の箇所を引用する。

「こうした諸科学について言えば、それらは現実に存在するのであるから、それらはいかにして可能であるのか、と問うことが適切であろう。というのも、それらが可能でなければならないことは、それらが現実に存在することによって証明されているのだから。」（小河原・蔭山訳『よりよき世界を求めて』未來社、七一ページ）

この問題に対するカントの答えをポパーが再構成している箇所があるので、若干長くなるが引用させていただく（『開かれた社会とその敵』第一上、四六ページ以下）。

「当時のすべての物理学者とおなじくカントも、ニュートンの理論は真であり、疑う余地がないと完全に信じ切っていました。かれはその確信から、ニュートンの理論はたんに観察を蓄積した結果ではないと考えたのです。観察を蓄積した結果でないとすれば、ニュートン理論が真理であるという根拠はどこにあるのでしょうか。カントは、最初に、なぜ幾何学は真であるのかの根拠を明らかにすることによって、この問題に取り組みました。かれの主張はこうです。ユークリッド幾何学は、観察にもとづいているのではなく、空間についてのわれわれの直観、空間的な関係についてのわれわれの直観的な理解（空間の「純粋」直観）にもとづいている。ニュートン物理学も、これと似た事情にある。この理論は観察によっても確証されるが、しかし観察の産物ではなく、われわれの固有の思考方法からもたらされたものである。つまり、感覚知覚を整理し、関係づけ、同化し、理解するためにわれわれが用いる思考方法が産み出したものである。感覚所与ではなく、われわれの固有の悟性――われわれの精神の同化システムの組織と構成――が、自然科学の理論に対して責任を負うのである。われわれがその秩序と法則にかんして認識する自然は、われわれの精神が整理し、同化する活動の結果である。カント自身によるこの思想の表現は、卓越しています。「悟性は、その法則を自然から汲み取るのではなく、自然に対して法則を課すのである」(『プロレゴーメナ』、第三七節末尾)」。

簡単にいってしまえば、カントの考えは、われわれは帰納法によって知識を獲得しているのではなく、われわれの側の認識の構造にしたがって妥当な法則を自然に課しているのだということになる。

するとここでは、当然のことながら次のような疑問が生じてくるであろう。かりに押しつけることが可能であるとしても、その押しつけた知識が妥当なものであることを保証するものはなにもないのではないか。ポパーは、保証するものがなにもないことを認める。かれは、法則は実証されえないのであって、反証されうるのみであると考える。つまり、かれは、カントのように、押しつけた法則(知識)がアプリオリに――経験に先立って――妥当であるとは考えない。押しつけた知識は永遠に仮説にすぎないのであって、自然界の側から反証されてしまう可能性に絶えずさらされている。しかし、このように考えることは、ニュートン力学の絶対的妥当性を否定することであり、知識の可謬《かびゅう》性を承認することであるから、今日のわれわれにとってはともかく、カントにとってはとうてい受け入れることのできないものであった。

しかし、ポパーはまさしく、反証可能性の原理をもちこむことによって、帰納の問題を否定的に解いたと言えよう。個別的観察言明によって法則を実証することはできないのであるから、帰納法は存在せず、法則はただ反証されうるのみであり、われわれはいまだ反証されていない法則を暫定的に仮説として保持するだけなのである。これが、帰納の問題に対する合理主義者ポパーの解答であった。かれは、哲学史家の目をかりて言うならば、帰納の問題を否定的に解くことによって、みずからの認識論の基本構想を立てることができたのである。

帰納の心理的問題

さてここで、境界設定問題を扱ったポパーの主著である『探究の論理』に話を進める前に、帰納の問題についてのポパーの考えをもう少し紹介しておきたい。というのは、ポパーは、帰納の問題が、帰納の論理的非妥当性を語ることで尽きてしまうとは考えていないからである。かれは、この問題には「心理的問題」と呼ぶべきものがあると考える。それは、ポパーによると、帰納は論理的には妥当しないにもかかわらず、なぜ多くの人びとは帰納を心理的なレベルで信じているのかという問題でもある。

かれは、この問題を二つに分割して考察する。第一は、われわれは体験の反復をつうじて信念を形成するのか、という問題であり、第二は、われわれは体験をくり返すほどみずからの信念に対する信頼を高めるのか、という問題である。（ここで、信念ということばは、こうすればこうなるとか、このような場合にはこのようなことが生じるという法則的知識への個人的な信念のことである。）以下、順次これらの問題についてのポパーの考えを紹介していくことにしよう。

第一の問題についてのポパーの議論は次の三点にまとめることができる。

（1）反復はときとして、信念を形成するどころか、破壊してしまう。

たとえば、ピアノの練習をくり返せば、最初はつぎに指をどう動かすべきかについての信念（考え）をもって指を動かしていたことが、やがて注意を必要とせずにできるようになる。しかし、これは意識的な過程が徹底的に簡略化され、注意を必要としなくなったということであり、当初の意識的信念が消滅したということである。このことは、反復によって明確な信念が意識にのぼってくるという帰納法的考え方と矛盾する。

（2）反復的経験から信念が形成されたり、習慣が作られるわけではない。

われわれは、意識していないとはいえ、最初はなんらかの信念にもとづいて習慣的行動をおこなっていることが多い。たとえば、毎朝の歯磨き行動でさえ、最初の段階では歯を磨くことが歯をきれいに保つ上で必要だという信念にもとづくものであろう。しかし、このような信念は反復から生じたとは言えないのであり、むしろ歯磨きの習慣（反復的行動）をつけさせるための動機づけの仮説として、習慣の形成以前にすでに存在していたという方が実情にそくするであろう。ここにおいても、信念は反復から生まれてくるのではない。

（3）信念を形成するにはたった一度の経験でも十分である。

帰納法の考え方によれば、信念を形成するためにはなんどか体験をくり返さねばならないのだが、いったいなん回くり返せばよいのかという点についてはなにも言われていない。ポパーは、子犬が火のついた紙巻きタバコを鼻先に突きつけられたとき、一度は嗅いでみたものの、尻尾を巻いて逃げ出してしまい、二度と嗅ごうとしなかったという実験を引き合いに出している。子犬のみならず、われわれもたった一度の経験からでも信念を形成しうる。キビナゴの刺身がうまいかまずいかを決めるには一回の試食で十分である。これは、明らかに、反復的経験から信念の形成に至るという帰納法の考え方に反する。

ポパーはこれら三つの議論の他に、論理的な考察とでもいうべきものをつけくわえている。それは、反復が反復として認められるためには、同じ事が生じたと言えるための観点が反復に先立って存在していなければならないという議論である。われわれは、なん回目かの出来事をそれ以前の出来事と「同じである」と言う、あるいは、そう解釈するためには、「同じである」と認定する観点が論理的に先行していなければならない。しかし、そのような観点はまさしく反復を成り立たせるものであるから、反復をつうじて形成されたとは言えない。ポパーは、この点を明らかにするために一種の紙上実験をおこなっている。かれは、上記のような図を示す。

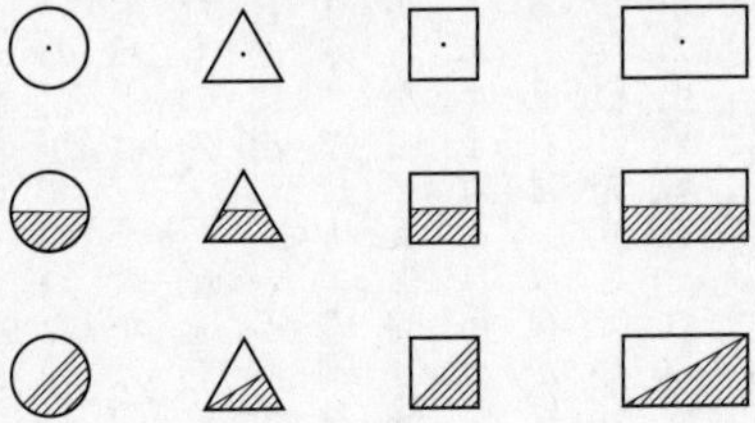

さて、この図を眺めるといくつかの方向に模様（パターン）の反復を認めることができるであろう。たとえば、もっとも左の列においては円模様が反復されているし、中段の行においては横半分以下に斜線模様の反復を認めることができる。しかし、そのような反復はわれわれがなにに注目するかという観点に依存することもまた明瞭である。つまり、どのような事物（の集合）であってもわれわれが適当な観点をとりさえすれば、反復の基礎としての類似性、あるいは同一性を見つけだすことができる。反復がそれ自体として、見る者の観点に依存せずにすでに事象そのもののうちに与えられていると考えるのは、あまりにも素朴な、そして誤った考えといわざるをえない。

さて、第二の問題は、われわれは反復をつうじてみずからの信念に対する信頼を高めることができるのかということであった。この問題に対する答えは、第一の問題に対するポパーの答えから想像がつく。もし、反復が観点に依存するのだとしたら、観点はまさに信

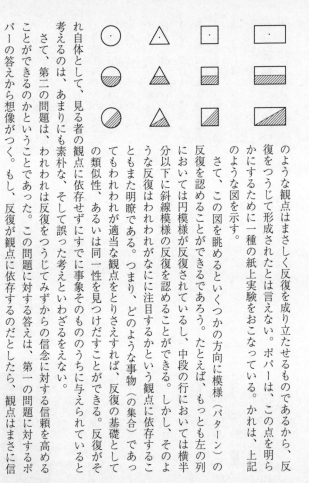

念を形成する側なのだから、反復が見られるからといって、その当の反復を成立させている観点（信念）を絶対的に信頼するわけにはいかないであろう。反復があって当然であるし、また論理的には、そうした反復を生じさせる別種の観点が存在してもおかしくはないのである。

　ポパー自身は法則とか理論への信頼の問題を考えるとき、絶対的信頼と相対的信頼とを区別している。絶対的信頼とは、法則とか理論に対する実践上での疑うことを知らない、まさに絶対的な信頼のことである。しかし、ポパーはそのような意味での信頼の存在を否定する。出来事の反復が観点に依存し、そしてその観点は経験に先立っているのだとしたら、われわれの経験的世界が拡張されていくにしたがって、そのような観点が挫折する——つまり、期待された反復が生じない——可能性を否定しえないからである。換言すれば、法則とか理論は原理的に反証されうるものであり、可謬的なのであるから、それらに対して絶対的信頼を寄せることはできない。

　相対的信頼とは、もっともよくテストされた法則とか理論に対して、可謬性を承知のうえで信頼を寄せることである。もちろん、ここでいうテストとは物理的手段をもちいての実験といった狭い意味にのみ解釈されるべきことがらではなくて、われわれのもっとも徹底した批判的討論をつうじての検討という意味である。相対的信頼は、反復から生まれるのではなくて、徹底した批判的検討から生まれるというのがポパーの結論である。

次節では、帰納の問題を解決するにあたって決定的な役割を演じた反証の考えに立ち戻ることにしよう。それは、『探究の論理』においてみごとに理論化されていた。

3 探究の論理

ポパーの科学哲学上の主著である『探究の論理』の主題は、古くからの、あるいは新規の着想が、実験や批判的討論というふるいにかけられ、公的な知識として承認されていく過程を支配している、あるいは支配すべき方法論的諸規則を扱っている。したがって、ポパーがこの書物で試みているのは、カントのことばをもちいて整理するならば、新しい着想とか理論が事実としてどのようにして生じてきたかという事実問題ではなくして、生じてきた認識はどのようにしてその妥当性が検討され、客観的な公的知識としての権利を主張しえるようになるのかという権利問題である。

ここからして、『科学的発見の論理』は、哲学の伝統的ことばで言う認識論(epistemology)とはその性格を大きく異にする。認識論はその語源からすれば、思いこみあるいは単なる意見としてのドクサとは対比される真なる知としてのエピステーメーを論じるものであるといわれている。しかしながら、ポパーの書物はそのような意味での真なる知を扱ってはいない。真なる知とはなにかとか、知覚はいかにして成立するかといった問題は主題ではなかった。かれのあつかった問題は、科学という営み（ゲーム）がしたがうべきルールである。それは、エピステーメーということばとの対比でいえば、誤ったドクサをいかにして速やかに排除し、真ではないかと思われる知——これもまたドクサにすぎないのだが——をいかにして成長させるべきかという問題であった。換言すれば、知を成長させるためにはわれわれはどのような道を歩んでいったらよいのかという方法論（methodology）、あるいは経済政策との類比でいえば知識を成長させていくためにはどうすればよいのかという政策論の問題であった。したがって、もしポパーの議論を大筋において承認するならば——そしてこのことは二〇世紀中葉の科学哲学で生じたことであると思われるが——われわれは認識論から方法論へという根本的な方向転換を受けいれたことになる。

しかしながら、ポパーの規範的性格をもった方法論を見ていく前に、科学においては基本的にどのようなことが営まれているのかという点を見ておく必要があろう。そうでなければ、かれの方法論が適用される現実を素通りする愚を犯しかねないからである。

4　因果的説明のモデル

多くの人びとは、科学とは、さまざまな実験をしたり、いろいろな出来事を説明したり、予測したりするものだと考えている。たしかにマイケルソン゠モリーの実験のように科学の発展に大きく寄与した実験も、また学校の理科室での二酸化マンガンによる酸素の発生実験も、さらには、日食の予測とか地震についての説明といったことも、すべて科学の営みである。

ここで、実験とはある種の予測が真であるか偽であるかを確かめることであると考えるなら、さまざまな機材をもちいてなされるにせよ、実験は予測という営みのうちに含めてもよいことになるだろう。とすると科学の基本的な営みは、つきつめたところ、説明とか予測ということになる。

では説明とか予測とは、どのようなものであるのだろうか。ごく一般的な常識のもとでは、ふつう出来事は一連の過程の結果と考えられ、その原因を指摘することが説明であるとされている。また同時に原因がわかれば結果の予測も可能であるというふうに考えられている。そして原因と結果を結びつけるのが自然法則とされている。

ポパーもこうした常識的な考えを引き継いでおり、自然法則、原因、結果という三つの要素をひとつの論証のなかに結びつけることによって科学の営み全体を捉えることができると考えている。かれは、説明と予測とは、いわばコインの裏表であって、原理的に同じことがらであり、いくつかの自然法則といくつかの初期条件（境界条件）――これがふつう原因と呼ばれている――とから、説明されるべきことがらとしての出来事――正確にはそれを述べる言明——を論理的に導出すること、つまり論証をおこなうことであると考えた。この考えは上のように図式化される。

このモデルがじっさいに使用されるときには、いくつかの法則は、「かつ」とか「そして」という連結語によって結びつけられ、言明が同時に主張されているものとしての連言をつくる。初期条件もそうであり、予測もまたいくつかの出来事が生じるときには連言となる。このモデルは、最初ポパーによって提唱されのちに論理実証主義者のヘンペルによって精緻化され、その後はふつうにポパー－ヘンペル・モデルと呼び慣わされてきたものである。

さて、このモデルの解説にはいる前に、ことばづかいについて二、三注意を促しておかねばならない。最初は、ここで使われている「予測」ということばについてである。予測は通常は未来の出来事についてなされるものだが、この図式においては、過去についての推測（リトロディクション）——たとえば、哲学者タレスが予言したという日食は紀元前五八五年五月二八日に生じたはずであるという言明——もここでいう予測のうちに含まれる。さらに論証が生じた時点とか初期条件が生じた時点、また初期条件と予測との時間的前後関係はまったく考慮されていない。常識の立場からすると、原因は結果に対して時間的に先立たねばならないのだが、この

法則：$L_1, L_2, \cdots, L_n$
初期条件：$C_1, C_2, \cdots, C_m$
―――――――――――
予測：E

ポパー－ヘンペル・モデル

モデルではそのようなことはまったく考慮に入れられていない。というのも、このモデルで問題になっているのは説明の無時間的な論理的構造であって、モデルが利用されるときの時間（時刻）的関係ではないからである。

第二に注意を促しておきたいのは、予測は時として法則のテストという機能をもつことからテスト言明と呼ばれることもあるという点である。

第三の注意点は、この図式中における前提、すなわち、法則と初期条件は合わせて説明項と呼ばれ、予測は被説明項と呼ばれるという、今日広く受け入れられていることばづかいである。このことばづかいからすると、説明項から被説明項を論理的に導出する論証が説明もしくは予測ということになる。さらに、いくつかの法則は体系化されているのがふつうであり、それらが理論と呼ばれることはここでわざわざ注意するまでもないであろう。

理論科学・応用科学・歴史科学

さて、因果的説明のモデルに言及したのは、第一にこのモデルが科学の営みを的確に捉えていると考えられるからであり、第二にこのモデルがポパーの反証可能性の理論（反証主義）を見ていくうえで決定的に重要な役割を果たすからである。まず前者の点から見ていくことにして、後者については節をあらためて論じることにしよう。

ポパーは、『探究の論理』においては触れることさえしていないのだが、約一〇年後の著作『開かれた社会とその敵』においては、このモデルをもちいて科学の営みを三つに分類することを試みた。それを理解するためには、因果的説明のモデルにおいてわれわれの関心がどこに向かうかを考えてみるとよい。

たとえば、いくつかの相関連すると思われる出来事が観察されたにもかかわらず、それらを結びつける法則がまだ発見されていないときには、科学者たちの関心は当然のことながら、法則の探求に向かうであろう。ポパーはこのような関心のもち方をしている科学を理論科学あるいは一般化科学と呼ぶ。例としては物理学、生物学、社会学といったものが挙げられよう。法則から予測を導出することで当の法則をテストし、誤っている法則や仮説を排除していくといったことも一般化科学の重要な課題である。

これに対して、法則あるいは理論は当然視されており、ある一定の初期条件を与えたときの結果（予測）に圧倒的な関心が向けられている場合がある。たとえば、橋の建設に従事している技術者は、橋はどの程度までの荷重に耐えられるかにかかわる予測に関心をもつだろう。こうした場合、理論は目的のための手段となる。ポパーはこうした関心のもち方をしている科学を応用科学と呼ぶ。これは、工学とか技術（テクノロジー）とも呼んでよいだろう。

最後に、すでに出来事が生じてしまっており、また法則も当然視されている一方で、そのような出来事を生じさせた初期条件はなんであったかという点に関心が向けられる場合がある。たとえば、航空機の墜落事故が発生したという場合には、物理学のもろもろの法則は当然視されて事故の原因（初期条件）が探求される。ポパーはこのような関心のもち方をした科学を、一般の読者にはなじみがたい印象を与えるのではないかと思われるのだが、歴史科学と呼ぶ。要するに生じてしまった出来事についての原因調査の科学ということである。

ポパーは、このように関心の向き方に応じて科学を三つに分けた。この分類は科学の営みを的確に捉えているように思われるのだが、読者はどう受けとめられるであろうか。いずれにしても、因果的説明のモデルが科学の営みの本質的な部分を捉えているとすれば、このモデルにそくして展開されるポパーの科学方法論は当然のことながら、科学・技術のほとんど大部分の領域に影響をおよぼすことになるだろう。

5 反証可能性の理論――論理的側面

さて、因果的説明のモデルにそくして、反証可能性の理論を見ていくことにしよう。その場合、予測が首肯された場合と否定された場合とに分けて考えるのが好都合である。

予測が首肯されたということはなにを意味するであろうか。それは、説明項中における法則を実証するであろうか。多くの人はこのような場合、理論の真なることが実証されたと考えてしまう。しかし、すでに第一章の第三節で、小石などの自然落下は天動説と地動説という相矛盾する――つまり、少なくとも一方は偽ということだが――理論双方にとっての肯定的証拠となってしまい、なんら実証の役割を果たしえないことを指摘しておいた。その点からも理解していただけるように、予測が首肯されたということは、理論が実証されたことを意味しない。じっさい、易者や占星術師を名乗る人びとが週刊誌などで予測を発表して的中する場合もあるが、だからといってかれらの理論がただちに科学的な真なる理論と見なされるわけではないのは、一部にはこうした理由による。

これに対して、予測が否定された場合はどうであろうか。予測の論理的な導出がまちがいなくなされていた（推論がただしかった）かぎりで、前提のなかに少なくともひとつは誤りがあったと推測されることであろう。これが反証ということの基本的な意味である。もちろん、どれが誤りであったかについては即断できないのであって、科学者たちは誤りをすみやかに発見するために、それこそ鼻を利かせながらさらにテストをつみ重ねて、誤りを検出していく。そのさい初期条件の中に誤りが潜んでいた――たとえば、重さの測定で目盛りを読み違えていた――ということもあるし、法則とされていたものが誤りであることが判明する場合もあろう。そして一般的に言って、後者の場合は法則が反証されたことを意味するのであり、一般化（理論）科学のみならず科学全体に対して大きな影響をおよぼすことになろう。

以上のような議論から明らかになるのは、理論は決して実証はされないが反証はされうるという非対称性である。ポパーはまさにこの点に着目してみずからの科学方法論を打ち立てたのである。

ところで、世の中には実証と反証とを対称的なものとして誤解している人がいる。かれらにとって実証と反証とはものごとを右から見るか左から見るかの相違、あるいは表から見るか裏から見るかの相違にすぎないというわけである。たしかに、たとえば数直線上でプラスの5とマイナスの5は対称的な関係にある。したがって両者にマイナス1をかけるという操作をしても結果は左右が入れかわった程度で本質的変化はないと言えるかもしれない。しかし、果たしてそうであろうか。両者に対して2乗するという操作をしたら、両者はともに25になってしまい対称性なるものは跡形もなく消えてしまうであろう。

そもそも、実証と反証とは対称的関係に立つものではない。こうした想定自体が誤りなのである。実証は、それがどれほど揺るぎのない証拠によって固められていようとも、ある主張とか理論とかを真なるものとして立証することはできない。この点は、裁判における無数の誤審例を見れば明らかであろう。どれほど証拠によって固められた裁判であっても誤審の可能性は残るのである。つまり、実証として提出された証拠なるものは、当該の主張とか理論と両立するものでしかないのであって、それらを決定的に真として立証する力はもたないのである。この点は、すでに述べたように、小石などの自然落下という証拠が天動説と地動説という相矛盾する理論と両立してしまうという事態を考えていただければ明白であろう。それに対して反証と見なされる証拠は、当該の主張とか理論と両立することはできず、矛盾するのみである。一方が真ならば、他方は偽である。これは反証として挙げられた証拠がただしいならば、それは、論理的に言って、当該の主張とか理論をうち倒す力をもっているということである。もちろん、証拠の妥当性はいつでも疑われうるであろう。これは実証でも反証の場合でも変わりはない。しかし、実証は該当する主張とか理論の真なることを論理的に言って立証できないのに対し、反証は証拠が妥当なものである限りで該当する主張とか理論を偽であると主張しうるのである。ここにある相違は対称性といった概念ではとらえられない論理上の決定的な差である。この差は、「実証は理論の真なることを立証しえないが、反証はその偽なることを立証しうる」と定式化しておいてもよいであろう。

　最近、世の中ではエビデンスということが強調されている。なにごとかを主張するにあたっては必ずエビデンスを添えねばならないというのである。しかし、この主張は上記で述べたことからすれば、あまりにも実証主義に毒されている。エビデンスを付すというのは実証的証拠を付すということであろうが、そのようなことをしても理論の真なることは立証できないのであるから無意味なのである。仮説は証拠なるものを積み上げたところで仮説という性格が変わるわけではない。われわれは反証をかいくぐり生き延びてきた主張なり、理論なりをあくまでも仮説として暫定的に信頼していくほかないのである。というのもそれらはいつ反証されてしまうかもわからないからである。そしてこの事態はわれわれをさらなる探求に駆り立てるのみであろう。

法則の要件

さて、以上では実証と反証との論理的相違点を見たが、以下ではかれの反証可能性の理論についてもう少し細かく見ていくことにしたい。その時には、もういちど因果的説明のモデルに立ち返って考察する必要がある。そもそもこのモデルにおいて法則とか初期条件あるいは予測と呼ばれているものはどのような性格のものであるのだろうか。ここからポパーの思考の大筋をたどってみることにしよう。

常識的に考えると、法則は普遍的なことがらを述べる言明（普遍言明）というかたちをとり、初期条件や予測は個別的なことがら（出来事）を述べる言明（単称言明）というかたちをとる。まず法則言明が充足すべき要件から考えていこう。そのために、法則的言明の一例として「すべてのカラスは黒い」という言明を取り上げてみたい。この言明は論理的観点からすれば、「すべてのｘについて、それがカラス（C）であるならば、それは黒い（B）」という構造——論理的には∀x(Cx→Bx）と表現できる——をとっている。

ここで記号表現について早わかり的説明をくわえておこう。∀xは「すべてのxについて……」ということを意味しており、BxはxがBという性質をもつという意味であり、矢印の記号→は「ならば」ということを意味している。

さて、このような言明は全称言明と呼ばれ、すべてのxについて、それがCという性質をもつのであれば、それはBという性質ももつということを主張している。こうした意味において、法則的言明は普遍言明である。法則は普遍的でなければならないというのが、法則が満たすべきひとつの要件となる。

ところでポパーは、普遍性にかんして二種類を区別している。ひとつは数的な普遍性であり、他は厳密な普遍性である。

数的な普遍性とは、十分な時間が与えられれば枚挙可能な全要素について言われうる性質を指している。たとえば、「わが家の道具箱に入っている釘はすべてさびている」という言明を考えてみよう。この言明は、その中に「すべて」という語句を含んでいるために、表面上、全称言明であるかのように見える。しかしながら、十分な時間が与えられるならば、われわれは道具箱に入っている一本一本の釘について、「さびている」ことの確認をおこなうことができる。つまり、この言明は、一本一本の釘に名前を付けるとか番号をつけることによって、たとえば「ナンバー1の釘はさびている。そして、ナンバー2の釘はさびている。そして、……」といった個別の言明（単称言明）の連言によって代替することができる。数的に普遍的な言明（数的普遍言明）とは、このように、有限個の単称言明の連言に還元されてしまう言明のことである。

これに対して厳密な普遍性とは、一定の時空領域についての有限数の単称言明の連言には還元されない普遍性のことである。したがって、原理的に宇宙のすべての時空領域において当てはまる（妥当する）と主張するのが、厳密な普遍ということである。たとえば、いま言及した釘についていえば、過去から未来に至る、そして宇宙の全領域において存在する釘について、かくかくの性質が存在すると主張するのが、厳密な普遍性の主張なのである。より科学に近いところからの一例として、たとえば、万有引力の法則を取り上げてみよう。この法則はあらゆる物体間に上に示した式で表現される関係が成立すると主張している。この法則は地球表面上のみならず宇宙のあらゆる時空領域で成立する普遍性をもつと主張している。厳密な普遍性とは、くり返していえば、場所とか時間あるいは個体によって限定されることのない普遍性のことである。

$$F = G\frac{m_1 m_2}{r^2}$$

いちおう、法則が満たすべき条件について説明したことになるので、以下では法則に対する反証が生じてくるさいの論理的側面を見ていくことにしたい。またそれをつうじて基礎言明（単称言明）についての説明もくわえていくことにしよう。

反証の論理構造

もともと反証ということは、原理的には、普遍言明であれ単称言明であれ、当該の言明を偽であるとすることであるから、普遍言明の反証にかぎられた話ではない。じっさいポパーも反証ということを普遍言明の反証に限定してはいない。しかしながら、以下ではそのことを踏まえつつも、科学の営みにおいては普遍言明の反証が決定的な重みをもつことを念頭において、主としてこのレベルにおける反証が、論理的に見た場合どのようにして生じてくるのかに焦点をあてておきたい。

さて、法則としての厳密普遍言明を反証するためには、その否定言明が真であることを主張すればよい。なぜなら、両者の連言は明白に矛盾し、両立することはないからである。とすると普遍言明を否定した言明はどのようになるであろうか。もっとも単純な例で考えてみよう。「すべてのカラスは黒い」という言明はあきらかに厳密普遍言明である。これの否定言明は「すべてのカラスが黒いわけではない」であり、換言すれば「黒くないカラスが存在する」である。この例に見られるように、ポパーは、「……であるようなものが存在する」というタイプの言明を厳密なまたは純粋な存在言明と呼ぶ。ここで「厳密」ということばと「純粋」ということばは同義語として使われている。厳密普遍言明の否定言明は純粋存在言明になるのであり、そしてそれが反証言明としての機能を果たすわけである。見やすく整理してみると次のようになるだろう。(左に例を挙げておく。最左列は記号論理学の手法をもちいて論理形式を表現したもの。新たに出現する記号についてごく簡単な説明を与えておこう。¬は否定の記号であり、&はかつ(そして)を意味する連言記号である。$\exists x$……は「……であるようなxが存在する」と読む存在記号である。)

厳密普遍言明	↔	否定の操作	↔	純粋存在言明
「すべてのカラスは黒い」	↔	というわけではない	↔	「黒くないカラスが存在する」
$\forall x(Cx \rightarrow Bx)$		$\neg\forall x(Cx \rightarrow Bx)$		$\exists x\ (Cx\ \&\ \neg Bx)$

ここで問題になってくるのは、普遍言明に対する反証をおこなうためにはどこから純粋存在言明を引き出してくればよいのかということである。それは言うまでもなく、たとえば特定の個体としてのカラスに言及している単称言明(観察言明)——たとえば、ニューヨーク動物園にいたカラスは白かった(黒くなかった)という趣旨の言明——からである。というのも、一般に単称言明から個体や時空にかんする言及をとりのぞくだけで論理的には純粋存在言明を導出できるからである。右の例でいえば、ニューヨーク動物園という場所への、および観察された時点への言及を取り除いて一般化し「白いカラスがいる」という言明をつくることである。では、肝心の観察言明(単称言明)はどのようにして得られ

るのか、あるいは観察言明とそれを産み出す人（観察者）および観察との関係はどうなっているのかと問うひとがでてくるにちがいない。こうした問題については、後論のしかるべき箇所で論じることにしよう。

ここでは、もう少し反証ということの原理的側面に触れておかねばならない。それは、厳密普遍言明から否定の操作によって作られた純粋存在言明をさらに否定することにかかわる。このような操作をおこなえば、二重否定がなされたわけであるから、もとの厳密普遍言明にたち返ることになる。

厳密普遍言明　＝　純粋非存在言明

「すべてのカラスは黒い」　「黒くないカラスは存在しない」

$\forall x(Cx \rightarrow Bx)$　$\neg\exists x(Cx \,\&\, \neg Bx)$

しかしながら、純粋存在言明を否定することによって作られた純粋非存在言明（すなわち、厳密普遍言明と同値な言明）は、反証可能性という観点から見ると、興味深い性格を示している。両者が同値であるということは、自然科学で出現してくるような法則言明は、一般に純粋非存在言明として表現しうるということである。たとえば、質点の運動エネルギーと位置エネルギーとの和である力学的エネルギーが一定であることを主張するエネルギー保存の法則は、「永久機関は存在しない」という純粋な非存在言明として表現しうることになる。永久機関は、外部からエネルギーを補給されることなく、仕事をしつづけるわけであるから、もし存在するならば明らかにエネルギー保存の法則に反する。

もう少しわかりやすい例を挙げるならば、たとえばつい曾祖父の時代まで離れたところの音を聞くとか絵を見ることは不可能とされていたことが思い出されてよいだろう。つまり、その時代の知識は――厳密普遍言明としてはどのように定式化されるのであれ――そうしたことをありえないこと（純粋非存在）として排除していた。しかし、今やわれわれは電話を使いテレビを見る。電話やテレビはかれらの時代の知識を反証したのである。

非科学的な言明

さてポパーは、厳密普遍言明と純粋非存在言明とが同値であるという点に、反証可能性の根拠を求める。つまり、法則的言明が純粋非存在言明として表現しうるということは、ある種のことがらは起こりえないと主張していることでもある。ポパーはこのことを、法則的言明はある種の事態の出現を禁止していると表現する。つまり、わかりやすく言えば、法則（理論）はおのれと矛盾する出来事の生起を禁止しているということである。禁止しているからこそ、それが破られた（禁止された出来事が生起した）場合に反証が生じるのである。

禁止されていない場合には反証は生じないのであるが、その種の言明がどのようなものであるかについては例を挙げておいた方がよいかもしれない。つぎのような、見たところ経験的な言明を考えてもらいたい。

「人間のすべての行為はエゴイスティックである。見たところそうでない行為にしても、そうでないように見せるというエゴイスティックな関心からなされている」。

この言明を反証する可能性は存在するであろうか。たとえば、愛他的な献身的行為の例を挙げても、この言明を信じ込んでいる人からは、「いやそれは、内心のエゴイズムをそうでないように見せるというエゴイスティックな関心からなされている」と言い返されてしまうわけであるから、反証例を挙げたことにはならないであろう。この言明に対しては、論理上矛盾する基礎言明（反証言明）を考えることはまずできない。ポパーの反証可能性の理論は、この種の言明を非科学的な、つまり、経験的ではない言明として、科学の領域の外におくのである。

さてわれわれはすでに、「白いカラスがいる」といった純粋存在言明が観察言明の受容によって実証されることを見た。他方で、「すべてのカラスは黒い」といった厳密普遍言明が実証不可能であるにもかかわらず、反証可能なことを見ておいた。そうすると残された問題として、純粋存在言明は反証可能かどうかという点を見ておかねばならない。しかし、これに対しては簡単に答えることができる。ここでも例にそくして話をした方がわかりやすいであろう。「海坊主が存在する」という純粋存在言明を反証するためには、宇宙の全領域を過去未来にわたってくまなく捜したうえでどこにも海坊主は存在しないと言わなければならないはずである。人間が経験しうる領域は有限なのだから、これは明らかに不可能である。あるところには存在しないと言えても、いやべつのところには存在するかもしれないと言われてしまうのである。さて、このように考えてくると今までの議論を整理してつぎの表をつくることができるだろう。

	反証	実証
厳密普遍言明（例、「すべてのカラスは黒い」）	可能	不可能
純粋存在言明（例、「白いカラスがいる」）	不可能	可能

この表は、厳密普遍言明と純粋存在言明の非対称性を明確に示している。厳密普遍言明は反証されうるにすぎず、他方、純粋存在言明は反証されえない。厳密普遍言明は実証されえず、純粋存在言明のみが実証されうる。要するに片側通行なのである。

基礎言明

さて今までの議論を整理してみると、ポパーの反証可能性の理論の中心にあるのは、予測としての単称言明を受けいれるか否かを決定すれば、そこから純粋存在言明を引き出すことによって法則としての厳密普遍言明を反証することができるという考えであった。したがって、反証という営みの基礎にあるのは、場所と時刻の限定された個別的出来事を叙述する単称言明（観察言明）である。ポパーは、それを基礎言明とも呼ぶ。それは、ポパーの理解では、個別的な出来事を述べる言明であり、もっとも常識的なことばで言えば、観察言明のことである。

ここで、ポパーは出来事と事象を区別していることに触れておこう。出来事とは、特定の時と場所において生じる公的に観察可能なものごとの生起である。これに対して事象とは、出来事から特定の時と場所への言及を除去したものである。たとえば、「一九三三年六月一〇日の午後五時一五分に、ウィーンの第一三区で雷が鳴っている」という言明は出来事の生じていることを述べている時空の限定された単称言明（観察言明）である。これに対して、特定の時空領域への言及を除去された「雷がある」という言明は、雷という事象の存在することだけを述べている純粋存在言明である。事象は、出来事としてこの世界（一定の時空領域）に出現するのだと言えば、もっとわかりやすいかもしれない。

出来事と事象とを区別したことによって、ポパーの反証理論は、理論は反証可能であるかぎりでひとつの出来事だけでなく、少なくともひとつの事象を禁止していると言えるであろう。というのも、単称言明は出来事を叙述し、純粋存在言明は事象を叙述し、そして両者はともに理論に対する反証子となりうるからである。

基礎言明の採否と観察

さて、ポパーの反証理論を見ていくうえでつぎに問題とすべきは基礎言明（単称言明）の採否にかかわる問題である。たとえば、「一九三三年六月一〇日の午後五時一五分に、ウィーンの第一三区で雷が生じた」という基礎言明はどのようにして受け入れられるのであろうか。たとえば、わたくしは雷が鳴っているのを聞いた――これは、わたくしの心的・心理的体験ということになろう――と主張すれば「雷が生じた」と認定されるのであろうか。それとも、誰かべつな人が「その時空領域で稲妻が光っているのを見た」といえば、さきの基礎言明は正当なものと認められるのであろうか。それとも、「その時空領域で稲妻が光っているのを見た」という言明を支援するさらなる言明が必要なのであろうか。もし支援する言明が必要だというならば、その支援言明をさらに支援する言明が必要ということになりはしないか。そしてこれは無限に続くであろう。

ふつう、基礎言明の採否にさいしては、観察が大きくかかわってくると考えられる。観察はそこでどのような役割を果たすのであろうか。また、観察の客観性とはどのように考えられるべきなのか。さらにわれわれの大部分は、われわれが下した採否の判断は正当であり、必要とあれば正当化できると考えていることだろう。しかし、そこに問題はないのか。

ポパーは、こうした問題を論じるためにフリース（1773 - 1843）――カント主義の哲学者――のトリレンマと呼ばれる問題に言及する。このトリレンマは基礎言明（単称存在言明）の採否をいかにして正当化すべきかというところに発生する問題である。フリースは、正当化にかんして三つの可能性を考えた。第一は、基礎言明を独断的に受けいれるべきであるということであり、第二は、言明は言明によってのみ正当化されるべきであるとすれば無限後退に陥らざるをえないということであり、第三は、言明は言明によってではなく知覚とか心的体験によって正当化できるという心理学主義である。図式化すれば、うえのように表現できるかもしれない。

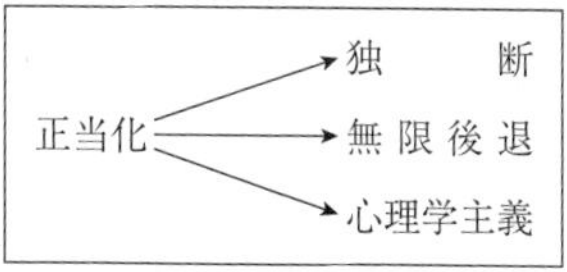

フリースのトリレンマ

フリースはこの三つの可能性のなかから心理学主義を選んだ。つまりかれは、われわれは感覚的経験――広くいえば観察――において直接的認識をもつのであり、そしてこれを言語化したものが言明――われわれの文脈では基礎言明――にすぎないのだから、感覚的経験こそが言明を正当化すると考えた。

この心理学（心的体験）主義は、われわれの常識あるいは実証主義（感覚主義）的な認識論のなかでは大きな力をふるっているように思われる。つまり、こうした立場に立つ人は、科学の諸言明は「われわれの経験」を語っているにすぎないと考えているし、また感覚知覚にもとづくことなしには言明を産み出すことさえできないと考えている。かれらにとっては、誤ることのない感覚知覚こそが知識の唯一の情報源である。かれらによれば、科学の基礎は個人の直接的経験のうちにある。

しかしながらポパーはこのような心理学主義を排除する。その理由は、普遍概念の経験超越性ということである。この点を説明してみよう。いま筆者は書斎の窓から遠くの梢に黒い物体——どうもカラスらしい——がとまっているのを見ている。それは、筆者の記憶のなかのカラスのシルエットに合致する。この知覚は、もっと正確に記述することもできるにせよ、筆者の現時点での感覚的経験である。筆者はこうした経験を踏まえて（動機づけられて）「梢にカラスがとまっている」（すなわち、「時空領域kにカラスがいる」）という単称言明をつくる。

心理学主義の立場からすれば、この言明は筆者の感覚的経験によって文句なく正当化されていることになろう。しかし、「カラス」ということばは普遍名詞である。それは、対象がカラスであるならば当然示すであろういろいろな性質、たとえば、「カァー」という鳴き声を出す、嘴をもっている、羽を広げて飛ぶことができる、などなどを意味として含んでいる。しかし、筆者の現時点での感覚的知覚は当該の物体が羽をもっているのか、またそれを広げて飛ぶことができるのかなどについてはなにごとも教えてはくれない。「カラス」という普遍概念は、個々の感覚的知覚を超えでている。われわれの感覚的知覚は一回かぎりのユニークなものであり、ある瞬間での知覚像である。それは、普遍概念の意味内容のすべてを示すことはできないのであり、われわれはみずからの限定された感覚的知覚から普遍概念――われわれの例でいえば、カラス――に飛躍する。ことばを換えれば、いま知覚している物体はカラスであろうという仮説をたてる。そしてそれによってさまざまな知覚像を整合的なものに統合する。すでに第一章第五節で述べたビューラーの心理学との関係で言えば、観念の優位ということである。

ポパーは、このような事態をさして「普遍概念の経験超越性」と呼ぶ。これは、べつの角度から言うならば、普遍概念は対象の準法則的な振る舞いを記述しているのだと言ってもよい。あるいは、普遍概念は背後にさまざまな理論を背負っている――観察の理論負荷性――のだとも言える。そして、法則が有限個の単称言明の連言に還元されないように、普遍概念もまた有限個の感覚知覚に還元されることはない。

ここで蛇足ながらつけくわえておくと、科学哲学の入門書などで観察の理論負荷性を指摘したのは、N・R・ハンソン（1924‐1967）であるなどという記述をときどき見かけるが、ポパーはハンソンよりも早くから、そしてより明確にこの点を語っていたことを強調しておきたい。

ポパーは後年になると、知覚像そのものが感覚器官によって作り出された非言語的な仮説であると考えるようになる。これよりすれば、ますますもってポパーが心理学主義を承認することはありえないことになろう。つまり、知覚像そのものが仮説であるとすれば、まさにこれ自体が正当化を必要とするものになってしまい、心的体験という他のものを正当化するどころの話ではなくなってしまうからである。

さて、ポパーは、心理学主義を否定するが、当然のことながら観察そのものを否定するわけではない。かれは、ウィーン大学で自分の先生であったハーンの「観察によってのみ事実を認知しうる」ということばを引いて、観察の重要性を認めている。ポパーは、観察ということによって、個人ごとに特有な知覚的経験を考えているのではなく、原理的には万人にとって可能な――これはふつう相互主観的とか間主観的と表現される――知覚的経験を考えている。したがって、たとえば昔の博物誌に載っているような大ウミヘビについての観察報告は、間主観的なテストがなされていないために未採決状態のままにされざるをえないのである。ポパーにとって、観察とは問題となっている基礎言明についての間主観的な――公的な――テストにひとしい。したがって、観察の対象になるのは基本的に再現可能な事象である。もっとも、ガリレイが望遠鏡によって木星の「月」を観察した――要するに、基礎言明としての単称言明をつくった――とき、他の天文学者たちはそれを容易に認識しえず、したがってかれの言明の承認をしぶったといった場合を思い起こしてみると、「再現可能」ということばは「再認可能」としても解釈される必要があるだろう。

ところで、ポパーは「観察可能」ということばを定義してはおらず、無定義語としていることが注意されてよい。つまり、科学技術の進展にともなって観察という概念は間主観性という条件を逸脱しないかぎりで拡張的に解釈されてよいのである。しかしながら、観察がそれにもとづく記述（つまり単称言明）を正当化しうるということをポパーは否定する。そこには知覚的錯誤などを含めて誤りの可能性が絶えず潜んでいる。かれにとっては、観察はひとつの行為にすぎず、何であれ言明を正当化しうるようなものではない。行為と言明はレベルを異にする。言明は、もしなされうるのだとしたら言明によってしか正当化されえない。

このようにポパーの考え方を見てくると、かれが科学というものを客観的な公的な営みとして捉えており、「私の知識」あるいは「われわれの知識（特定集団の共通信念）」というものから鋭く区別していることがわかるであろう。かれは決して、「わたくしは、このカラスが黒い、と知覚している」といった自分の観察を報告する文――ときとしてプロトコル文と呼ばれる――を科学の基礎と考えることはない。じじつ、このような言明は間主観的なテストの可能性という観点からすると必ずしも優れているとは言えない。さらに、このような言明を「基礎」として科学を理解することは、科学を「わたくしの」科学、あるいはせいぜいのところ「われわれの」(特定集団の)科学とするにすぎず、科学の客観性を理解する道を妨げることになろう。ポパーにとって、科学という営みから産出された科学的言明の体系は、その生産者から切り離されて客観的に存在する。またそれだからこそ、科学は世界のあらゆるところに広まることができたのだとも言える。そして、言明の体系と生産者を切り離す考えは、のちに見るように、三世界論において科学の言明体系を世界3に位置づける考えにつながっていくのである。

トリレンマの解決

ところで、依然として問題が残っている。基礎言明がもし心理学主義によって正当化されないのだとすれば、それを受け入れたり拒否したりするという科学者の行為はどのように理解されるべきなのであろうか。かれは自由気ままに基礎言明の採否にかんして決定を下すことができるのであろうか。もしそのようにできるのであれば、かれはたんなる独断に陥っているだけではないのだろうか。このように問題を立てるとき、われわれはフリースのトリレンマの核心的部分に出会っている。

フリースのトリレンマにおいて心理学主義が拒否されるならば、残るのは独断と無限後退しかない。ポパーはどのようにしてこのトリレンマ——今やディレンマというべき——を解決するのであろうか。もし無限後退に陥ってしまっていかなる基礎言明も採用されないのであれば、そもそもテストは成立せず、したがってどんな理論も成立しないことになろう。そして、それは科学の崩壊を意味することになろう。しかしながら、幸いにしてある地点でもはや合理的な疑義が提起されず、基礎言明の採否にかんして（暫定的な）合意（協定）が達成されるならば、理論のテストは終了し、理論のあるものは反証され、あるものはテストを生き延びたことになる。このような考え方は強いて特徴づけるなら、独断と無限後退の折衷であると言うこともできるであろう。暫定的に達成された協定はドグマであるとはいえ、それは原理上無限のテスト過程に開かれている。

しかし、この点を説明するためにはポパーに対するひとつの誤解を取り除いておく必要がある。それは、ポパーの方法論においては基礎言明がさらなるテストを受けつけないほどに絶対視されており、反証の対象になるのは理論のみとされているという誤解である。これによると、ポパーは素朴反証主義者――ラカトシュが勝手に作り出した虚像――となる。このような誤解、もしくは批判をする人は、そもそも『探究の論理』をまともに読んでいないのではないかと疑われるのであるが、ここでは本書での議論を必要以上に抽象的なものにしないためにもまず科学史から、基礎言明もまたテストの対象となる例を挙げてみよう。

ドイツ生まれで音楽家でもあった天文学者のハーシェル（1738 - 1822）は初めて天王星を観察したとき、新しい彗星を発見したのだと考えた。（つまり、かれは「時空領域ｋに彗星が存在する」という基礎言明をつくった。）かれ以前にそれを見た天文学者たちはそれを恒星であると考えていた。（「時空領域kに恒星が存在する」）。ハーシェルは何カ月か後には自分が見たものはあたらしい惑星であると考えるに至った。（「時空領域kに惑星が存在する」）。これら三つの言明はある時点ではどれも問題をはらんだ（problematic）ものであったと言えよう。しかしながら、当時の知識（背景的知識）からしても、もし問題の天体が恒星であるならば、望遠鏡で覗いてもそれは光点としか見えないであろうという予測を引き出すことができた。その予測を導出する論証は簡略化して示せば上のように図式化できよう。

背景的知識
時空領域kに恒星が存在する
それは光点として存在する

つまり、「時空領域kに恒星が存在する」という基礎言明はテスト可能であった。そしてじっさいのところ、望遠鏡の製造者でもあったハーシェルは、倍率の高い望遠鏡で問題の天体を光点としてではなく、円盤として見たのであった。背景的知識がただしいと仮定するかぎりで、恒星であるという基礎言明は反証された。そして、彗星であるという基礎言明にかんしてもハーシェルはそれが通常の彗星のように運動しないことから、これもまた反証されたと考えた。反証されずに残ったのが、惑星であるという基礎言明であった。

この簡単な事例が物語っているのは単純である。基礎言明は仮説にすぎず、いつでもテストに開かれているということである。そしてこれがポパーの考えでもあった。換言すると、基礎言明の採否は比較的安定した背景的知識との相関関係のなかで決定される。背景的知識が流動するならば基礎言明も流動するであろうし、革新的な基礎言明が採用されることから背景的知識がはげしく変動することもあるだろう。こうした意味で科学の「基礎」はまさしく不安定なのである。

さて以上のことは、フリースのトリレンマに戻って言えばどうなるであろうか。いささか長くなるが、このトリレンマにかんするポパーの考えをよくあらわしている箇所を引用しよう。

「われわれが、たまたまとどまっているところの、またそれで満足していると明言しているところの、そして十分にテストされたものとして承認しているところの基礎言明は、それら自身がさらに基礎づけられているわけではないというかぎりで、たしかにドグマという性格をもっている。しかしこの種の独断論は無害である。なぜなら、基礎づけの必要が生じた場合には、これらの基礎言明はさらにテストされうるからである。……そして最後に、心理学主義について言うならば、基礎言明を承認し、それに満足するという決定が、われわれの経験——とりわけ知覚的経験と関連しているというのはただしいであろうが、しかし、基礎言明はこれらの経験によって基礎づけられているわけではない。経験は決定を、したがってまた言明を受容するという協定を［おそらく決定的に］動機づけるだろうが、しかしそれは基礎言明を基礎づけることはできない――テーブルをたたくことによって基礎づけることができないのと同様に。」（『科学的発見の論理』一三一ページ）

科学は不動の岩盤の上には立たない

要するにポパーは、基礎言明の採否はいつでもテストに開かれているとはいえ、暫定的に、ドグマを立てることにひとしいという考えによって、フリースのトリレンマを解決している。この解決方法が意味しているのは、科学には、過去の哲学者や科学者の多くが追い求めてきたような確固とした不動の基礎はないということである。ポパーからすれば、そのようなものは幻想でしかない。ことばを換えれば、ポパーは正当化の必要を認めず、またそれが可能でもないことを洞察したのである。

「客観的科学の経験的基礎は、したがって、なんら『絶対的なもの』ではない。科学は岩盤のうえに立つものではない。科学理論の大胆な構築物が立つのはむしろ沼地である。それは杭のうえの建物である――杭はうえから沼地に打ち込まれるが、自然の『所与の』基盤には達していない。というのも、杭をさらに深く打ち込むことを止めたのは確固とした層にあたったからではなく、杭は建物を支えるであろうと思って、しばらくは杭の堅固さ

に満足しようと決心したからである。」（上掲書、一三九ページ）

科学についてのポパーのこのようなイメージは、科学的知識に絶対的な真なる知としてのエピステーメーを求める人びと、あるいは徹底した基礎づけ（正当化）を求める人びとにとっては決して満足のいくものではないであろう。かれらにとって、科学は暫定的ドグマの体系にすぎないという考えは受け入れがたいにちがいない。とりわけ、科学的社会主義を提唱している人びとにとっては、ポパーの科学観はかれらの革命的実践——階級闘争——にとっての脅威であったろう。かれらにとって、真理が流動的な不確定的なものであっては困ったのである。（ポパー的な科学観と社会主義の関連については第三章でふれることにする。）

しかし、だからこそポパーの科学哲学は大きな衝撃力をもちえたのだとも言える。どんな言明に対してであれ、正当化の要求を掲げる立場は正当化主義と呼べるが、ポパーは、科学を暫定的ドグマの体系として捉えることによってフリースのトリレンマを解決したとき、暗黙のうちに正当化主義を放棄していた。しかし、第四章でも触れるように、かれがこの点のもつ哲学的重要性の真の意味を悟るのには多くの時間が必要であった。それには、ポパーの弟子たちの努力もあずかっていた。ともあれ、正当化主義が放棄されてしまえば、のちに残るのは原理上いつでもテストに開かれている言明群でしかない。すべての言明がテスト可能であるということは、それらは誤りうるということでもある。そしてかれはこのことを認める立場をのちには可謬《かびゅう》主義（Fallibilismus）と呼んだ。正当化主義の放棄すなわち、可謬主義の採用は、科学の領域を超えて哲学の領域にまで目を向けるならば、あらゆる知を震撼させる力をもつものであった。ポパーは、その第一歩を踏み出していた。

しかし、その点に話を進める前に、われわれは、反証可能性の議論が適用される現実の場面を見ておく必要がある。

6　境界設定問題——方法論的反証主義

科学と科学でないもの

前節までにおいては、反証可能性の原理、およびそれにかかわる諸問題を説明した。本節では、反証可能性の原理が、ポパーにとっての他方の大問題、すなわち境界設定問題に対してどのように適用されるのかを見ることにしよう。

境界設定問題とは、ごくごく簡単に言うならば、科学と科学でないものはどのような規準によって区別されるのかという問題であった。ポパーの定式を尊重して、もう少していねいに言うならば、経験科学的な言明およびそれの体系化されたものとしての理論と、他方におけるそうでないものとを区別する（設定する）規準はなにかという問題である。

境界設定問題に対して有効な答えを提出することは、ことばを換えれば、科学性の規準を提出することである。なにが科学的であり、なにがそうではないかを決定する規準が決定的な重要性をもつことは、ここで仰々しく言うまでもないと思われる。つい最近まで、社会主義は科学的社会主義であらねばならなかった。あらゆるチラシや宣伝は、みずからが宣伝する商品が科学的に優れていること、また商品のもたらす効果が科学的に確認されていることをうたい文句にしている。原発の安全性は科学的に確認されていたと言うし、地震や大雨に対しては、またフェイク・ニュースやデマに対しても科学的な対策がたてられねばならない。現代においては、科学的であるか否かがわれわれの思考と行動を測るほとんど唯一の尺度になっている。人びとは科学的であることを強制されているといって過言ではない。とするならば、境界設定問題によって科学性の規準を問うことは、まさに今日の時代の核心を問うことでもある。境界設定問題は、たんなる認識論上の問題にすぎないのではなかった。またこの問題を問うたからこそ、ポパーの思想の根源的影響力が生じたのである。

ポパーは、境界設定の規準として反証可能性を提案する。もちろん、これは、かつて実証主義者が提案したような、有意味性と無意味性についての意味規準ではない。ポパーの境界設定の規準については、長いこと、意味規準であるというとんでもない誤解があったが、今日ではそのような誤解は吹き払われている。ポパーの提案する規準からすれば、反証可能性をもった言明あるいは言明の体系のみが経験科学的ということになる。すでに見たように、純粋存在言明や原理的に反証を受けつけない言明は経験科学の向こう側に位置づけられる。反証可能性が科学性の規準なのである。

しかしながら、ポパーの提案に対してはひとつの有力な反論が提出されるであろう。言明が原理的には反証可能であるとしても、われわれの側はそれをいっさいの反証から擁護し、結果として反証不可能にすることができるのではないかという反論である。たしかに経験的情報内容をもった理論とか言明は、原理的には反証可能であるにもかかわらず、徹底した反証回避戦略がとられるならば、反証可能ではなくなってしまう。

たとえば、メーターの針が理論上予測される数値を示さないといったときに、隣室で強力な磁場が発生していたからであるといった補助仮説によって反証を回避することができる。さらには、ことばの定義を暗黙のうちに変更してしまうとか、あるいはその場しのぎの（アド・ホックな）補助仮説を導入するとか、はたまた実験にはなんらかの不備があったという言い逃れをもち込むことで、論理的整合性をくずすことなく、反証を回避することも論理的には可能である。ポパーはこのような状況が存在することをはっきりと承知していた。じっさいかれは、イギリスの化学者ブラック（1728 - 1799）のことばを引用している。

「条件をうまく修正しさえすれば、ほとんどどんな仮説でも現象に一致させることができるであろう。これは、空想を満足させるであろうが、われわれの知識を前進させはしない。」（上掲書、一〇〇ページ）

だからこそポパーは、科学で用いられるべき経験的方法は反証回避戦略を排除すべきであると主張する。むしろ、かれによれば、科学の方法とは積極的に反証を試みることなのである。ポパーは経験科学の方法について次のように主張する。

「われわれの提案にしたがえば、この方法を特徴づけるのは、テストされるべき体系をあらゆる仕方で反証にさらすということであり、その目的は支持しえない体系を救うことではなく、可能なかぎりきびしい競争をつうじて相対的にもっともよく支持しうるものを選択すべきだということである。」（『科学的発見の論理』第6節。訳文は筆者がドイツ語版S.19から訳出したものである。）

あきらかにポパーは、知の獲得にあたって科学者集団が守るべき方法論的（社会的）ルールを提案している。かれは、科学者の行動をコントロールする方法論的規則を立てることによって、反証回避戦略を可能なかぎり防止するとともに、同時に知識のすみやかな進展の可能性を確保しようとしている。そしてまたかれは、たとえばチェスがそれに特有のルールによって定義されるように、こうした規則（ルール）こそが経験科学を定義するとも考えている。科学的認識行為を特徴づけるのは、方法論的諸規則なのである。これよりして、かれの立場は方法論的反証主義となる。

そうすると、そのような諸ルールはどのようにして組み立てられることになるのか。ルールを体系的に提示するためには、もろもろのルールが最終的に奉仕することになる目標、あるいは、すべての下位の規則を定めるために役立つような最高の規則が設定されねばならないことになろう。それは、ポパーによれば、「科学におけるいかなる言明も反証にさからって弁護しないという方針にそって、科学的手続きの他の諸規則を設定しなければならないことを命じる規則である。」（上掲書、六五ページ）

ポパーは、なにがなんでも反証を回避しなければならないといった態度のうえに科学方法論を築くことはできないと言っている。ここで急いで誤解を避けるために述べておくが、すでに見たように、反証するもの（反証子）それ自体が誤りであることも十分に考えられるのだから、この最高規則は、反証はすべて受容されねばならないと言っているのではない。問題は、受け入れるか、受け入れずにいるかという点にあるのではなく、以前よりもより反証可能性の度合いが高く、かつ論理的に整合的な知の体系を作り上げることにある。ポパーはこれを最高規則としているのである。

ところで、最高規則を考えることは科学の目標を考えることにひとしい。つまり、目標という観点から、最高規則を理解することも可能である。こうした立場にたつと、もともとは『探究の論理』へのあとがきとして書かれ『ポストスクリプト』として知られている三巻本の『「科学的発見の論理」へのあとがき』(一九八三年)のなかの小さな論文(「科学の目的」、『客観的知識』所収)が俄《が》然《ぜん》光を帯びてくる。そのなかでかれは、科学の目的について語り、それは「満足のいく説明(satisfactory explanation)」を見出すことであると言っているからである。この点を少し解説してみよう。

かれの言う「満足のいく説明」とは、因果的説明のモデル(本章第四節を見よ)を念頭においていただくと話が分かりやすくなるのだが、第一に被説明項が説明項から導出されねばならないという要請であり、第二に説明項は真であるべきだという要請である。第一の要請についてはもはや解説は必要ないはずだが、第二の要請については解説が必要だろう。説明項にはふつう法則言明が含まれている。そして、ポパーの考えによれば法則言明は真であることが実証されえないものであるから、第二の要請が言っているのは、法則言明は偽であることが判明している言明であってはならないということである。

さらにかれは、この関連で説明項は、当該の被説明項を論理的帰結として含意しうるのみならず、他の初期条件と結びついて独立にテスト可能な他の論理的帰結（予測）も含意しうるものでなければならないと言っている。これは、当然である。「海が荒れているのは、ネプチューンの怒っているせいである」という説明があったとして、ネプチューンの怒っていることのテストが、海の荒れていることによってしかなしえないのであれば、独立のテストは不可能であるし、したがってこの説明は循環になるだろう。ことばを換えれば、ポパーは十分にテストされ、なおかつ偽であることが立証されていない説明を「満足のいく説明」として考えている。

この点は、歴史的事例にそくした方がわかりやすいかもしれない。ガリレイの理論によれば、地表上で投げ出された物体の軌跡は放物線になる。しかし、ガリレイの理論よりも優れていると見なされるニュートンの理論によれば、投げ出された物体の軌跡は楕円である。じっさい、人工衛星は楕円軌道を描いている。ガリレイの理論は、地球の半径は無限大であるという明らかに誤った補助仮説のもとで成立するにすぎない。この意味においてガリレイの理論は投げ出された物体の軌跡についての偽なる説明を与える。しかし、ガリレイの理論をニュートンの理論の近似と見なすことは十分にできるであろう。ガリレイの理論からニュートンの理論への移行は、ポパーの観点からすれば、より満足のいく説明を追求していく過程のひとコマなのである。

さて、ポパーの方法論を支える科学の目的、あるいは方法論の最高規則がこのようなものであるとすれば、当然のことながら、では下位の規則を具体的に憲法の条文のごとくに並べてみよ、という要求が出されるにちがいない。ポパーの『探究の論理』は科学の憲法として書かれているわけではないが、そのような要求に応えられないわけではない。じっさい、そのような観点からポパーの方法論を整理し、批判した論文もある。しかし、本書においてはそのような試みをおこなう必要はないであろう。ただし、読者の関心をひきそうないくつかの規則は——まったく恣意的にではあるが、『科学的発見の論理』第二〇章あたりを中心として——列挙できるのであり、それはこの方向での読者の関心に資するであろう。

ルールA：問題になっている当の体系の反証可能性ないしテスト可能性の度合いを減少させず、逆にそれを増加させるような補助仮説だけが受け入れ可能である。

ルールB：孤立した基礎言明——つまり互いに論理的に関連性のない基礎言明——をわれわれは受け入れるべきではないのであって、理論のテスト過程で、つまり、そうした理論についてきびしい疑問を提起し、基礎言明を受け入れたら、回答をえられるといった過程のなかで、基礎言明を受け入れるべきである。

ルールC：もっともきびしくテストできる理論に優先権を与えるべきである。これは最大限可能な経験的内容をもった理論を優先させるというルールにひとしい。

以下、数多くのルールを『探究の論理』から抽出することが可能である。興味をもたれる読者は、是非、こうした観点からポパーの科学方法論を研究していただきたいものだと思う。

さて、ポパーの科学方法論は、すでに述べたように、方法論の研究と科学の実態とを媒介させる超越論という枠組み、あるいは構えをもっていたのであるから、当然のことながら、科学および科学史の現実のなかで、その有効性が批判的に検討されねばならない。もちろん、その検討の作業は科学哲学者のなすべき仕事であって、本書の果たすべき仕事ではない。とはいえ、一方における方法論と他方における科学および科学史の現実との媒介という作業のおおよそを述べることは、読者の関心をひくのではないかと信じる。

方法論と科学史の現実

科学史の現実から、ポパーの方法論に対しては、歴史の現実は反証が明確に生じてきた過程ではないという批判が提起されてきた。たしかに、この種の批判にはもっともらしさがある。たとえば、一八世紀初頭には燃焼にかんしていわゆるフロギストン（燃素）説といわれるものがあった。これによると燃焼の結果フロギストンが放出されることにより燃え殻の重量は減少するはずなのだが、金属を燃焼させた場合には重量が増加するという明白な反証的事実があった。にもかかわらず、ラボアジェの理論が登場してくるまではこの反証が反証として受け入れられていたとは思われない。同じようなことは、光についてのニュートンの粒子説についても言えるかもしれない。たしかにこの説は反射のような現象は的確に説明できたが、光の回り込み（回折）現象はうまく説明できなかった。したがって、ニュートンの粒子説は反証されたと考えることができたにもかかわらず、一九世紀に入ってヤングやフレネルによる光の波動説が登場してくるまでそのようには考えられていなかった。ニュートンの権威があまりにも大きかったからであろうか。

こうした興味深い例にもかかわらず、現実がポパーの方法論の規則通りに動いていないという批判はよく考えてみると、批判としてはそれほど強力な批判ではない。この点は、科学史の現実とわれわれの社会の常態を比較してみるとはっきりしてくるであろう。われわれの社会が、法律やルール通りに動いておらず、あらゆるところにルール破りとか法律違反があるのは、ある意味で自明のことがらである。しかし、だからといって法律やルールが反駁されたということにはならない。むしろ、そうした現実があるからこそ法律やルールが制定されているのだとも言える。しかしながら、ルールと実態があまりにもそぐわなくなってくると、ルールの方が修正されるというのもまた、われわれの社会のゆるがせにできない現実である。科学史の現実においてもこれと類比的なことが考えられる。方法論に対する批判、あるいは反駁というものは決して一筋なわでは進行しないのである。

ところで、ポパーの方法論にとって有利と思われるような例も科学史上には多い。たとえば、ラザフォードによるトムソンの原子モデルの反証は、すみやかに認められたと思われる。また、エディントンによる重力場での光線の湾曲についての観測はニュートン力学に対する輝かしい反証であろう。科学史上には重要な意味を担った反証例が数多く存在することを考えるならば、ポパーの方法論の有効性を無視することはもとよりできない。

ポパーの方法論にとって不利と思われる事例と有利と思われる事例をふまえて冷静に考えるならば、われわれは、ポパーの方法論を科学あるいは科学史の現実を研究するためのひとつの重要な視点として受けとめるべきではないかと思う。反証の認定には、当然のことながら、いろいろなファクターがかかわってくるし、ときには獲得形質の遺伝を説いたルイセンコ学説の場合にみられるように、政治的要因さえもがからんでくる。こうした状況のなかにあってポパーの科学方法論は、むしろ、反証という視角から、形而上学的思想や魔術などを含めていろいろな想念をつつみこんだ科学史の人間くさい現実を照らし出す力を秘めているようにさえ思われる。ポパーの方法論は科学史を分析するにあたってわれわれが批判的に継承すべき大事な視点であるように思われる。

7　反証可能性の度合い——理論比較のための基本的考察

情報量の多い言明（理論）とは

反証可能性の理論は、ポパーの科学哲学のなかでは、経験的理論の優劣を比較するための基本的理論としても利用された。本節ではこの点について説明し、またそこからどのような認識論的展望が生じてくるのかという点についても解説を加えたいと思う。

ポパーはいくつかの言明（理論）について、それらの反証可能性の度合いを比較することを考えた。それゆえ、最初に反証可能性の度合いが明確に段階づけられるような例を考えてみよう。ポパー自身はつぎのような四つの言明の相互的な演繹関係を例として説明をしている。

p　すべての天体の軌道は円である。
q　すべての惑星の軌道は円である。
r　すべての天体の軌道は楕円である。
s　すべての惑星の軌道は楕円である。

さて、惑星が天体の一部（真部分集合）であること、また、円は楕円の一部（真部分集合）であることを思い起こすならば、これらの言明のあいだに成立する演繹関係を容易に把握することができよう。（ここでは、言明の真偽を考える必要はなく、論理的な演繹関係のみを考えればよい。）それは上図によって示すことができる。

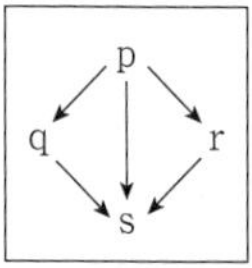

つまり、pからqが帰結し、qからsが帰結する。また、pからrが帰結し、rからsが帰結する。そして、pからsが帰結する。pからqに移ると、言及される対象は天体から惑星になるので普遍性の度合いが減少する。そして、qが反証されればpも反証されるが、その逆は成立しない。ある天体の軌道が円でないということによって、pを反証できるが、それのみによっては惑星の軌道が円である可能性を否定できないわけである。pからrに移ると、言及される軌道は円から楕円になるので正確さの度合いが減少する。そして、rが反証されればpも反証されるが、その逆は成立しない。普遍性が高く、また正確さの高い言明には、より高い反証可能性が対応する。われわれの例では、言明pがもっとも反証可能性の高いものとなっている。

さて、こうした例を見ると、以前にも何度か説明したのだが、反証可能性の度合いの高いものほど情報量が多いという考えに導かれるであろう。つまり、俗なことばで言えば、ある言明が与えられたときに、それに対して文句をつけたり否定的な疑問を呈する可能性が大きければ大きいほど、その言明は多くの情報量をもっているという考え方である。ポパーは、こうした考え方をもう少し詳しく定義し、明晰化しようとしている。ただし、その明晰化の仕事は、一九五九年以降に展開されるのであり、したがって『探究の論理』のなかで展開されているわけではないことをお断りしておかねばならない。

さて、ポパーは、筆者が先に「情報量」と呼んだものを言明の「経験的内容」——のちには「情報内容」――と呼び、それを、その言明の潜在的反証子の集合として定義している。他方でかれは、情報内容に対応するものとして、言明の「論理的内容」というものを考える。論理的内容とは、言明（理論）から論理的に引き出される言明の集合である。ただし、論理的に真であるような恒真言明（トートロジー）は除かれる。これは次のような表としてまとめることができよう。

言明	経験的内容（情報内容）、すなわち潜在的反証子の集合
	論理的内容、すなわち論理的帰結の集合

話を抽象的にしないためには、例を作ってみた方がよいかもしれない。いま、地球の軌道を正確に述べるのみならず、公転速度も正確に述べている言明があったとしよう。そしてこの言明に対して初期条件の役割を果たす言明として、ある時点における地球の空間的位置を述べている言明もあったとしよう。これら諸言明の連言をaとしておく。さて、aからは時点の異なった無数に多くの予測言明を導出することができるであろう。たとえば、「時点t_1における地球の位置はkである」。それらが、言明aの論理的内容を構成する。それに対して、そうした予測言明とは矛盾する個々の言明――たとえば、「時点t_1における地球の位置はwである」（kとwは異なる）――の集合が、情報内容を構成するのである。

さて、情報内容と論理的内容とが定義されたことから、明瞭になってくることが少なくとも二つある。ひとつは、情報内容と確率との関係であり、他はポパーの思想のなかでは理念的に大きな役割を果たす「真理への接近」という考えである。

情報内容と確率との関係から話を進めていこう。両者の関係について述べるためには、情報内容をなんらかのかたちで測ることが必要になってくる。ここで情報内容とは、潜在的反証子の集合として定義されていたことを思い出してもらうとよい。つまり、簡単に言えば、潜在的反証子の集合が大きいものほど、換言すれば、論理的に見て反証されやすいものほど大きな情報内容をもつのである。この考え方からすれば、トートロジーの情報内容はゼロである。それはいつでも真であって、反証されえないからである。

恒真言明の情報内容をゼロとすることは理解しがたいことではない。われわれの日常生活では、たとえば「明日の天気は雨であるか、そうでないかである」といった言明に情報価値を認めることはない。そんなことは分かり切ったことであるからである。この点を情報内容との関連で説明すると次のようになる。「明日の天気は雨であるか、そうでないかである」という言明は、論理的には$(p \lor \neg p)$という排中律のかたちをしている。排中律は恒真言明（トートロジー）のひとつであり、恒真言明一般がそうであるように、経験とは関係なく真なる言明である。ということは、経験的に文句をつけうる余地がない（反証しえない）ということでもある。トートロジー言明の潜在的反証子の集合は空なのである。ここからして、恒真言明の情報内容はゼロとされる。

これに対して、恒偽言明は、定義上、いかなる経験とも関係なく偽なる言明である。たとえば、（¬p∧p）（例：「明日は雨が降らないし、かつ降る」）のような矛盾言明からは、¬pを導出することも、pを導出することもできる。ここで¬pの潜在的反証子の集合を$\bar{P}$としよう。とするとpの潜在的反証子の集合は当然Pとなるだろう。つまり、矛盾言明、（¬p∧p）は、Pとその補集合$\bar{P}$の和、つまり全体集合をみずからの潜在的反証子の集合とすることになる。全体集合は1と表記するのが妥当であるから、恒偽言明の情報内容は1とされる。これは普通の言い方をすれば、どんな言明によっても、つまりpによっても、¬pによっても反証されてしまうということである。（恒偽言明は通常は情報とはみなされない。）

ポパーは、通常の経験的（事実的）言明を恒真言明と恒偽言明との中間に位置すると考える。というのも、経験的（事実的）言明とは、言うまでもなく、経験とはかかわりなく最初から論理的に真であるとは言えないし、また自己矛盾しているとも言えない言明であるが、少なくとも経験に照らして偽であるとは言える言明のことだからである。

ところで、ポパーの情報内容の概念は、確率との関係において誤解にさらされてきた。

というのも、世間の多くの人びとは確率の高い言明ほど確からしい言明であり、信頼のおける言明であると考えているからである。ところが、ポパーの言う情報内容の多い言明とは、より反証されやすい言明のことであり、換言すれば反証される危険に満ち満ちた言明のことである。つまり、それは確からしくない不確実な言明であり、常識の尺度からすれば確実さの少ない言明である。ここに潜んでいる偏見を除くためには次のような簡単な例を考えてもらえばよいだろう。

いま、サイコロ投げを考えてみよう。つぎの投げにおいてたとえば4の目がでるという言明が真となる論理的な確率は1/6と考えることができよう。偶数の目が出るという言明の確率はごくごく簡単に言って3/6と考えることができるだろう。さらに、1から6の目のうちのどれかが出るという言明の確率にいたっては6/6と考えられよう。この言明はまちがいなく真であり、確かな言明である。しかし、どれかの目がでるという言明はわかりきった言明であり、なにごとも伝えてくれないのであり、したがって情報内容はゼロと考えざるをえない。それに対して、特定の目が出るという言明には、間違うかもしれないというリスクがあるにもかかわらず、豊かな情報内容があると考えられる。要するに、情報内容と確率とのあいだには反比例的な関係がある。「確からしさ」と言うことで、心理的な意味での高い信頼性ということが意味されているならば、ポパーの議論はまさにそれを破壊する。(高い信頼性が欲しいというのであれば、真であることが間違いのない恒真言明を語っていればよいのである。それは、どんな経験が生じようとも決して偽とされることはないのであり、撤回する必要はない。)

ここでの結論を述べておこう。反証にさらされることのない言明がもっとも確率の高い言明であるのだから、反証可能性が高い言明というのは、確率の低い言明ということになる。この点は数式を用いれば、さらにはっきりと表現できる。いま、言明aの確率——もちろん、確率値を与えることができるという前提のもとにおいてだが——をp(a)と、そして情報内容をECt(a)と表現するならば、両者の関係は次のように表現できるであろう。

$$ECt(a) = 1 - p(a)$$

情報内容は、確率1との差となるから、当該言明の確率が小さければ小さいほど、情報は大きいことになる。ポパーが、われわれはより高い情報内容をもった言明を追求すべきであると主張するとき、かれは同時に、その言明はより確率の小さな、つまり、ありそうもない言明であると言っているのである。

科学＝不確実な知識を求める知的冒険

ここでは、「ありそうもない言明」についてもう少し考えてみたい。筆者はさきほどサイコロ投げという、ある意味ではかなり作為的な例を使用したが、もう少し現実にそくした例を考えてみたい。いま、ニュートン理論はまだ出現しておらず、投げ出された物体の軌跡は放物線を描くというガリレイの理論が信じられていた時代を考えてみよう。そして、この時代における知識をBとしてみる。さて、この時代において、誰かが世界の最高峰チョモランマの山頂から小さな銅球をたとえば水平方向に投げたとしてみよう。すると、「その銅球の軌跡は放物線を描く」という言明——xと表記しておこう——を得ることができる。しかもこの言明は当時の知識からすれば確実なものである。したがって、その確率は、知識Bのもとでの相対的確率として$p(x, B)$として表現でき、その値は1にかぎりなく近い。それに対して、「その銅球の軌跡は楕円を描く」という言明——yと表記しておこう——は、ほとんどありえないことと見なされたはずであるから、知識Bのもとでのその相対的確率$p(y, B)$はかぎりなくゼロに近いであろう。しかしながら、投げ出された物体の軌跡が楕円であるというのは、ニュートン力学から論理的に帰結してくることであった。つまり、ガリレイの時代の知識からすれば、ニュートン力学はほとんどありえないことであった。しかし、そのありえないことは、より多くの情報内容をもっていたのである。

　こうした例を挙げたのは、科学の営みはまさにありそうもない、したがって確実でない、しかしながら、情報内容の豊かな言明（理論）を探究する過程であるというポパーの思想を解説するためであった。科学は不確実な知識（まだ反証されていない仮説）を求めている。高い情報内容をもつと同時にありそうもないことを述べる言明を追求するというのは、まさに知的冒険といってよい行為である。ポパーは、科学をその核心においてこのような冒険として描いたのである。

ところで、「より情報内容の豊かな言明（理論）を探究する過程」という概念を肉づけするためには、そもそも言明（理論）の比較はどのようにしてなされるのかということが問題になってこよう。ポパーはそれをおこなうために、論理的内容には真内容と偽内容とがあることに着目する。この点を説明するためには先立って、一般的にいって言明（理論）からは真なる言明と偽なる言明が引き出されるという話をしておかなければならない。

論理的に考えるならば、真なる言明からは真なる言明しか導出できない。これは、論理学の鉄則である。しかし、偽なる言明からは、真なる言明と同時に偽なる言明も導出できる。たとえば、日曜日に、「今日は月曜日である」と誰かが述べた場合を考えてみよう。この偽なる言明からは、たとえば「今日は火曜日ではない」とか「今日は水曜日ではない」といった明らかに真なる言明を導出することができよう。また、「昨日は日曜日であった」という偽なる言明を導出することもできる。

ポパーは、ある言明から論理的に導出される言明のうち、真なる言明のみからなる集合を真内容と呼び、偽なる言明のみからなる集合を偽内容と呼ぶ。さて、これら二種類の内容を用いるならば、言明（理論）の比較が可能になる。

ポパーは、理論t_2が理論t_1よりもより真理に接近していると言えるためには次のどちらかの規準が満たされねばならないと考える。

（1）理論t_2の真内容はt_1の真内容よりも大であり、t_2の偽内容よりも大でない。

（2）理論t_1の偽内容はt_2の偽内容よりも大であり、t_1の真内容はt_2の真内容よりも大でない。

さてポパーは、このような比較のための規準を用いることによって、一方の理論は他方の理論よりもより真理に接近していると言えるという。すると、ここではまず、「真理に近づいている（verisimilitude）」という概念を説明しておかねばならない。

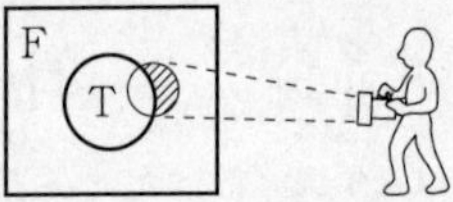

いま、経験科学に属すると考えられる、あらゆる言明の集合を考えてみよう。この集合のなかには、真なる言明と偽なる言明とが存在すると考えられる。よって、真なる言明のみからなる集合を円で表示して見よう。

この図をもちいて、真理への接近というポパーの考えを説明するには、まずすべての真なる言明からなる集合T――これを全真理の集合と呼んでおこう――を標的として考えてもらえばよい。理論は、この標的を照らし出すサーチライトの光と考えればよい。通常の理論は、標的Tの一部と同時に偽なる言明からなる集合Fをも照らし出してしまうというのがポパーの考えである。そこで、ポパーは、集合Fの部分はできるだけ小さくしか照らし出さず、なおかつ標的Tをできるだけ大きく照らし出すような理論を経験科学は追求するべきであると要請しているのである。

さてポパーは、ここに見られる「真理に近づいている」という概念——これは「真理への接近度」とも呼ばれている——を真内容から偽内容を差し引いた差として定義する。したがって、この定義によれば、たとえば、ケプラーの法則とニュートンの理論を比較したとき、ニュートンの理論の方がケプラーの法則よりも真理に近づいていると考えられるのは、これが、ケプラーの法則よりも偽内容を増加させることなく、真内容のみを増加させているからなのである。

さて、以上で「真理への接近」というポパーの考えの大筋を解説したことになる。この概念についてさらに議論を展開するにはテクニカルな要素を導入せざるをえなくなる。本書においてはそこまで立ち入る必要はないと思われるので、読者にはポパー自身の論文につかれることを希望して、この概念の解説を終えることにしたい。

第三章　社会科学の方法

1 イギリス滞在、そしてニュージーランドへ

講演旅行

一九三四年に刊行された『探究の論理』は大きな成功を収め、数多くの評論が呼び起こされた。その結果として、ポパーはヨーロッパ諸国から数多くの手紙や招待状をもらい、講演に招かれるようになった。かれは、ベッドフォード・カレッジ（ロンドン大学）のスーザン・ステビング教授の招待を受けて一九三五年の秋に渡英した。ポパーは、みずからの理論についての講演を求められていたにもかかわらず、ポーランド出身の論理学者にして数学者のアルフレッド・タルスキーの業績から大きな感銘を受けていたので、かれの意味論および真理論について講演したのであった。この講演のあと、かれは、インペリアル・カレッジで確率についての三つの講演をしたり、ケンブリッジで二つの、そしてオクスフォードで一つの論文報告をおこない、さらに翌年にはロンドン大学（LSE）のハイエクのゼミで、『ヒストリシズムの貧困』——以下、『貧困』と略す——の初稿を読み上げている。オクスフォードでは、量子力学やハイゼンベルクの不確定性原理について自分の統計的解釈について、シュレーディンガーといくどか長い討論もした。

ポパーは、三六年にアリストテレス協会でラッセルの講演「経験主義の限界」を聴いた。

そのさいラッセルは、帰納の原理それ自体は帰納にもとづいているわけではないのだから、経験主義の原理をなす帰納法は非経験的なものとして受け入れざるをえないと主張した。この主張はまさにポパーが『認識論の二大根本問題』で批判的に取り扱っていたものであったから、ポパーは、ラッセルの考えを批判したところ、聴衆の笑いをかったと『自伝』のなかで報告している。この時点で、すでに前章で見たポパーの考え、つまり、帰納は存在せず、知識は仮説にすぎないという考えは、常識からはほど遠かったことが窺えるわけである。

ところでポパーは、勤め先の学校の方からは無俸給欠勤の許可を取って、一九三五年から翌三六年にかけて二度イギリスにきているので、都合約九カ月におよぶイギリス滞在のあいだに多くの友人知人を獲得した。日本でもよく知られている名前を挙げるならば、哲学者ではムーア、ラッセル、ギルバート・ライル、思想史家のアイザイア・バーリン、経済学者のハイエク、美術史家のエルンスト・ゴンブリッチといった人びとである。『言語・真理・論理』の著者エイヤーとは、ポパーはかれがウィーンに留学していた頃からの知り合いであった。

友人のなかでは、ゴンブリッチの名前が特記されてよい。ポパーはウィーンですでにゴンブリッチを知っていた。というのも、ゴンブリッチの父親はポパーの父親であるジーモン・ポパーの法律事務所で助手をしていたからである。二つの家族は親密であった。ゴンブリッチは、本書では、二、三度顔を出すのみであろうが、おそらく二〇世紀最高の芸術史家であろうかれとポパーの関係は、思想史的あるいは文化史的に見るならば独立の研究に値するものであろう。二人の関係については、『開かれた社会とその敵』(岩波文庫)、第一巻下に付されたキーゼヴェッターによる付録「本書が日の目を見るまで」が格好の手引きとなるであろう。

友人を得たことのほかにもイギリス滞在は、ポパーの政治哲学に大きな影響を与えたと思われる。ポパーは、イギリスの現実のなかに「開かれた社会」の可能性を認めたと思われるからである。かれは、大不況期にあってもイギリスの議会制民主主義が広範な大衆の支持を受け、ファシズムの脅威の前に揺らぐこともなかった点に大きな感銘をうけたのである。また、間もなくポパーが亡命していったニュージーランドでの体験(労働党政権による統治)も開かれた社会の現実的可能性を確信させるものであっただろう。

さて、ポパーは一九三六年七月にコペンハーゲンでの国際科学哲学会議に出席するためにゴンブリッチに見送られてロンドンを発った。その地でかれはニールス・ボーアの研究所に滞在し、ボーアと量子力学や確率論について討論を重ねたが、ボーアの人格や寛大さに圧倒されることが多く、ポパー自身の理論をかれに印象づけるにはいたらなかったようである。会議のあとポパーはヒトラー治下のドイツを横切りウィーンに戻った。ほどなくしてかれはケンブリッジでの特別研究員職とニュージーランドの大学の講師職の申し出を受けとった。かれは、イギリスの友人たちの輪のなかにいることを望んでいたにもかかわらず、前者の職が恒久的なものであるかどうか、また固定給が得られるものであるかどうかも定かでなかったために、ニュージーランドへ行く決心をした。

カンタベリー大学

ポパーは、一九三七年一月にウィーンを発ち、ロンドンに短期間滞在したあと、同年三月はじめニュージーランドのクライストチャーチに到着した。この地は、南島の東海岸に位置する人口一〇万人の町であった。当時、空路は開かれておらず、かつての宗主国イギリスまでは五週間の船旅を要し、またロンドンとの手紙のやりとりには三カ月を必要とした。したがってもし知的発展にとって意見の交換が不可欠の条件であるとしたら、ポパーはもっとも恵まれない境遇におちこんだわけである。ポパーの就職したカンタベリー大学は、四つあった大学の内でももっとも小さな大学であったし、財政的にも困難な状況下にあった。

財政的な困難はポパー自身の問題でもあった。ポパー夫妻は大きな負債を背負っていたし、ポパーは夫人のために非常に高額の保険料を払っていた。くわえて、赤十字をとおして病気の姉に援助もしていた。かれは経済的理由から、労働者のための授業もおこなった。大学の内部ではポパーは驚くべき量の過重な講義を課され、学科長をしていた心理学者

ニュージーランド、クライストチャーチにおけるポパー家の窓からの景色

からのいやがらせも受けた。信じがたいことには、ニュージーランドにいるあいだはなにも出版してはならないとか、研究に費やした時間は講義担当者として俸給を受けている作業時間からの盗みであるとか、授業に使用するのではない紙は自己負担せよなどとも言われていたという。かれの使用できた小さな部屋は、丸鋸をしばしばうならせている大工の店の向かい側のぐらぐらするような木造の建物の二階にあった。そしてその建物は何と「小麦調査所」と呼ばれていた。しかし、ここでバランスをとるためにも述べておくが、夫妻の住居はカンタベリー平原を見おろす丘の上にあり、南島の南アルプスの美しい山並みを望むことのできた素敵な住宅であった。

さてポパーは、すばらしい評価を勝ち得た講義やゼミをおこなう一方で、かれがくどくど述べているように図書の点数も貧弱な環境のなかで、極度の知的緊張を伴う研究を夜を徹してつづけていた。この時期、かれは睡眠不足からくる低血圧症のみならず、風邪や扁桃炎や歯痛などにも悩まされていた。にもかかわらず、かれは、勤務条件の改善運動をしながら、第二次大戦後の西側社会を理論的に支える偉業、すなわち『ヒストリシズムの貧困』と『開かれた社会とその敵』を完成させたのである。したがって、この二著に着目するならば、ポパーがニュージーランドに滞在した時期は、かれの社会科学の方法論と、「開かれた社会」の理念を説く社会哲学とが熟成した時期であったと言えよう。以下では、主として前者に焦点を合わせてその内容を解説し、後者については次章で論じることにする。

2　『ヒストリシズムの貧困』と『開かれた社会とその敵』の成立事情

『ヒストリシズムの貧困』――以下、『貧困』と略す――と『開かれた社会とその敵』――以下、『開かれた社会』と略す――はほぼ同時期に執筆された。両者はある意味で姉妹である。ここではその間の事情を説明したい。というのも、それによってこれらの書物の背景をよりよく理解することができると思われるからである。

『貧困』は、現在われわれが書物として目にすることのできる形態（久野収、市井三郎訳『歴史主義の貧困』中央公論社、一九六一年および日経BPクラシックスとして刊行されている岩坂彰訳、二〇一三年）からすれば、四章構成であるが、この背後にはかなり複雑な成立史が控えている。

　ポパーはすでに一九三五年には、『探究の論理』の社会科学への適用を試み、一応の原稿をもっていた。そしてそれは最初（一九三六年の一月もしくは二月）ブリュッセルの友人宅で読み上げられ、ついで同年にロンドンのハイエクのセミナーで発表された。ヒトラーによってオーストリアが併合されたあとは、ナチスに対する唯一の抵抗勢力であった社会民主党も壊滅状態にあったので、それを批判してもなんら抵抗を弱体化させることにはならなかったから、ポパーは、マルクス主義批判を含めてこの原稿をニュージーランドの地で完成させようとしたのである。

しかしながら、ポパーの言によると、かれは英語で書き上げるのに手こずった。さらにかれは、第一章をなす最初の一〇節を書いたあとで、計画の全体が崩れたとも述べている。第一〇節での議論は本質主義にかんする議論であったが、それはポパーの友人たちにとってはなはだわかりにくいということであったので、かれはそれを詳しく補足し始めた。くわえてプラトンの『国家』について書いたポパーの論評に対して友人たちから難解という批評があった結果として、「何の計画もなしに、また一切の計画に反して、まったく意図しなかった結果として、『開かれた社会』が生まれた、あるいは突発した」（『果てしなき探求』岩波現代文庫下、一二二ページ）のだという。そして『開かれた社会』と『貧困』との両者が切り離されたあと、『貧困』の最初の三章が書き上げられた。その最終章たる第四章は『開かれた社会』の第一部「プラトンの呪縛」の第一稿が仕上がった（一九四〇年）のちに完成されたという。

ポパーは、一九四三年に『貧困』の原稿をラッセルやムーアの編集していた『マインド』誌に送ったが、掲載を断られた。他方、一九四二年一〇月に第一部が完成し、翌年の三月に第二部が完成した『開かれた社会』の原稿は、出版社を求めて早速アメリカの友人たちに送られたが、結果的に出版社を見つけることはできなかった。ポパーにとっては約八年におよぶ努力の成果がつづけざまに拒否されたわけで、奈落の底に突き落とされるのに十分であった。かれは、戦争が始まるとただちにニュージーランド軍に志願したのだが拒否されていたこともあって、『開かれた社会』を一種の兵役と見なし、全体主義に対する戦いを緊急に戦い抜かねばならないと考えていただけに落胆も大きかったのである。

『貧困』は一九五七年に単行本になるのだが決して読みやすい本ではないと思う。それに対して、類似の諸テーマは『開かれた社会』のなかでも扱われており、はるかに読みやすくなっている。とりわけ、その最終章である第二五章では「歴史叙述の論理」とでもいうべきかたちでまとまって論じられており、ポパーの社会科学論――歴史もまた社会科学に属する――全体像もつかみやすくなっていると思う。友人たちの評でわかりにくいと言われたことに対するポパーの奮起がうかがわれる。したがって、筆者としてはさきに第二五章をお読みになられることをお勧めしておきたい。

出版社を見つけかねていたとはいえ、ほぼ一年後、ポパーはふとした偶然から戦時中接触を失っていたウィーン以来の友人ゴンブリッチの住所を知ることとなり、かれおよびハイエクのおかげで一九四四年の早い時期に出版社（ラウトリッジ社）を見つけることができた。この間の経緯については岩波文庫版の『開かれた社会とその敵』第一巻下に付された編者キーゼヴェッターによる付録「本書が日の目を見るまで」に詳しい。ゴンブリッチやハイエクがポパーを強く支援した背後には、かれらも、社会理論や芸術史におけるヘーゲルの影響を快く思っておらず、ポパー同様ヘーゲルに対して嫌悪感を覚えていたという事情があった。いずれにせよ、ポパー夫妻はこのニュースを海岸でアイスクリームを食べながら祝ったという。ついでに言っておくと、ポパーはアルコールはたしなまず、チョコレートのような甘いものが大好物であった。

ところでハイエクは、『開かれた社会』の出版社が見つかる以前に、『貧困』の方も救出してくれていた。かれは、『マインド』誌の編集者とはちがって、この論文の位置しているオーストリア的文脈を容易に見抜くことができたのであり、またみずからと同じオーストリア学派の思考を認めることもできた。『貧困』は、さらに手を加えられたうえで、ハイエクの編集していた『エコノミカ』誌の第一一巻（一九四四年）と第一二巻（一九四五年）に三回に分けて分載された。そして書物のかたちをとって公刊されたのは、ポパーが『開かれた社会』（一九四五年刊）の著者としてすでに確乎たる名声を打ち立てたあと、一九五七年であった。ということは、圧倒的大多数の読者は、まさに『真昼の暗黒』の著者アーサー・ケストラーがそうであったように、この書物をすでに『開かれた社会』で展開されていたマルクス主義批判の論理を媒介にして読んだということである。時代もまた、米ソ対立という冷戦構造のさなかにあった。なるほどポパーはマルクス主義を批判する意図をもっていた。しかし、『貧困』は構想された当初においては社会科学方法論の書物であることを意図されていたのである。時代の荒波は、ポパーのそのような意図を超えて、「書かれた文脈」とざっと二〇年後における「読みの文脈」とを奇妙に混線させてしまったように見える。

ともあれ、次節では『貧困』の内容紹介を試みることにしよう。

3　ヒストリシズムの貧困

ヒストリシズム

「民族主義的あるいは共産主義的形態をとっているのであれ世界史は仮借なき法則にしたがって進むという誤った信念のもとで犠牲になった、あらゆる国、あらゆる民族、あらゆる信条の無数の男女、子供たちの追憶のために。」

これは『ヒストリシズムの貧困』の冒頭に掲げられた献辞である。ポパーは、「世界史は仮借なき法則にしたがって進む」という、歴史の必然的展開を信じる立場をヒストリシズム（historicism）と呼び、この書物のなかで徹底的に批判するとともに、ヒストリシズムの根源的な克服を目指した社会科学方法論を展開した。

ここで、字義の詮索めいて恐縮だが、ヒストリシズムという、おそらく読者の多くにとって聞き慣れないことばについて説明を加えておいた方がよいであろう。この語は、一九六一年に久野氏と市井氏の邦訳において「歴史主義」と訳されて、安保闘争後の日本社会に登場した。書物の内容をただしく読みとるかぎりで誤解の余地はどこにもないと思われるにもかかわらず、この訳語は、トレルチやマイネッケに代表される歴史主義あるいは歴史相対主義と混同され、無用の反発を招いたように思われる（典型的には丸山真男）。こうした事情もあって、今までに訳語としては、「歴史主義」に換えて「歴史法則主義」とか「歴史信仰」といったことばが提案されてきた。

他方、「歴史法則主義」ということばも、ポパーが「ヒストリシズム」ということばで意味したことの全体を表現しきれていないように思われる。かれは、「ヒストリシズム」ということばで、イデアとか内在的目的の展開、さらにはあらゆる形態の宿命論——法則よりも広い意味での必然論——のみならず、歴史への過剰な、かかわり、のめり込み、思い入れを意味していたように思われるからである。こうした事情を踏まえて、本書ではまだ手垢に染まっていないと思われる「ヒストリシズム」ということばを使ってより正確な理解をめざしていきたいと思う。

さて、ポパーが『貧困』を書き始めるにあたって「ヒストリシズム」ということばに与えた定義そのものはきわめて明快であった。

「だがここでは、〈ヒストリシズム〉ということで、歴史予測（historische Voraussage）こそ社会科学の主要課題であると考え、そしてこの目標は、歴史発展の基礎になっている〈リズム〉とか〈パターン〉、〈法則〉とか〈傾向〉を発見すれば達成されるのだと決め込んでいる、あの社会科学に対する態度が理解されていると言っておけば十分であろう。」（『ヒストリシズムの貧困』序章）

ヒストリシズムという概念のこうした定義的明快さ、また書物全体の叙述の明晰さにもかかわらず、このことばは、すでに示唆しておいたように、誤解と無理解、あるいはためにする批判といったものにさらされた。そこには、この概念が倫理の諸問題にも適用されたということもあるが、この書の成立史の事情から来る複雑さがからんでいるかもしれない。この点をもう少し社会的背景および思想史的背景との関連で説明させていただくならば、『貧困』のより深い理解に寄与しうるのではないかと思われる。

マルクス主義との対峙

少し話を戻すが、第一章第二節で触れたように、第一次世界大戦直後のウィーンには社会主義革命の現実的可能性が存在していた。また大戦下での戦時経済体制は、ある意味で社会主義の先行的予備実験でもあった。他方、多くの社会主義者にとってソヴィエト・モデルは中央ヨーロッパの現実には適用しがたいものと思われていた。かれらの多くが考えていたのは、ブルジョワ民主主義の内部での移行である。それゆえ、変革のための目的や方法についての議論は、カフェでの知識人たちの閑話を活気づけるたんなる刺激剤にとどまったのではなく、学校改革運動においても見られたように、現実に人びとを社会の激動に巻き込む歴史的諸力のひとつでもあった。ポパーもまた二〇年代には友人のユリウス・クラフトとの討論などをつうじて、革命の可能性、歴史予言の可能性、社会改良の可能性とその実践方法、あるいは社会科学そのものの可能性などについて真剣に議論していた。そして、これらのテーマすべてが、もちろん一段ときびしい科学哲学的反省を加えられて、『貧困』そのもののテーマを構成しているのである。『貧困』は、冒頭の「本書成立のいきさつ」でも述べられているように、一九一九年から二〇年の冬にかけてポパーの胸中に植えつけられた種子が、戦間期ウィーンにおいて養分を補給されつづけて生まれた社会哲学的産物である。

ところが、『貧困』のなかにオーストリア的現実の痕跡あるいは残照を認めることは、中央ヨーロッパの小国オーストリアの政治史と社会変革をめぐる論争史にふかくつうじていないかぎり、きわめて困難である。『貧困』のなかで、肯定的に言及されたり引用されている人物は、ハイエク、C・メンガー、マルシャクといった人物であるが、これらの人びとは経済学におけるオーストリア学派に属している。そして、このオーストリア学派というものが、ロンドン大学でのハイエクの活躍にもかかわらず、英語圏で十分に理解されていたとは思われないのである。

オーストリア学派は、メンガーとシュモラーの方法論論争（Methodenstreit）に象徴されるように、ドイツ歴史学派を方法論的観点から批判したのみならず、マルクス主義経済学に対する徹底した批判者でもあった。ポパーはこのような伝統のなかで、社会科学を歴史学として捉えるのではなく、理論科学として理解する立場や、また方法論的個人主義などを継承しつつ、当時のオーストリア社会民主党のマルクス主義的な変革の理論と実践に向き合った。とすれば、『貧困』のなかで批判されるべき人物は、シュモラー、ロッシャー、クニースのような歴史学派を代表する人物とか、オーストリア社会民主党の政治的理論的指導者としての、マックス・アドラーとかオットー・バウアー、あるいはウィーン学団の指導者の一人であり、なおかつレーテ革命の参加者でもあったオットー・ノイラート、さらに身近なところではポパーが児童相談所で手伝いをしたアルフレート・アドラーなどであってもおかしくはなかったはずである。しかしながら、こうした人物は『貧困』のなかではまったく顔を見せない。代わって登場しているのは、英語圏ではよく知られていたミル、マルクス、マンハイムである。

ヒストリシズム批判をおこなうとき、ポパーはヒストリシズムについての理念型をつくり、それを批判したのであるから、ポパーがオーストリアの伝統と現実のなかでよく知っていた人物を批判の俎上にあげなかったのも理解できないことではない。それどころか、ポパーは、みずからの批判を理念型的な意味でのヒストリシズムへの批判として意図的に構成し、オーストリア的文脈を故意に洗い流したのではないかとさえ思われる。これは、たしかに『貧困』を書物として成功させるためにはやむをえない処置であったかもしれない。戦間期ウィーンの政治史を踏まえなければ読み解けないような書物を英語圏の知識人が歓迎するとは思われなかったからである。

ともあれポパーは、みずからの祖国の政治史と深く絡み合った思想を、亡命知識人として英語で書くという決して容易ではない作業のなかで、インターナショナルなものへと転化した。『貧困』は、戦間期ウィーンの政治史についてなにも知らない日本の読者にも読み解ける書物となった。しかし、他方でそれは、普遍的ではあるが、一段と抽象的な議論になるという代償も払わざるをえなかった。ヒストリシズムの概念は、具体的な歴史的文脈から引き離されて、あらゆる時代に適用可能な脱歴史的概念、歴史現象を分析するための概念装置という性格を帯びざるをえなかったのである。

ヒストリシズムの非科学性

前口上が長くなった。ヒストリシズムに対するポパーの具体的な批判を見ていくことにしよう。ポパーの批判は包括的であるとともに、方法論的に見てかなり細かい点にまで立ち入っている。さらに、この著におけるポパーの論述の仕方は決して褒められたものではないと思う。それは、たとえば研究者のヘルベルト・コイトが、「こうした学説〔ヒストリシズムのこと――小河原〕やそれらの批判を記述することと、自分自身の立場を記述することとを本当には区別していない」（Herbert Keuth, *The philosophy of Karl Popper,* Cambridge University Press, 2000, p. 197）と述べていることからも明らかであると思う。

とすると『貧困』を明快に説明することにはかなりの困難が存在するのだが、この本でポパーが語ろうとしたこと自体は明白であると思う。要するに、ポパーはヒストリシズムを根本から、つまり、理論面から実践面までを含めて、論駁しようとしたのである。ポパーの目には、社会科学でも自然科学でも科学の営みのために用いられる方法は同一である――かれは、このテーゼを「方法の単一性」と呼んでいる――にもかかわらず、この点を

まったく理解できず、自分たちの営みを科学の営みであると詐称しているのがヒストリシズムなのである。そのさい、かれはヒストリシズムのうちに二つの傾向を認める。反自然主義的傾向と、親自然主義的傾向である。前者は、科学の方法を根本から誤解しており、社会科学に科学の方法を適用することを拒否する立場である。もう少し立ち入って述べると、社会的現象に対して自然科学の方法の適用を拒否する傾向であり、現実には多くのばあい、社会あるいは歴史科学は自然科学とは根本的に異なるという主張として登場してくる。他方の傾向は、自然科学の方法を尊重するとはいえ、じっさいにはそれを誤解して社会科学を捉える傾向である。この傾向のもとでは、たとえば、ニュートン力学によって太陽系の運動が説明・予測されるように、社会についての大規模な予測も可能であるとされる。かれはこれを親自然主義的傾向と呼んでいる。この立場を典型的に示しているのがマルクス主義であるとされる。

ポパーのこうした立場を支えているのは、科学についてのポパーの理解、すなわち『探究の論理』で精緻に定式化された方法論的反証主義に他ならない。(この立場は、社会科学方法論の分野では「自然主義」と呼びならわされることが多い。)その概要についてはすでに本書第二章で語っておいたのでそれをここで繰り返す必要はないと思われるが、手っ取り早く再把握するには、歴史科学にピントが合わせられているとはいえ、ウェーバーとの一致を数多く示している『開かれた社会とその敵』の第二五章をお読みになられることをお勧めしておきたい。

しかし、いずれにしてもポパーの狙いがヒストリシズムの論駁にあることは明白である。この点に着目するならば、反自然主義的傾向と親自然主義的傾向とを別々に区別して論じる必要はないだろう。科学というものに対する二つの傾向のゆがみを俎上に載せればよいからである。それは社会科学とはいかなるものなのかを考えている読者になにがしか役立つであろう。

ヒストリシズム論駁の概要

ポパーによるヒストリシズム論駁は多岐にわたるが、その概要は、大きくとらえるとつぎの諸点にあると言えよう。（ポパーは論点をたくさん提示しているが、本書は研究書ではないので、重要と思われる批判に絞り込んである。）

（1）ヒストリシズムは歴史の成り行き（将来）を予測することの不可能性を認識していない。歴史のなり行きは（客観的）知識の成長におおはばに依存しているのであり、そして知識の成長は予測しえないからである。その要点は、ポパー自身の解説では、われわれは明日になって初めて知ることを今日のうちに知ることはできないという点にある。たしかに、たとえば双子素数が無限につづくという証明が五〇年後に得られるという予測をしたとするなら、たんに証明という出来事が発生するとのみ予測しているのではなく、その証明内容が予測時点で知られていなければならないであろう。そうでなければ、この予測に意味はないからである。(詳しくは本書第六章第一節「非決定論」(p. 324) を参照されたい。)

(2)ヒストリシズムは科学の営為あるいは方法を根本から誤解している。たとえば、①実験は、そこにおいて注目されているある一定の要素的条件が同一であるかどうかによって同一実験とされるのであって、すべての要素的条件が同一である必要はないのだが、ヒストリシズムにおいては、この点が誤解され、社会現象においては同一の状況がくり返されることはないから、法則的知識をえることなどできないと考えられている。また、②継起の法則とか発展段階法則といったものは存在しない。それらは、単一の発展過程(たとえば、単一の惑星上における生命の進化過程)について語られるのではなく、同じ過程が観察されうるところでのみ語られうるものである。さらに、③法則と傾向とはまったく別なものであり、後者を法則とすることはできない。たとえば、人口の増大とか縮小といったことは、ある特定の初期条件が存在するところでのみ生じるにすぎず、それらの条件が消滅すれば、その傾向もまた消滅する。

(3)ヒストリシストは社会科学に客観性はないと考える。というのは、かれらによれば、価値判断が介入してくるからである。たとえば、歴史叙述においては歴史上の出来事を概括して統一的な視野のもとで叙述するための価値的観点が必要であるが、これは相対主義を帰結させるとかれらは言う。しかし、ポパーによればそこに生じるのはいろいろな視角から見られた光景のようなものであって「観点の結晶化」が生じるにすぎず、歴史叙述が豊かになるのみである。客観性は、個人の偏見のなさといった主観的なものにあるのではなく、きびしい批判に耐え抜いているという間主観性にある。

（4）ヒストリシストは、民族精神とか国民性といった全体論的なもの、あるいは集団主義的なものが社会現象を引き起こしていると考えているが、これは誤りであり、個人が具体的にはどのように行動しているかを分析する方法論的個人主義の観点から分析されねばならない。社会現象は、集団主義的あるいはホーリズム的観念によってではなく、方法論的個人主義によって研究されるべきである。

（5）社会的行動は心理学に還元して説明されるべきものではなく、客観的な状況にもとづいて説明されるべきである。その意味で社会学は自律的なものである。たとえば、心理的要素（たとえば、優越を求めての競争心といったもの）も状況的要因（たとえば、ポストの数が限られているといったこと）から説明されるようにするべきである。

これらのほかにもポパーはヒストリシズムが踏まえている方法論を細かく分析し、そこで営まれている科学なるものの非科学性を暴いている。さらにポパーは、こうしたヒストリシズムから生じてくる社会的実践の在り方についても批判しているので、それにも触れておこう。

ポパーは、社会的実践の形態について二種類を区別している。ユートピア社会工学とピースミール社会工学である。前者は、歴史法則なるものにもとづく社会の大規模予測に即応するための社会工学である。後者は、たとえば具体的な制度を設計したり、あるいは税率の上げ下げによって制度を変化させ維持したりするための社会技術である。そしてポパーの理解では、ヒストリシストは「予言」にもとづいて社会的実践をおこなうのに対し、ポパーの支持するピースミールな社会工学者は技術的「予測」にもとづいて社会への働きかけをおこなう。ヒストリシストは、社会が理性的な対話とか計画によって動くと考えるのは幻想であり、じっさいにはそれは集団の利害によって動いているにすぎないのであるから、それを見抜き予言できる知識にもとづいて行動すべきだと考える。それに対して、ピースミールな社会工学者は、社会というものがどのように継起するか（変化していくか）についての法則ではなく、具体的な制度の設計や構築に役立つ法則的知識にもとづいて行動する。

ポパーは、当然のことながら、ユートピア社会工学を否定し、ピースミール社会工学を推奨する。というのも、ポパーはそもそも継起の法則などにもとづく大規模な社会予測が可能であるとは考えていないからである。ユートピア社会工学はポパーからすれば、社会をどのようにして形成していくかという知識もないところで、まず社会を一から作り出すために現存の社会をすべて取り払ってしまおうという革命の工学にすぎない。それは、小さな試行錯誤によって誤りをできるだけ早く発見し、修正するという立場には立っていないのである。ポパーの立場は整理するとつぎのようになろう。

全体論的な大規模な変革という名の社会実験（社会変革）は、実験条件のコントロールが不可能であるからして意味をなさない。また、それは少なからぬ人びとに非常な不便をかけるから、必然的に不満を引きおこす。したがって、ユートピア的技術者は実験を続行するために、不満を抑圧せざるをえなくなる。それとともに合理的な批判も抑圧することになるから、実験が市民に与える影響を評価することが極端に困難になる。

社会変革のための大規模計画を立てるためには、さまざまなことについてのありとあらゆる知識（情報）を計画委員会に集中させる必要があるが、それは不可能である。計画者は個人の心のなかを確かめることはできないから、個人差を排除することで問題を解決しようとする。個人のステレオタイプ化は独裁的権力の樹立にひとしく、これは思想の自由を破壊し、結果的に知識の成長を妨げる。

最高目的についての意見の相違は容易には取り除けないから、暴力による敵対者の抑圧がおこなわれやすい。

ポパーは、政治の目的はユートピア的理想の実現にあるのではない、と考える。政治は、抽象的な善の実現ではなく、具体的な悪を具体的な手段によって除去することを目指すべきである。われわれは、なにが悪であるかについては意見の一致をみやすい。政治は永遠に過渡的であり、地上に天国をつくることはできないのであるから、現在の世代を未来の世代のために犠牲にしてはならない。

ポパーは、社会的法則に依拠した一歩一歩の社会改革を目指しているのであり、その立場をピースミール社会工学と呼んでいるのである。「ピースミール」ということばの意味は「つぎはぎの」ということだが、決して「小規模」の改革しかなしえないというわけではない。それはまた社会を成り立たせている諸条件を一度にすべて変革してしまうということではなく、そうした条件を一つ一つ変化させながら、その影響を慎重に見定めつつ対処していくということでしかない。たとえば、通貨を一挙に電子マネーに変更してしまうなら、社会的には大きな混乱が生じかねないであろう。それゆえ、本著を改訂している現時点（二〇二三年）では、日銀や種々の銀行は慎重に研究しているとのことである。法定通貨の変更ということそれ自体は無数にある社会的諸条件のうちのごくわずかの部分を変更するものであるが、それはきわめて大きな社会的変化をもたらしうるのである。「ピースミール」ということばの意味が誤解されてはならない。それは決して小規模の改革を意味しているわけでもない。ピースミール社会工学を特徴づけるのは、慎重さであり、よろこんで批判に耳を傾けようとする知的正直さであり、諸条件を細かくコントロールしようとする工学的精神である。

4　弁証法の克服

トライアル・エンド・エラーの方法

さて、ヒストリシズムに対するポパーの批判を概観してきたわけであるが、当然のことながら、かれの批判は以上に尽きるわけではない。かれは、弁証法というマルクス主義の中心にある教説に対しても鋭い批判を放っている。かれは、弁証法を方法としてのみならず、ヒストリシズムを支える重要な政治哲学とも捉えたうえで、徹底的な批判をくわえた。それは、『貧困』や『開かれた社会』とおなじ時期に執筆され、一九四〇年に『マインド』誌に発表された「弁証法とはなにか」という論文において述べられている。ポパーは、ヘーゲルおよびマルクスの弁証法をものの運動の法則――そもそも弁証法にはこうした「法則」に口出しできる余地があるのだろうか?――としてではなく、叙述の方法として捉えたうえで、徹底的に批判し、トライアル・エンド・エラーの方法でそれを克服する道を示している。

弁証法は、ふつう、思想は、テーゼ（主張）、アンチテーゼ（反対主張）、ジンテーゼ（総合）というトリアーデ（三つ組構造）をつうじて発展するという主張として理解されている。この発展形態は、ときには、テーゼ、否定、否定の否定としても示される。ポパーもまた弁証法を、このような、世間でもっとも広く受け入れられている意味で捉えている。ポパーは、思想とか哲学あるいは理論とか観念の歴史的発展の叙述において、このパターンが大まかな枠組みとして役立つ場合があることは認める。つまり、ある思想に対して反対の思想が登場し、やがて両者のいい点をくみ取った総合が出現し、これがつぎの段階におけるテーゼとなっていく場合があることを否定しない。

しかしながら、ポパーはこのパターンはあまりにも粗雑であると考える。第一に、テーゼが産み出されてくるところの状況が十分に考慮されていない。ポパーによれば、テーゼは問題状況のなかで生じてくるのであり、しかもひとつとはかぎらず多数生まれてくる。また、テーゼが必然的にアンチテーゼを産み出すわけでもない。ポパーは、アンチテーゼを産み出すのは、われわれの側の批判的態度のみであると考える。第二に、テーゼとアンチテーゼとの衝突を認めることができるにしても、それが必然的にジンテーゼを産み出すとは言えない。ジンテーゼを産み出すのは、ここでも人間精神の批判的な活動である。第三に、ジンテーゼはテーゼとアンチテーゼとのいい点のみからなるのではない。ジンテーゼは、テーゼとアンチテーゼとのいずれにも還元されない新しい観念を含んでいる。

ポパーが弁証法をこのように批判するとき、かれはみずからがトライアル・エンド・エラーの方法と呼んだものを基礎にしている。それは、簡単に言えば、試行し誤りから学ぶ方法である。のちの論文においてそれは次のような図式として整理された。

$P_1-TT-EE-P_2$

これは、問題解決図式とも呼ばれているが、筆者が個人的にポパー図式と呼んでいるものである。P_1は問題状況をあらわし、TTはそこで提案されてくる複数の暫定的な問題解決案あるいは理論をあらわす。EEはそれらに対するエラー排除の過程としての批判であり、P_2はそれをつうじて新たに生じてきた問題である。そして、P_2からまたこの図式がいわばラセン状に再度展開されていくと考えられている。弁証法との関連をつけるならば、テーゼは複数あるTTのうちのひとつであり、アンチテーゼはそれに対する批判である。ジンテーゼは、ポパーの観点からすれば、たんなるテーゼにすぎない。

瑣末な例を挙げてみよう。いま町内のお祭りのために寄付を求められているという状況（P_1）があったとしてみよう。そこで、一家の主人が「去年と同じく三〇〇〇円でも寄付しておきなさい」と言ったとする。これは明らかに問題解決行動であって、ポパー図式からすればTTに相当する。ところで、その家の息子が今年になって「氏子でもないのに寄付するのは日頃の無神論的言動に反するのではないか」と父親を批判（EE）したならば、この家族は新しい問題（P_2）——町内のつきあいと無神論との調停——に逢着したことになる。もう少し一般的な例を挙げると、慣習とか伝統的な工芸作品の作り方といったものは、批判されなかったり、あるいは批判を受けつけないために、固定してしまった「暫定的な問題解決案」（TT）なのである。

ポパーは問題解決図式を用いることによって、思想史をより巧みに記述できるばかりでなく、われわれの行動形態についてもより的確な把握ができると考えている。ポパー自身によるこの方法の具体的適用事例は、『客観的知識』におさめられている「客観的精神の理論について」などに見ることができるので、ここでは具体的事例に立ち入ることは省かせていただく。

批判を受けつけない知的体系

ところで、ポパーの弁証法批判は、図式のレベルを超えて、弁証法が矛盾を許容しているという点に向けられる。弁証法論者は、テーゼとアンチテーゼとの矛盾からジンテーゼが産み出されると考えるから、矛盾はみのりをもたらすばかりでなく、世界の至るところで生じてくるから回避しえないと主張する。そして、結局、かれらは、矛盾律を否定し、矛盾を許容するに至る。しかし、ポパーが批判するのはまさにこの点である。かれは、矛盾がみのり豊かなものとなるのは、われわれが矛盾を許容せず、除去しなければならないと決意するからであると主張する。それにたいして矛盾が許容されるならば、あらゆる科学活動が停止する。というのも、矛盾言明からは、相反する言明であれ、どのような言明でも導出されるからである。これは、何事についてでも思いつくまま気の向くままになんでもしゃべりうるということにほかならない。しかもこの洞察は、現代論理学のごくごく初歩的なことがらに属する。
しかし、弁証法論者がこの初歩的事項を理解していなかったことは、かれらが弁証法の名のもとでまったくのことば遊びしかしていなかったことからも理解されるだろう。いわく、種子はテーゼであり、その否定（アンチテーゼ）は発芽した植物であり、その植物からの多数の新しい種子の生成は、ジンテーゼであり、否定の否定であるという。またいわく、aをテーゼとすれば、その否定たる-aがアンチテーゼであり、否定の否定としてのジンテーゼはa^2であるという。しかし、否定の否定は-(-a)として、たんなるaではないのか。（参照『推測と反駁』、五九七ページ）。

こうした驚くべき語り口を見ると、弁証法が最初は思考の運動についての主張であったにもかかわらず、いつのまにか実在についての主張におきかわってしまったり、数学に対する「おちょくり」に成り下がってしまっていることがわかる。しかし、こうした批判をうけても弁証法論者はそもそも矛盾律を認めないのであるから、批判をまったく気にかけないですむ。ポパーはこうした批判を受けつけない知的体系を、すでに触れたように、補強済みのドグマティズムと呼んだのであった。

ポパーの批判はさらにつづく。かれは、弁証法がヘーゲルの哲学において同一哲学と結びつけられ、弁証法が全世界に適用されるのを批判する。ここでの議論は難しくない。もし、同一哲学にしたがって理性と現実とが同一であり、そして理性が哲学史に示されているように弁証法的に運動するならば、現実もまたそのように運動することになるだろう。そして、弁証法が矛盾を許容するのであれば、現実においてもまた矛盾が許容されることになろう。したがって、たとえば、電気を帯びた物体が存在し、それは、たとえば、あるマイナスの電気を帯びた物体を引きつけると同時に引きつけないということになるわけだ。

ところでポパーによれば、同一哲学は、「精神はいかにして世界を把握するか」という問題に対する答えであったという。そしてそこでの答えは、「世界が精神に似ている(同じである)から」ということであったという。しかし、ここでもポパーの批判は単純明快である。「どうして英語は世界を把握できるのか」――「世界はほんらい英語的であるから」。もはや、同一哲学の奇妙奇天烈さをあげつらう必要はないであろう。

ポパーは、弁証法的唯物論もまた批判の対象に据える。現実が弁証法的に発展するのであれば、歴史もまたそのように発展しなければならない。したがって弁証法は、社会の発展の、歴史の発展の理論となる。たとえばマルクスはこう書いている。「資本主義的生産様式は……その第一の否定である。しかし、資本主義は自然法則の不可避性をもって、自分自身の否定を産み出す。それは否定の否定である」(参照『資本論』第一巻、第二四章、第七節)。弁証法はいつのまにか歴史の発展法則、すなわち、『貧困』を解説したときのことばでいえば、継起の法則として登場してくる。くわえて、弁証法は矛盾を許容しているから、歴史の弁証法的理論はいかなることでも説明しうるであろう。潜在的反証子は存在しない。それは、歴史の領域においても、補強済みのドグマティズムとなり、いっさいの批判を受けつけなくなる。

さて以上でポパーの弁証法批判を概観したことになる。それは、基本的に、方法論的議論であった。だが、それは同時に強烈な社会（政治）哲学的批判でもあったことは明白であろう。

5 状況の論理

心理学主義の根本的欠陥

方法論的観点から見た場合、ポパーはただたんにヒストリシズムを批判するにとどまったのではない。かれは、ヒストリシズムを方法論的観点から克服すると同時に、社会科学にふさわしい方法を提案している。それは、かれが「状況の論理（logic of situation）」または「状況分析」と名づけた方法である。換言すれば、それは、ヒストリシズムの失敗を克服したうえで、状況のもつ必然性を捉えようとする方法である。ポパーの「状況の論理」の意義を理解するためには、これが制度分析という考えと手を携えて、心理学主義や陰謀論を批判するなかで提案されてきた次第を理解する必要がある。

人間の社会的行動のみならず社会的法則のすべてが、人間の心理から、最終的には「人間の本性」から説明できなければならないというのが（ポパーの批判する）心理学主義である。たとえば、「日本人が政治に無関心なのは愛国心がないからだ」といった主張は、ただしいのか否かはともかくとして、その典型的例の一つであろう。もう少し大きな例で言えば、たとえば、環境的要因（自然的、経済的諸要因）を無視して富を追求しようとする人間の心理とか人間本性からのみ市場の成立を説明するといったことは、典型的な心理学主義である。

心理学主義についてはすでに少しばかり触れたのだが、これはわれわれの世界ではその通俗性のゆえにかなりの人気をもっているように見えるので、このさい批判を加えておきたい。

ポパーによれば、心理学主義の根本的な欠陥は、一般的に言って、つぎのような点にある。伝統や慣習、あるいは制度といったものを作り出すのが、人間本性であり、これが説明の原理になるのだとすれば、これ自体は社会的要因から説明されてはならず、社会の成立に先立って存在するのでなければならない。ところが、社会に先立って存在する人間なるものが、たとえば契約を結んで社会をつくるといった考えは、神話にすぎない。むしろ、人間は、言語をもちいていることだけを考えても、人間である以前に社会的存在であったと考えるべきあらゆる理由が存在する。

心理学主義は、社会の起源の説明に追い込まれて、社会に先立つ人間という虚像をつくらざるをえなくなり、挫折する。しかし、それは起源とは異なる局面の説明においても同じく挫折する。この点は、ポパーが「陰謀理論」と名づけたものをどう批判しているか――『開かれた社会とその敵』第一四章に詳しい――を見るならば、よりいっそう判然とするであろう。

陰謀論とは、社会的現象はそれをひきおこそうとたくらんだ個人もしくは集団の陰謀から生じてくると主張する理論である。したがって、この理論にとっては陰謀家を探し出すことが主たる課題となる。たとえば、戦争、不況、失業といった社会的現象は大企業とか帝国主義的戦争屋、はたまたシオンの長老たちの陰謀の結果であるという。悪の帝国による世界制覇とそれに対して果敢に闘う主人公といった少年マンガのレベルにおいてのみならず、大の大人にとっても、ＣＩＡの謀略とかフリーメイスンの陰謀といったことで複雑な出来事が簡単に絵解きされるのは、耳に心地よいらしい。

陰謀理論に対するポパーの批判はきわめて簡単である。つまり、われわれの社会において陰謀がそのまま成功することはほとんどないという事実が陰謀理論を反駁しているというのである。この点については少しばかり、説明が必要かもしれない。われわれの社会では、意図と結果が大きく相違するのはむしろ当然である。軍事作戦における意図と失敗に言及するまでもないだろう。行為は意図されなかった帰結や反発を引き起こす。それらは、当初の意図に跳ね返り、その修正を迫ることになるだろう。とすれば、陰謀がそのまま実現することはありそうもないことである。しかし、こうした理論的な説明をおこなうよりも、具体的な例を挙げた方がわかりやすいかもしれない。

いま、ある人が住宅の購入を切望しているとしてみよう。かれはさまざまな住宅会社を訪ねたり、住宅フェアに顔を出したりするであろう。くわえて、かれはできるだけ安い価格で家を購入したいと望んでいるにちがいない。しかしながら、かれが購入者として住宅市場に現れたという事実は、原理上、需要を高め、かれの意に反して価格を上昇させる。ここにあるのは、まさに（資本主義）社会特有のメカニズムである。他方で、需要の増大が価格の低落をもたらす場合があるとすれば、そこには大量生産といった別種の資本主義的メカニズムが働いている。

もう一つ、例を挙げてみよう。多くの人は競争を好まないと仮定してもよいだろう。しかしながら、たとえばポストの数にはかぎりがあるといった状況が生じたならば、だれもが競争したくないと思っていても、競争が必然的に生じてこざるをえないだろう。この種の競争という状況を、各人の名誉心とか、闘争心といったものを原因として説明するのはまさに心理学主義であり、本末転倒である。こうした場合、名誉心とか、闘争心といった心理はむしろ状況の産物である。

われわれの社会は、意図であれ陰謀であれ、それらを当初の企て通りに実現させることはきわめて稀である。テロリストがテロ行為によってかれらの（遠大な）目的を実現させることはまずできない。陰謀論は、たとえ啓蒙されていない世界でどれほど受け入れられているにせよ、社会のメカニズムを考慮に入れていないという明白な欠陥をもっている。

ポパーはこうした社会のメカニズムを制度という観点から分析することを制度分析と呼んだ。社会の諸制度はそのなかで行為がおこなわれるもろもろの枠組みである。それらは、大部分が意識的に設計されその通りに形成されたものではなく、意図されなかったものとして、あるいは意図に反して形成されたもの（副産物）である。ハイエクのことばで言えば、社会の諸制度は、けもの道にも似て自生的秩序である。制度分析は、制度を支えているものとしての伝統や慣習——これらも広い意味での制度である——のみならず、制度がおのずからにしてもった目的や機能、また制度における人員配置の問題、さらには制度が引き起こす諸帰結などを分析する。

制度分析の概念にくらべると、状況の論理あるいは状況分析の概念はより広い領域をカバーすることができるように思われる。それは、定義的に言えば、事態のもつ必然性の分析である。ポパーは、トルストイに言及しながら、ナポレオン戦争下ロシア軍が闘うことなくモスクワを明け渡し、糧食を見つけることのできる場所へ退却していった事態を状況の論理（必然性）の一例として挙げ、トルストイの分析の基本的ただしさを認めている。ポパーにとっては、状況の論理を再構成すること、あるいは状況を徹底的に分析することが、（記述的）社会科学や歴史学にとっての課題なのである。ポパーのことばで言えば、それ〔状況分析〕は「行為が客観的に状況に適合したものであったことを認識することである。換言すれば、たとえば、欲求、動機、記憶、連想などのはじめは心理的なものと思われた要素は、状況の要素に変わってしまうほどに状況が徹底的に分析される。……状況分析の方法は、たしかに個人主義的な方法ではあるが、心理学的なものではない。というのも、それは心理的な要素を原理的に排除し、客観的な状況の要素によっておき換えているからである」(『社会科学の論理』城塚登・浜井修訳『社会科学の論理』河出書房新社、第二五テーゼ一二五‐六ページ)。

社会科学の課題

ポパーは、状況分析の方法を提案するとき、個人主義的な方法を基礎においている。これは方法論的個人主義と呼ばれるものであって、社会的制度や行為を個人の観点から分析するものである。この分析方法の意義を知るためには、社会科学の大部分の対象は理論的に構築されたものであることを思い起こす必要がある。ポパーによれば、「戦争」とか「軍隊」といったものでさえ、そのような〔戦争というものについての〕理論的構築物であり、抽象的なものである。われわれはこの点をつい忘れてしまい、それらを実体であるかのように扱う。しかし、じっさいに存在するのは、殺す人間とか、殺される人間、制服を着た人間とか、命令する人間といった具体的諸個人である。理論的構築物は、具体的諸個人の見地から、つまり、諸個人の態度、期待、諸関係といった観点から分析されねばならないというのが、方法論的個人主義の中心的主張である。

これにくわえて、ポパーは、人間は多くのばあい合理的に行動することはないにもかかわらず、多かれ少なかれ合理的に行動するものであるという仮定——かれはこれを合理性原理と呼ぶ——をおいて、状況の分析にあたるように勧めている。つまり、この原理をおくことによって、分析の開始時には理解しがたい状況は徹底的に分析されることになる。だがそれにもかかわらず、「気まぐれ」的要素が見出されたときに、はじめてそれは心理的要因として位置づけられるのである。

ポパーは、状況分析を補完するものとして、「ゼロ方法」を提案する。それは「介在する諸個人がすべてまったき合理性をもつという仮定（そしておそらく、十全な情報をもつという仮定）のうえにモデルを構築して、人びとの現実の行動がそのモデルの行動とどれほど偏差するかを評価する方法」（『ヒストリシズムの貧困』久野・市井訳『歴史主義の貧困』、二一二ページ以下）である。「ゼロ方法」ということば自体はあまり馴染みがないかもしれないが、実質的に考えられているのがM・ウェーバー的理念型の方法の適用であることは明白であろう。

状況分析においては、当然のことながら、もろもろの法則が利用される。しかし、それは表面には現れてこない。というのも、分析に際しては、法則は当然視され、関心は初期条件（原因）と説明されるべき出来事（結果）に向かうからである。たとえば、ジョルダノ・ブルーノが火刑台で焼死したことを説明するのに、「すべての生物は強い熱にさらされると死ぬ」といった法則をことあたらしく述べる者はいないであろう。法則は些末なものとして当然視され、そのもとで一定の観点から因果のつながりの描出が試みられるのである。

ポパーの主張する状況分析の方法は、この分野において従来主張されてきた感情移入とか了解（理解）とかコリングウッドの主観的再演の方法といったもの——一般に、解釈学的方法と呼ばれているもの——とくらべてみると、反‐心理学主義という際だった特徴を示している。解釈学的方法を議論してきた人文科学系の方法論者は、自然科学的方法に疎く、社会科学と自然科学の二元論に走りやすいが、ポパーは科学の方法全体に対する広い目配りのもとで、社会科学の特性をよく捉えているように思われる。ポパーは、制度分析、方法論的個人主義、合理性原理、ゼロ方法などを積極的に用いながら、状況の的確な分析をおこなうことが社会科学あるいは歴史学の課題であると考えたのである。

次章では、ヒストリシズムの具体的な姿にも目を向けつつ、ポパーの積極的な政治・社会哲学に耳を傾けることにしたい。

第四章
開かれた社会とその敵

『開かれた社会とその敵』の構成

ポパーの政治哲学上の主著『開かれた社会とその敵』(岩波文庫全四分冊二〇二三年)は、ミサイルのはしりとでも言うべきナチのV1(無人爆撃機)、V2(ロケット弾)がロンドンを襲っているさなかに印刷に付された。この著書は文字どおり戦火のさなかに生まれ落ちたのである。そのタイトルの示唆するとおり、『開かれた社会とその敵』は、開かれた社会の理念を説き、その敵、すなわちプラトンやマルクスといったヒストリシストにして全体主義者を糾弾する書物であった。したがって、ギリシア思想史についての驚くべき学識によって、またマルクス主義についてのじつに鋭い洞察によって書かれているにもかかわらず、この書物は決して醒めた思想史のテキストブックなどではない。ポパーがみずからの兵役の代替と位置づけたこの書物から、ときとして激烈な調子が響いてくるのもけだし当然である。時代は、武器をもち、血を流して戦っていたのであり、じっさいポパー自身は十六名もの親族を失ったのだから。

さて本章では、この著の内容を紹介しなければならないのだが、懇切丁寧な紹介はなしえないことをあらかじめお断りしておかねばならない。一冊本にして原著で七六六ページ——そのうち注の部分だけでも二〇四ページ——からなる大著の内容をわずか二、三〇ページのうちに過不足なく要約することは少なくとも筆者には不可能である。しかも、さわりの部分はたとえばプラトン哲学の反動性を具体的に描き出す点にあるのであって、抽象的に要約してしまったのでは面白味がまったく消えてしまう。また、衒学的《げんがくてき》として読者のおしかりを受けるかもしれないが、注の部分におもしろくかつ紹介したいと思う箇所がたくさんある。そうした箇所を筆にのせようと思えば、前後の脈絡を無視することになるだろう。かくして、手に負えないというのが正直のところ。とはいえ、ポパーの議論内容には立ち入らずにおおよその話題に触れるだけでよいならば、簡単な紹介は可能である。

この著は大きく第一巻と第二巻からの二部構成になっている。第一巻は、古代ギリシア思想史をあつかうとともに、プラトンを全体主義的思想における最大にしてもっとも独創的な思想家と捉えたうえで、徹底的な弾劾をくわえている。しかし、ポパーが試みたのはプラトンに対するイデオロギー的論難につきるわけではない。かれは当時において主としてソフィストたちによって担われた奴隷解放運動を描き出すのみならず、『ソクラテスの弁明』に描かれているソクラテス像と、『国家』におけるそれとの巨大な落差をどのような仮説によって埋めるかという古くからの問題にも取り組んでいる。(本書の以下の部分ではこうした問題には立ち入らない。)

まずざっとだが第一巻の内容に触れておこう。第一章では、ファシズムとマルクス主義という左右の全体主義を批判するというこの著全体の主題が提示される。第二章では、ヒストリシストの思想的祖先あるいは古代的典型としてのヘラクレイトスが批判される。ポパーが最大の標的にしているプラトンへの批判は、第三章から第九章におよぶ。最後の第一〇章で、ポパー自身の理想でもある開かれた社会の理念が主としてペリクレスに依拠しながら語られる。言うまでもなく、この巻の主役は分量の配分からしてもプラトンである。第二巻の主題は、マルクス主義批判ということになるが、それのみが論じられているわけではない。第一一章は「ヘーゲル主義のアリストテレス的根源」と題されておりアリストテレスの本質主義を批判するとともに、言語哲学を批判している。この章の注の部分ではウィトゲンシュタイン哲学に対するじつに徹底した批判がなされている点も注目に値しよう。(ポパーのウィトゲンシュタイン哲学批判については第五章で論じる。) 第一二章は、ヘーゲル論であり、またハイデガーやなん人ものナチ・イデオローグたちに対するきびしい弾劾である。第一三章から第二二章までにおよぶ一〇の章は、マルクス主義の方法論や社会理論を徹底的に批判している。そして第二三章ではマルクス主義追随者としてのマンハイムの知識社会学が批判され、第二四章で合理主義の根本の立場にかかわる問題が論じられる。この問題は、批判的合理主義の根幹にかかわる重要問題なので、本章の第四節で独立に論じるつもりである。最後の第二五章では歴史解釈にかかわる科学哲学的問題が論じられている。分量の配分からしても明らかなように、この巻の主役はマルクスである。

1 プラトン

専政国家の擁護者

ポパーが描き出すプラトンの素顔は、ひとことで言えば、独裁政（専政国家）の擁護者というものである。プラトンこそは高貴な人物にして人道主義の鼓吹者、青年の立派な教育者であるというイメージをポパーの議論は粉々に打ち砕く。もちろん、このような「所業」に対してプラトン賛美者や古典学者の側から猛烈な反発が起こったのは言うまでもない。ポパーのプラトン解釈については、『開かれた社会』の刊行直後から多くの書評がでたし、また批判論文集が編まれたうえに、単独の批判書もでた。本書では、その論争に立ち入っていくことはできないし、またそうする必要もないと思う。ここではただ、プラトン賛美の伝統がたかだかヴィクトリア朝期に形成されたものにすぎないこと、他方で、ポパーの以前にプラトン攻撃をおこなった人びとがいなかったわけではないこと、最後にポパー的論調をできるだけポピュラーなところから拾えばラッセルの『西洋哲学史』が挙げられることを指摘しておきたい。筆者は、ギリシア哲学の研究者ではないが少なくとも、プラトンをポパーの描いた像と正反対の人物、たとえば自由主義者、人道主義者などとして描くことはまったく不可能だろうと思っている。

ポパーは、大哲学者は同時に大きな誤りを犯しているという観点から、プラトンをじつにきびしく弾劾する。弾劾の項目を箇条書き風に列挙してみよう。反民主主義者にしてエリート主義者、歴史は王制から貴族制そして民主制へと堕落していくという歴史の必然的展開を信じたヒストリシスト、民主主義へ向かう変化をユートピア社会工学によって阻止しようとした人物、全体主義的正義論の提唱者、そして王としてふるまう哲学者のみが歴史の堕落をくい止められると主張したときに現実に王になろうとした野心家。

こうした批判の内容をここで詳細に紹介することはできないので、筆者としてはもっぱらプラトンの正義論に対するポパーの批判に話を限定したいと思うのだが、その前に王としてふるまう哲学者という観念についてのポパーの批判には重要な論点が含まれているので、通りがてらではあれ、簡単に触れておきたい。

プラトンでは、哲学者にして王である者とは最高の英知の所有者である。プラトンの国家においてそのような者は、長い修行のあとで最高のイデアである善のイデアを知的直感の能力によって把握した人物である。それゆえにかれは英知の所有者とされる。これに対してポパーは、そのような者にあっては知(英知)の観念が『ソクラテスの弁明』におけるソクラテス的「知」の概念とは正反対のものに転換されていると批判する。ソクラテスにとって、知とは己の無知を知ることに他ならなかった。しかるにプラトンの語る哲学者にして王である者とは、己の無知を知る者ではなく、最高の英知の所有者なのである。かれはもはや己の無知を自覚し克服しようとはしない。ここにあるのは、ソクラテス的謙虚さとプラトン的傲慢さとの目も眩むような対比である。プラトンにおける最高の知者とはもっとも傲慢な者である。そのような者が支配するところではもっとも傲慢な専政政治がおこなわれるにちがいない。

平等主義的正義の歪曲

さて、プラトンの正義論に対するポパーの批判に話を移そう。プラトンが主として正義を論じているのは『国家』である。プラトンはそこで国家を正義のうえに築こうとしている。しかしながら、ポパーの見るところでは、プラトンが「正義」ということばで理解しているのは「国家のためになるもの」なのである。ここでプラトンの『国家』を読んだことのない人のために注釈をつけておくが、プラトンの理想とする国家とは、アテネの民主制とは決定的に異なって、守護者、戦士、労働者の三階級からなる階級制国家である。こうしたカースト制国家のなかで人びとは自分に与えられた役割をだまって忠実に果たすことが正義にかなうことだとされているのである。

さて「国家のためになる」こととは、厳格な階級区分からなる国家体制と支配階級が維持されていくこと、人びとは部品のようになることであり、また、それを覆すようなあらゆる変化を阻止することに他ならない。ポパーは、これを支えるためにプラトンの議論を引用している。「しかし、生まれつき労働者である者（あるいは金を稼ぐ階級の一員）が……戦士階級に上昇しようとしたり、あるいはたとえば戦士が監視者の階級にその資格もないのに入り込もうとしたら……国家の没落を意味するであろう」（『開かれた社会とその敵』岩波文庫、第一巻上、二四四ページ)。ポパーは、プラトンの正義概念をじつに無遠慮なことばで要約する。「支配者のみが支配し、労働者は労働し、奴隷は課役を果たすときに国家は正義である」(上掲箇所)。要するに、ポパーの見るところ、プラトンにおける正義の概念は全体主義的政治体制を翼賛する概念なのである。

しかもプラトンは、正義概念の意味転換を意図的におこなった。というのも、ポパーの主張するところでは、プラトン自身は当時のギリシア社会で「正義とは平等である」という見解が大多数の人びとの支持する見解であったことを熟知したうえで、意味の歪曲をおこなったからである。プラトンは、全体主義的国家こそ「正義の」国家であるという宣伝をおこなってそれに成功した。その意味するところをポパーはつぎのように述べている。

「またかれが法のもとでの平等の擁護者たちのあいだに懐疑と混乱を広めたのも事実である。プラトンの権威に影響されて、かれらは、正義についてのプラトンの考えこそ、自分たちのものよりもより真であり、よりよいのではないかと訝り始めたのだ。〈正義〉ということばは、われわれにとっては非常に重要な目標のひとつを表わす象徴であり、そして大勢の人がそのためにはどんなひどい仕打ちにも耐え、そして意のままになる財のいっさいをその実現のために使うつもりでいるのだから、こうした人道主義の力を味方にし、少なくとも法のもとでの人間の平等を目指した運動を麻痺させることは、たしかに、全体主

義の理念を信奉する者にとっては追求にあたいする目標であった。」(上掲書二四九ページ)

プラトンは、これをおこなうにあたって正義についてのあらゆる見解を検討したかのような装いをしながら、じっさいには平等説を故意に無視したというのがポパーの分析である。その要点を列挙しておこう。(1)平等主義が本来立てている原則、すなわち生まれつきの特権の排除を逆転させ、むしろそのような特権が守られるべきだとした。(2)個人主義の原則を集団主義の原則によっておき換えた。(3)国家の任務は市民の保護にあるという原則を、国家の安定を維持し強化することが個人の任務であるという原則によっておき換えた。もう少し詳しく説明してみよう。

(1)プラトンは、平等主義の議論のなかに人間はみな生物として平等であるという説があることに目をつけ、その弱点を徹底的に暴いた。かれは、人間の素質、能力に差があることを指摘し、本性上ひとしくない者をひとしくあつかうのは不正だとする。かれは、諸君は召使いや奴隷あるいは動物と変わるところのない手職人と本性上変わりがないというのか、こう問うこと自体ばかげているではないかと檄を飛ばす。プラトンは、平等の主張に対して軽蔑や嘲笑をもって対抗した差別主義者であった。

(2)プラトンは、個人主義を利己主義あるいは自己利益本位としてきめつけ、個人は都市であれ部族であれ人種であれ、集合体としての全体に奉仕し、自分の利益を犠牲にすることができねばならないと主張する。しかしかれは、集合体そのものの利己主義には反対しないのである。要するにかれは集団主義を擁護するときには、利己主義あるいは自己利益本位を排すると称して、自己犠牲をいとわない人道主義的感情に訴えることをし、個人主義を攻撃するときにはそれに忌まわしい利己主義というレッテル貼りをした。かれは、個人の尊重という意味での個人主義が、部族主義の解体をもたらし、民主主義の基礎になっていたことを見抜いていたからこそ、それをはげしく攻撃した。じっさい、プラトンによる個人主義と利己主義との同一視、そしてまた人道主義を集団主義に吸収したやり口は、功を奏したのでありプラトンはキリスト以前のキリストとさえ考えられるに至った。かれにとっては、集団の安定、統一、健康こそが正義に他ならなかった。個人は全体の前では無であった。

（3）プラトンにおいては自分の持ち場を守ることが正義である。階級の垣根を踏み破る者は国家に害をなす者であり、不正を犯す者である。かれにとっては、何であれ国家の利益を増進するものが正義である。そして、国家の利益とはつまるところ守護階級による支配の安定に尽きる。それに対して、個人を保護することは、国家あるいは支配の目的ではない。個人の保護を目的とする国家観はポパーにおいては保護主義と呼ばれるが、かれは、それを弱者たちがみずからの弱さを連帯によって守り、強者をやっつけようとする自己利益本位の考えだと非難する。プラトンは初期の『ゴルギアス』では保護主義を擁護していたにもかかわらず、『国家』においてはそれが卑しい意図に発するものだと言いくるめる。要約しておこう。プラトンは、平等主義的正義の観念を全体主義のそれに歪曲したというのがポパーの告発である。これは、もちろん、ポパーが直面していた全体主義に対する告発でもあったことは時代背景を考えれば容易に見て取れよう。

2 マルクス

ポパーは、マルクスの資本主義批判の眼目を、資本主義は革命をつうじて共産主義社会という無階級社会に移行するという歴史予言にみる。この議論はつぎのような三段階からなるものとして捉えられている。第一段階は、資本主義的生産様式についてのマルクスの分析である。そこでマルクスは生産手段の蓄積と労働生産性との増大傾向を見出す。そして、支配階級であるブルジョワジーのもとに富が蓄積し、被支配階級である労働者階級のもとに貧困が蓄積するという窮乏化の法則が主張される。第二段階は、第一段階での成果を前提にして二つの結論が引き出される。ひとつは、社会がブルジョワジーと労働者階級とに両極分解を遂げ、その他の階級は消滅するか、意義のないものになるという主張である。第二の結論は、両階級間の緊張の増大から社会革命が生じるという主張である。第三段階は、社会革命において労働者階級はブルジョワジーに勝利し、一階級からのみなるゆえに階級なき社会、そしてまた搾取なき社会としての社会主義が実現するという主張である。

ポパーは、マルクスを批判するとき、この三段階を逆の順序で批判していく。つまり、前段階までのマルクスの議論はただしいとされたうえで、当該の段階における主張の妥当性が検討される。

第三段階――無階級社会は出現するか

ポパーは、労働者階級が社会革命においてブルジョワジーに勝利したあと、本当に無階級社会が出現するだろうかという観点からマルクスを批判する。ポパーは、マルクス自身の分析によってさえ、階級意識は階級闘争の産物であるのだから、敵が消滅してしまったあとにおいてもそれが存続するという理由はなく、勝利した階級の内部にはむしろ新しい利害関係が発生しうるだろうと主張する。反革命の陰謀があるといったことを口実として、新しい特権階級（ノーメンクラトゥーラ）が出現してくる可能性を否定することはできない。そして、この可能性があるだけで、無階級社会が到来するという予測はその妥当性を喪失する。

じっさい、ルーマニアのチャウシェスク政権の崩壊後に、われわれがテレビの画面をつうじて見たのは、一方で王侯にのみ相応しいとしか言いようのない宮殿であり、他方で十分な医療を受けられないやせ衰えた子供たちの群であった。

第二段階――両極分解と社会革命

この段階においては、前段階の結論、すなわち窮乏化の進行は当然のこととされている。ポパーはこの前提のもとではたして社会の二大階級への分裂および社会革命が生じてくるのだろうかという観点からマルクスを批判する。ポパーは次の点を指摘する。

ａ、農民は地方に分散しており、また産業労働者と利害を同じくしているわけでもないから、単一の労働者階級が構成されるとはかぎらない。

ｂ、ブルジョワジーは労働者階級のうちに分裂の種をまくために、意図的に労働者階級のなかから労働の質の違いをバネにして新しい中産階級を養成するかもしれない。他方で、ルンペン・プロレタリアートは階級の敵に身売りするかもしれない。

ｃ、マルクスの仮定のもとでは、社会革命が到来するまで窮乏化が緩和されることはないのだから、労働者は、改革の試みをおこなっても、社会革命に勝利する日まではブルジョワジーの前でなんどでも敗北する。そこからかれらは敗北主義に染まり、階級としての連帯が掘り崩されていくかもしれない。

二大階級への分裂が生じるとは限らないのである。

他方で、社会革命についてのポパーの批判は、かりに社会が二大階級へ分裂したところで、社会主義が必ず到来するとは論証されていない段階で、階級対立の激化という時期を社会主義への移行期と特徴づけるのは不適切であるというものである。それは、ファシズムへの移行期なのかもしれない。それは労働者階級による権力奪取の試みの時期にすぎないのであろう。それが成功するとは論証されていないのだから、この時期が「移行期」になるのかどうかはわからない。

ポパーはこのような批判につづけて暴力の問題に言及する。かれの見るところ、「社会革命」においてじっさいに暴力が用いられるかどうかは、マルクス主義においては体系的に曖昧にされている。「社会革命」は、権力を直接的暴力によって奪取するのか、それとも選挙などの平和的手段によるのかが体系的に曖昧にされている。この曖昧さはファシストを利したとポパーは考える。暴力にかんする曖昧さのゆえにマルクス主義は中産階級の支持をとりつけることができなかった。マルクス主義者が口に階級戦争を唱えながら、現実には武器の使用を手控えていたときに、ファシストは口に平和を唱えてマルクス主義者を告発し、現実には暴力を行使していた。ポパーのこのような分析の背後に、祖国オーストリアでの政治的体験があったことはまちがいないであろう。

くわえて、マルクス主義者(とくに過激派)は、ファシストに対する暴力的反撃が必要なときに、ヒストリシズムに災いされて、それをおこなわないという致命的な誤りも犯していた。かれらにとっては、「ファシストによる民主主義の破壊は、労働者から民主主義の方法にもとづく改善という最後の幻想を奪いとるから、革命を促進するのみなのである。……したがってファシストが権力を握ったときに共産党は戦わなかった。……ファシストの権力掌握にとって『共産党の脅威』は決して存在しなかった」(『開かれた社会とその敵』岩波文庫、第二巻上、三四五ページ以下)。歴史予言に災いされてかれらはファシズムを資本主義の最後のあがきと見るのみで、すぐに歴史のつぎの段階が到来すると信じていたのであろう。

第一段階——窮乏化は帰結するか

ここで問題になるのは、競争という資本主義的生産様式および生産手段の蓄積化から、窮乏化の法則が帰結するかどうかということである。この点についてのポパーの議論の大筋は、資本主義諸国家においては、幼年期の自由放任(レッセ・フェール)を脱すると、福祉国家へ向けての政策を採ることが可能であり、また現実に採られてきたために、窮乏化は帰結しないというものである。マルクスの議論に立ち返ってもう少し詳しく見てみよう。

資本主義についてのマルクスの分析は大胆に圧縮すればつぎのように言えるだろう。資本主義のもとでの競争は、生産規模の拡大あるいは機械や新技術の導入をつうじて商品の低廉化と、したがって労働生産性(生産力)の向上をもたらす。しかし、これは、一面で労働者が搾取されるということであり、他面で資本蓄積の過程でもある。ここには、資本家の側への資本の蓄積という意味での「資本の集積」と、資本家の数が減少していく——つまり、資本家でない人びとの数が増加する——という意味での「資本の集中」とがある。マルクスは、競争、資本蓄積（集積と集中）、生産性の増大をもって資本主義の基本的な傾向と考えた。

さて、ここから帰結するとされる窮乏化には二つの側面がある。ひとつは窮乏人口の量的拡大であり、他は窮乏の緊迫度の質的深化である。窮乏化の進行とは就業労働者に富がまわってこないということ、逆に言えば、かれらからの搾取が進行していくということである。その結果として、窮乏化は典型的には失業者（相対的過剰人口）における窮乏の増大として出現してくる。失業者の群（産業予備軍）は、好況においても不況においても、就業労働者を圧迫し、資本家による搾取を容易にする。巨大な産業予備軍の出現は窮乏化の進行を象徴する。

マルクスは、資本主義的生産様式のもとにおいては、窮乏化には歯止めがきかないと考えた。というのも、資本主義的蓄積のメカニズムがはたらいているところでは、資本家もこのメカニズムの強度の圧迫下におかれているから、労働者の諸要求を受け入れることはできない。したがって、資本主義は改革されえず、ただ破壊されるのみであるというのがマルクスの結論であった。

これに対してポパーは、マルクスのこのような議論は自由放任型資本主義については基本的に妥当するとはいえ、資本主義の自由放任的側面はじっさいにはさまざまな法的規制を受けてコントロールされてきたと考える。とくに資本の集中化傾向については、独占を禁止するもろもろの法律や遺産相続税といった国家の側からの干渉によって、集中を抑制する手段が講じられ効果を上げてきた。国家は、レーニンが考えていたような、ブルジョワジーがプロレタリアートを弾圧するための装置ではない。ポパーの見るところでは、マルクスは国家による干渉主義的政策の可能性を見落としていた。ポパーはさらにこの方向を追求することによってわれわれの社会の改革が可能になると考えるのである。したがって、かれの政治的立場は社会民主主義的な改良主義ということになろう。

3　政治哲学――民主主義の理論

さてここではポパーがプラトンやマルクスを批判したときに、かれが下敷きとしていた政治哲学を簡単に描いてみたい。それは、もちろん、いろいろな角度から描くことができるわけだが、ここでは民主主義の理論に着目して、そして可能なかぎり現在のわれわれ自身の問題とかかわるようなかたちで論じることにしたい。

ポパーの民主主義論は、全体的には解職主義的民主主義論と呼べるものだが、内容的にはシンプルである。それは第一に、政治哲学における基本的問いの転換として提出される。第二にそれは、比例代表制を批判する。第三に、それは小さな国家（Ministaat）の理念と堅く結びついている。以下、順をおって説明していこう。

政治哲学における問いの転換

ポパーはプラトンの政治哲学におけるもっとも根本的な問題は「誰が支配すべきか」という問題であったと考える。しかしポパーは、この問いは「支配は如何になされるべきか」という問題に転換されねばならないと主張する。というのも、「誰が支配すべきか」という問いがたてられると、「もっとも賢明なる人間」、「エリート」、「民族」、「卓越せる人種」、「労働者階級」、さらには「一般意志」とか「多数派」といった答えが返ってくることは避けがたいからである。しかも、こうした答えにおいては、政治哲学の根本問題が解決されたかのような印象が作り出される一方で、支配に必然的にともなう悪と不正の問題が見逃されてしまう。民主主義という政治制度が悪事を産み出すことがないというのは、まったく根拠のない思い込みにすぎない。

ポパーにとっては、誰が支配すべきかではなくして、悪と不正を最小限に抑えるにはどのようにすべきか、というのが政治哲学の根本問題である。「悪しきあるいは無能な支配者があまりにも大きな害をひき起こしえないように政治的諸制度を組織するにはどうしたらよいのか」（『開かれた社会とその敵』岩波文庫、第一巻下、一九ページ）。問いは「誰が……」から「どのようにして……」へと転換される。政治はどのようにして悪を排除するかというテクニカルな問題へと翻案され、工学的発想を受け入れやすいものとなる。

ポパーにとってはあらゆる政治体制のなかで最悪のものは独裁政である。かれにとって民主主義とは、そのような悪の出現を防止すべきひとつの、決して完璧ではない手段にすぎない。じっさい、ヒトラーの出現においてそうであったように、民主主義が成立しているにもかかわらず、大多数の人びとが独裁者の出現を待ち望み、その前に跪《ひざまず》くことがあるのだから、民主主義が独裁政を防止する完璧な手段であるわけではない。

ポパーは、ヒトラーの例によって示されるごとく、多数者が多数決によって合法的に独裁政に移行していくことを民主主義のパラドックスと呼んでいる。この現象は、ポパーによれば、つぎのような循環論証の一部にすぎない。それは、「誰が支配すべきか」という問いから否応なく発生してくる。骨格のみを述べておこう。

誰が支配すべきか——もっとも賢明なる者が支配すべきである。
だが、もっとも賢明なる者は言う。——もっとも良き人間が支配すべきである、と。
しかし、もっとも良き人間は言う。——多数者が支配すべきである、と。
そして、多数者は言う。——もっとも賢明なる者が支配すべきである、と。
ここにあるのは、たんなることばの遊びではなく、人類の政治史と思想史に深くかかわる問題でもあるし、また「誰が支配すべきか」という問いがわれわれの思索を支配しているかぎり、避けがたい問題でもある。しかし、それはまたポパーがこの問いを拒否し、問いの転換を促す理由でもある。では、民主主義を悪の排除として捉えるポパー自身の民主主義論はどのようなかたちを取るのであろうか。

民主主義――それは民衆の支配にあらず、解職のメカニズムなり

ポパーは、統治者が善であるという仮定を捨て、悪の排除という観点から、政治体制についてはわずかに二つの類型しか区別しない。民主主義と専政（独裁政）国家である。民主主義とは、為政者（政府）を暴力によらずに解職しうる機構の保証された政治体制である。それは、専政に対して安全装置となるべきものである。専政国家とは、そのような機構のない体制、すなわち為政者（政府）を解職するには暴力によらざるをえない政治体制である。そしてポパーは、民主主義を打ち立てるためには、そしてまた民主主義を守るためには暴力以外のいかなる手段も残されていないところでは、暴力の使用は許されると考える。これは解職主義的民主主義と呼べるものであろう。

統治者（政府）を解職する機構――ここには、たとえば時の政権を批判的に報道できるメディアなども含まれる――があるか否かという点から民主主義が定義されるならば、それは、民主主義についての通常の定義とは大きく異なることが理解されよう。常識的には、

民主主義は採決の方法としての多数決制とか代議制によって定義されるのがふつうであるからである。

さてポパーの民主主義理論の特徴を知るためには、かれが比例代表制との関連においてみずからの理論を説明している箇所が役立つ。ポパーは、イギリスやアメリカの二大政党制を念頭においてヨーロッパ、とくに旧西ドイツの比例代表制を批判する。日本でも一九九六年一〇月の衆議院選挙において、部分的に比例代表制が取り入れられた。ポパーの議論がそっくりそのまま日本の状況にあてはまるかどうかは、もちろん、別問題であるが、かれの議論から学べる点は多々あると思われるので、この点からも紹介を試みておこう。

まずポパーは、いわゆる民主主義諸国家において現実に支配をおこなっているのは、じっさいには国民ではなく、政府であること、しかも突き詰めれば多数派を形成している政権与党であり、その指導者であること、また別な面から言えば官僚であることを指摘する。この現実を念頭におくとき、民主主義を民衆の支配などと定義している政治理論は、民衆の目を現実から覆い隠すまったくのイデオロギーになってしまう。

さてポパーは、イギリスにおける小選挙区制では議員は選挙区民の利害を代表することが重要であって、どの党に属するかは二義的な問題であると言う。このときかれは党の存在を無視しているわけではなく、民主主義のもとで内閣を組織するかぎりでは党の存在は不可欠であることを承認したうえで、ポパーは、選挙区を代表する議員は党議によって拘束されることが少なく、比較的自由に政党を渡り歩けるのが小選挙区制の利点であると考える。

これに対して比例代表制のもとでは、議員は党の名のもとに選ばれているために党に逆らって行動することが難しくなるとポパーは考える。議員個人の信条と党の政策が衝突するような場合においてその者は、議員をつづけようとするかぎり、道義的には党を優先させざるをえない。かれの忠誠は選挙区民よりも党に捧げられる。つまり、それだけかれは選挙区民を代表することからほど遠くなる。逆に言えば、政党に対する選挙区民のコントロールがきかなくなる。

さらにポパーは比例代表制の問題点を指摘する。比例代表制は政党の数を多くし、それだけ組閣を困難にするであろう。少数政党が組閣においてキャスチング・ボートを握るならば、その政党は比例代表制が予想しているよりもはるかに大きな影響力をふるうであろう。それによって比例代表制の本来の理念は掘り崩される。

さらに、一党が過半数を占めることがなく連立政権が誕生するならば、それに参加したどの党も妥協を余儀なくされ、どの党も内閣全体の政策に完全に責任をもつことはなくなり、それぞれの党のアイデンティティが不鮮明になっていく。これは選挙民の側からすると、政策の失敗の責任を帰すべき責任者を認定しがたくなり、選挙でどの党を忌避すべきかがわからなくなるということである。さらに、連立政権は選挙でかなり票を失ったとしても、連立政権全体で過半数を得たならば、信任されたと見なされるから、おのおのの党は不人気の原因について深刻に悩むことが少なくなる。せいぜい連立先の相手選びに悩む程度になってしまい、政治は政策のレベルから戦術のレベルに堕落する。それによって政治は比例的に民意を反映させることからはますます遠ざかって政争のレベルに落ち込んでいく。くわえて、連立政権を構成する第一党が選挙でかなりの敗北を喫しても、依然として相対的に多数党である可能性が高く、連立先の変更によってひきつづき組閣しうる可能性があり、ここでも比例代表制の本来の理念とはまったく相反する政権状況が生じる可能性がある。二大政党制とくらべて比例代表制が民意を正確に表現するという保障はない。

ポパーは、比例代表制のこのような問題点を指摘したあとで、二大政党制の良い点を強調する。それは、第一に、この制度のもとでは、ごくわずかの差であれ負けた党は政権につけないのであるから、敗北（失敗）の原因について深刻に反省し、そこから学ばざるをえない。したがって政党は世論の動向に敏感にならざるをえない。さらに、二大政党制のもとでは選択肢は鋭くならざるをえないから、政党はみずからの政策を売り込むことに真剣にならざるをえず、したがって選挙民も勢い高い関心をもたざるをえないことになるだろう。

ポパーはおおよそ以上のように考える。かれの考えが反証主義の政治的分野への応用あるいはトライアル・エンド・エラーの方法の適用であることは読者には明白ではないかと思われる。政権を執り政策を実行することは問題状況下での試行であり、失敗した試行は排除されねばならない。そのさいポパーはどの党による試行が排除されねばならないのかをできるかぎり明確にしなければならないという観点から民主主義の理論を展開し、比例代表制を批判しているのである。比例代表制よりも二大政党制の方が誤りを除去しやすいのである。

ここでポパーの民主主義論について筆者の感想を一言述べさせてもらいたい。ポパー自身も指摘しているようにわれわれの社会の大きな問題のひとつは官僚制である。この問題が絶望的な難問であることはウェーバー以来われわれの共通認識になっている。だが、民主主義をポパーのように解職のメカニズムとして捉えるならば、官僚を解職するメカニズム——たとえば、情報公開や倫理規定の強化——を発展させる方向に民主主義の未来が開かれてくることになろう。そのように見たとき、この問題は決して解きえない問題ではないと思う。

小さな国家とパターナリズム

ポパーが民主主義を基礎とする小さな国家を主張するのは、自由のパラドックスについての考察をつうじてである。とすれば、まず自由のパラドックスについて簡単に説明しておく必要がある。

もし、無制約の自由というものがあるならば、強者が、その力を自由にふるうことも許され、弱者を隷属させる自由も生じてしまうであろう。自由から、自由の反対としての束縛あるいは隷属が生じてくる。これが自由のパラドックスと呼ばれるものである。無制約の自由は、弱者の自由を保障しない。個人のどのような自由であれ国家によって保障されないならば、万人の自由は存続しえなくなる。ここから、国家による干渉あるいは市民の保護（保護主義）が必要となる。

保護主義とは、不正や悪は避けられるべきであり規制されるべきであるとする立場であって、プラトンが悪意をもって描いたような弱者の、自分を守ってもらいたいという自己本位に発する立場ではない。保護主義は、より具体的に言うならば、犯罪や悪から、国家を手段として市民各人を保護することである。そのために国家は、自由を保護しようとして自由を制限せざるをえなくなるならば、その制限は可能なかぎり市民に平等に課されなければならない。ポパーは、このような観点から国家が自由市場に干渉し、労働者の権利を保障する政策を要求する。しかしながら、国家による自由の制限の規模と強度はいつでも問題をはらんだものにとどまろう。

この問題を念頭においてポパーは、『開かれた社会』を執筆していた一九三〇年代あるいは四〇年代においてではなく、福祉国家の諸問題点が明らかになってきた八〇年代において、個人の自由に対する国家による制限が最小限になるべきことを要求して「小さな国家」という理念を提出した。というのも、保護主義は、国家が個人のあらゆる行動に干渉するパターナリズム――卑俗なことばで言えば、おせっかい――に容易に転化し、さまざまな規制や税というかたちでわれわれに多くの義務を課してくるからである。ポパーはカントをひいて、各人は各々独自の仕方で幸福になる道を選ぶ権利があるのであって、国家が指図するのは僭越であると主張する。そして、それを国家に絶えず思い起こさせることが重要だと言う。「小さな国家」の理念は、ポパーにとっては、パターナリズムを統制するための規制観念である。

そのさいのポパーの考えの筋道を簡単に述べておこう。ポパーはパターナリズムを批判するにあたってミルをひく。ミルは、なんぴとにせよ、そうすることが「君」の幸福になるとか、賢明なことであるとか、ただしいことであるという理由をもちだして、「君」に行動を強制することはできないと考える。ポパーは、このような考え方を便宜上ミルの原則と名づける。そのさいかれがそこにカントの考え、すなわち、各人は各人なりの仕方で幸福になることも不幸になることも自由であり、パターナリズムは自由の侵害であるという考えの影響を見ているのはただしいであろう。独裁政はパターナリズムの極大化と見ることもできる。独裁者による害悪は、小さな国家における方が、たとえば、大量虐殺などはなしえないという意味において、少ないとは言えるであろう。

しかし、ポパーはミルの原則を問題にする。この原則によれば、たとえば、国家が車の同乗者に安全ベルトの着用を義務づけるのは個人の自由への干渉ということになるだろう。しかし、第三者としての同乗者が危険な状況に陥ることを阻止するのは国家の役割ではないかとも考えられる。またミルの原則では、麻薬を吸い、みずからの自由のもとで堕落することも各人の自由であると考えられるのに対し、第三者にとって危険な状況が生じないようにするために刑罰による麻薬の禁止が国家の義務であるという意見もでてくるであろう。ポパーは、もちろん、こうした問題が簡単に解決されるとは考えていないのであって、むしろ、第三者にとっての危害を阻止するという名目のもとでのパターナリズムの蔓延はわれわれの社会の官僚制的危険を増大させると見ている。しかしながら、かれはミルの原則をつぎのように若干修正する形で受け入れている。

それは、国家の配慮義務とでも言ったらわかりやすくなるかもしれない。すなわち、市民は、みずからが判断しえないことによって害されることのないように国家は配慮しなければならないということである。たとえば、医薬品などは、一般の市民にはそれがもたらすかもしれない危害については判断しえないであろう。そうした危害に市民がなんの説明も受けずにさらされることのないように国家は配慮しなければならないということである。

ポパーは、こうした原則を承認したとき、国家の義務を指摘しつつ、個人の自由をより重く見る立場から小さな国家の理念を語ったように思われる。というのも、かれは、小さな国家の理念からすれば、社会保険は個人のレベルでなされるべきだと主張しているからである。おそらくかれは、高齢化に伴う諸問題は市民各人の判断圏に属するとみているのであろう。さらにポパーは、国土の防衛や外交は小さな国家の理念をはるかな未来のユートピアにしてしまうことを承認するが、この理念はわれわれの思考を規制する規制観念として生き延びるであろうと考える。ポパーの言う小さな国家の理念は、現実政治のなかで有効な役割を果たすにはあまりにも抽象的あるいは哲学的であると思われるが、思想的には大きな国家のパターナリズムを批判しつづけ、個人の自由のかけがえのなさを教えつづけるであろう。

4 合理主義の根本問題

批判的合理主義

さて、ポパーの政治哲学の基礎にある考えが、革命による変革といったものではなく、合理的討論を通じて改革を一歩一歩前進させていこうとする立場であることは明白であろう。ポパーの社会民主主義的立場は討論を通じて提案や成果を——革命の成功後といった遠い将来においてではなく——その都度評価しつつ、合理性を貫徹させていこうとする立場に他ならない。すると、合理性とはいかなることかという問題が生じてこよう。合理的な討論とか、改革というときの合理性とはいかなることかという問題である。ポパーは、それを『開かれた社会』の第二四章で論じた。その箇所でポパーは、みずからの哲学的立場を批判的合理主義と呼び、それに徹底的な考察をくわえている。それは、たんにかれ一個人の立場についての哲学的反省にすぎないのではなく、すぐれて合理主義全般についての根底からの考察になっている。それはまた、民主主義の理論にとっても根本的な重要性をもつものである。ここでは、その内容を紹介するとともに、批判的合理主義の今後の発展の方向を探っておこうと思う。

合理主義とは、簡単にいえば、あらゆることがらに可能なかぎり合理性を求め、それを思考や行動の規準にしていこうとする立場である。とすると、さしあたり合理性ということでなにが考えられているのかが問題になってこよう。このとき、ポパーほど好都合な思想家はいない。というのもかれは、みずからの立場を批判的合理主義と呼んだとき、同時に合理性の根拠づけの問題について徹底的な分析をおこなったからである。そのさいかれの立場は方法論的反証主義の延長上にあった。それゆえ、われわれはいままでのポパー理解を基礎にして合理性の問題を直接的に理解することができる。まずは、合理性の問題についてのポパーの分析から筆を進めていきたい。

ポパーは第一に、合理性を知的態度の問題として捉える。合理主義者とは、問題を感情とか情熱とか暴力に訴えて解決しようとするのではなく、論証と経験に訴えて解決しようとする者のことである。この意味での合理的態度は、社会生活、とりわけ知的交流のなかで培われるのであり、後天的に獲得されるべき態度である。ポパーのことばを聴いてみよう。

「わたくしの言う〈真の合理主義〉とは、ソクラテスの合理主義のことである。この合理主義は、みずからの限界の自覚であり、自分がいかにしばしば間違うか、また、そのことを知るのにさえ他人のおかげによることを知る者の知的謙虚さから成り立っている。それは、理性に期待しすぎるべきではないという洞察である。言い換えると、議論することは学ぶための唯一の手段ではあるが、一撃でものごとを明確にしてくれるわけではなく、ただ以前よりはより明確にものごとを見る可能性を与えてくれる手段にすぎないのであって、ほとんど問題を解決してくれないだろうという洞察である。」(『開かれた社会とその敵』岩波文庫、第二巻下、一四〇ページ)

ここに明らかなようにポパーの念頭にある合理主義は、理性一辺倒の合理主義ではなく、合理性に限界のあることを承知している合理主義である。では、そうした合理主義者はみずからの限界をどのようにして自覚したのであろうか。

まずポパーは、いき過ぎたかたちの合理主義を、無批判的もしくは包括的合理主義と呼んでから議論を進めている。かれによれば、包括的合理主義とは「わたくしは、論証とか経験によって擁護されない考え、思い込み、理論を受け入れるつもりはありません」（上掲書一四五ページ）という立場である。しかし、ポパーはひるがえって、この立場自体は「論証あるいは経験という手段によって」支持されるのかどうかと問い返されるという。たしかにこう問い返されたとき、われわれはすでにこの立場を受け入れていないかぎり、それがこの立場を肯定するものであれ、否定するものであれ、論証に真剣に耳を傾けることはないであろう。そもそも論証というものの価値をまったく認めない人に対して、論証というものの価値を認めるようにという論証を提出したところで、俚諺どおり馬の耳に念仏ということになるわけである。これはなにを意味しているのであろうか。すでに包括的合理主義を受容している人に対して、包括的合理主義を受容すべしとする論証を提出しても釈迦に説法であるし、論証というものを受け入れようとしない人に対して同じく論証を提出しても馬耳東風。いずれにしても包括的合理主義者は、論証することが無意味であるという状況に追い込まれてしまう。かれは、論証の重要性を説きながら、まさに論証という手段をつうじて、論証というものの無意味さを認めさせられてしまう。

ではなぜこのようなパラドキシカルな状況が生じてくるのであろうか。ポパーの考えでは、包括的合理主義はじつは途方もない仮定（前提）をたてているからである。つまり、包括的合理主義は、どのような仮定（前提）であれ、論証なしに受け入れられてはならないと要求しているわけであるが、これは、いっさいの——なんらかの論拠によってたてられた――仮定（前提）などは用いずに論証をおこなうべきであるし、それをおこなうことができ、なおかつ有意義な成果を獲得できると仮定するにひとしい。簡単に言えば、仮定（前提）をたてるなという要求は、過程をたてずに論証ができるというそれ自体ひとつの仮定に依拠しているわけである。ここにパラドックスがあることは容易に見通せるであろう。

しかし、仮定（前提）なしに論証をおこなうことは明らかにできない。なぜなら、そもそも論証とは前提から帰結を論理的に引き出すことだからである。そして、その前提を論証しようと思えば、それを論理的帰結とする新たな前提を設定せざるをえなくなる。ここからしても包括的合理主義はみずからをなんらかのかたちで論証（正当化）しようとすれば、無限後退の深淵に陥ってしまう。

では、この難問はどのようにして解かれるのであろうか。ポパー自身は、（包括的）合理主義そのものは論理的には正当化されえないと考え、つぎのように主張する。

「この立場は、合理主義者の態度が（少なくとも暫定的な）非合理的決定にもとづくこと、あるいは理性を信じることにもとづいていることを認識している。……みずからの限界を公然と認め、それが非合理的な決定にもとづくことも認める（したがって、その程度には非合理主義のある種の優先を認める）形態を選択することも自由なのである。」（上掲書、第二

巻下、一四八ページ以下）

ポパーは、合理主義は理性信仰に依拠しているのであり、そしてその信仰は合理的に根拠づけられないのだから非合理であると主張している。かれは、合理主義の根底にこのような意味での非合理性があることを認めざるをえない。換言すれば、合理主義は包括的ではありえないということである。かれによれば、従来の包括的合理主義はこの点を看過してきた。そして、非合理主義者が論証を用いて包括性の限界を指摘するや否や、論証という本来ならば合理主義者の得意とする武器によって打ち負かされてきたという。

ほら吹き男爵のトリレンマ

ここで、非合理主義者が論証を用いるという点に疑問を感じる読者もいるのではないかと思われるので、ポパーの考えている非合理主義者について若干のコメントをつけておこう。かれは、非合理主義を論理あるいは論証によってなんら拘束されない立場として考える。かれによれば、非合理主義者はいっさいの論証を拒否することも、また特定の論証を拒否することも勝手気ままにできる。かれらは論証を用いることが有利だと思えば用いるし、論証によって不利な立場に追いつめられると思えば論証そのものを拒否する。かれらは一貫性も論理的矛盾も気にかけないゆえに、まさしく非合理主義者なのである。

ポパーは、合理主義が論証によっては基礎づけられないこと、そして「みずからの限界を公然と認め、それが非合理的な決定にもとづくことも認める（したがって、その程度には非合理主義のある種の優先を認める）」（『開かれた社会とその敵』岩波文庫、第二巻下、一四九ページ）みずからの立場を批判的合理主義と呼ぶ。そして、ポパーは、われわれは批判的合理主義を選ぶか非合理主義を選ぶかという二者択一の前に立たされているという。しかも、この選択は、ポパーの考えでは、道徳的決定の問題である。そして、この決定に影響を与えるような議論を考えることができるとして、かれは、非合理主義を選択したときに生じる帰結と批判的合理主義を選択したときに生じる帰結とを比較して、われわれに後者の採用を促す。しかしながら、ポパーのその議論がどれほど説得的なものに見えようとも、それはすでに論証を受け入れるという立場をとっている者にしか通用しない議論ではないだろうか。つまり、包括的合理主義を論証によって正当化することができなかったのと同じように、やはりそれは批判的合理主義を正当化する力はもっていないと思われる。

じつはポパーの批判的合理主義の核心部分にこのような問題点が存在することは、六〇年代には気づかれていた。そして、この問題を明るみに出し、克服を試みたのはポパーの弟子のバートリーであった。筆者はバートリーによるポパー批判については拙著『討論的理性批判の冒険』（未來社、一九九三年）で詳しく論じたことがあるので、ここではその大要だけを述べておこう。

バートリーは、合理主義を論証によって正当化しようとしてそれが不可能なことを悟り、そこからかりに「非合理主義への最低限の譲歩」（『開かれた社会とその敵』第二巻下、上掲箇所）であれ、（みずからの立場の）非合理性の承認に向かうというポパーの議論は事態の正確な分析にもとづくものではないと考える。バートリーの考えでは、問題の根は、ポパーが合理性を論証による正当化可能性として捉えた点にある。ここで、記述が長くなるのを避けるために専門用語を導入しておくならば、合理性を正当化可能性と同一視する立場は正当化主義と呼ばれる。バートリーは、そうした正当化主義を捨て去り、合理性をべつの形態で捉えることができるならば状況はまったく異なって見えるはずだと考えた。そもそも、あるなんらかの立場とか見解とか前提を正当化しようとするならば、正当化のための根拠が要求されることになろう。そして、今度はそれらがまた新たな正当化の対象とされることになり、無限後退に陥ってしまうか、あるいは正当化するものが正当化されるものによって正当化されるという循環が生じるか、またはどこかで正当化の打ち切りが生じてくるであろう。

ちなみにこの困難（トリレンマ）は、ドイツにおける批判的合理主義の代表者H・アルバートによって「ほら吹き男爵のトリレンマ」と呼ばれた。バートリーの観点からすれば、まさにポパーは正当化の打ち切りとしてみずからの立場を批判的合理主義と呼んだにすぎない。ポパーは、正当化をすることが合理性の証であると暗黙のうちに考えていたからこそ、それを為しえないことを悟ったときに、非合理性の介在を認めたということになる。

しかしながら、そもそも正当化の試みがほら吹き男爵のトリレンマに陥らざるをえないのだとしたら、問題は正当化を要求する側にあると考えることもできる。正当化を要求する者は正当化が可能であると仮定しているが、じっさいにはそれは不可能事なのである。従来の合理主義は、合理性を論証による正当化可能性として捉えてきた点で、同じ誤りを犯している。この点を洞察したときに、バートリーは合理主義から正当化主義的要素をことごとく吹き払うことを提唱した。ではそれはどのようにして為されるのであろうか。

バートリーは正当化と批判とを区別し、正当化なき批判という考えをもちこむ。この観念を説明するためには、まず手始めに正当化と批判とが区別されていない場合を考えてみるのがよいだろう。いま、甲が乙の考えを批判したとする。すると批判された乙は甲にその根拠を問うであろう。さらに乙は甲が提出した根拠を批判するかもしれない。そうすると今度は甲が乙に批判の根拠を問うことになるだろう。そして、両者とも批判の根拠の根拠を問いつづけることができる。原理上この過程は際限がない。正当化と批判が区別されておらず、なおかつ正当化主義が支配しているところでは無限後退の危機に巻き込まれていく。

かりに、両者が批判の根拠の正当化（根拠づけ）をもはやおこないえなくなったとしてみよう。一方が他方に対して正当化をなしえない根拠をもちだすのは非合理であると言えば、同じことばが他方からかえってこよう。君もまた然り、と。そして、両者とももはやみずからの根拠を正当化しえないという認識から、君もただしいし私もただしいという相対主義に陥っていくかもしれない。合理主義者として出発した者がじつに合理的思考をつうじて非合理主義者に陥っていく。そして、このようなタイプの非合理主義者はわれわれのまわりにも数多く存在するのである。

非正当化主義の地平

他方、正当化なき批判という観念は言明間の関係に着目することによって説明できる。この点を簡単に説明してみよう。われわれが主張する立場や見解、論拠や意見といったものはすべて言明というかたちを取る。そこには、真なる言明もあれば偽なる言明もある。さらに、規範的言明のばあいには、真偽をという言い方をしないので、妥当な言明と非妥当な言明がある。いま、これらの言明からなる世界——第六章第二節で説明するポパーの考えからすれば世界3——を考えてみよう。そこにはたとえば、「東京都の人口は千二百万である。」とか「鯨は哺乳類である。」といった無数の言明が存在している。

ここで注目すべきは、言明は相互にさまざまな論理的関係に立っているという点である。たとえば、「鯨は哺乳類である。」という言明は「鯨は魚類である。」という言明とは両立しない。一方が真ならば、他方は偽である。バートリーは、批判とは、基本的には、このような言明間の両立不可能な関係を指摘していくことであると考える。そのさいには、少年であろうが権威者であろうが、誰がその関係を指摘したかということは基本的重要事ではない。もっとも、その指摘がたとえば科学的に大変価値のあることであれば、指摘者が歴史に名を残すことは当然であろうが。ともあれ、バートリーは言明間の両立不可能な関係の指摘をもって非正当化主義的批判と捉えたのである。

さらに注意すべきは、どのような言明を取り上げてもそれと両立しない言明を指摘することはきわめて容易であるという点である。もっとも単純な方法は、当該の言明の否定言明を作ればよい。（しかしじつは、ここには専門的には細かに論じなければならない問題が存在する。本書では専門的事項に渉ることはできないので、拙著『討論的理性批判の冒険』の参照をお願いしておきたい。）さて、批判が言明間の両立不可能な関係の指摘にあるのだとすれば、どのような言明も原理的には批判されうるということになろう。つまり、他を批判するとは、同時にみずからが他から批判されうる可能性に開かれているということである。逆に言えば、みずからの批判を正当化しようとしてどのような言明をもちだしてきても、それらは原理的にはどこまでいってもやはり批判に開かれているということである。これに対して、正当化主義は、みずからは批判されることがなく、他の言明を基礎づける（正当化する）といった特権的な言明の存在を信じている立場である。正当化主義は、そのような特権的言明がアルキメデスの支点——アルキメデスは、強固な支点と長い梃子がありさえすれば地球さえも動かしてみせるといったという——にも似て、幻想であることを見ていない。

しかし、正当化と批判が鋭く区別されるならば、そのような意味での正当化主義を放棄したところでまったく無害である。われわれの手許には、正当化とは峻別された批判が残るからである。

合理性
→ 正当化可能性（特権的言明の存在を信じている）——放棄できる
→ 批判可能性（批判を言明間の論理的関係と見る）

そして、われわれはすでに正当化主義がほら吹き男爵のトリレンマのような困難をひきおこすことを見たわけであるから、正当化主義を放棄して、批判——正確にいえば、正当化なき批判——のみを救済する方向に歩み出すことができる。そのとき、われわれには、あらゆる言明が批判可能であるにもかかわらず、真なる言明と偽なる言明、あるいは妥当な言明と非妥当な言明を選り分けていくことが知的活動の中心課題となるであろう。（じつをいえば、ここにも真と偽、妥当と非妥当について論ずべき点が多々あるがいまは省略する。）

さて、正当化と批判を峻別し、批判のみを救済して正当化を放棄するという観点から、批判的合理主義の非合理性にかんするポパーの議論を読み直したらどうなるであろうか。

なによりも、ポパーが正当化主義にとらわれていたからこそ、みずからの批判的合理主義を正当化できないという一点をもって「非合理主義への最低限の譲歩」をおこなったことが明白に見て取れるであろう。しかしながら、正当化主義を放棄してしまったならば、この事態はどう見えてくるであろうか。正当化主義が幻想にすぎないのだとすれば、そしてあらゆる言明が批判に開かれているのだとすれば、「非合理主義への最低限の譲歩」をおこなう必要はどこにもない。問題は、包括的合理主義か批判的合理主義かという二者択一ではなく、正当化主義か非正当化主義かという二者択一にあった。ポパーにあっては、これが錯綜していた。とはいえ、ポパーが合理性を基本的に批判的態度として捉えていた点はただしく評価されるべきであろう。批判的態度は非正当化主義の文脈においてこそよりよく生かされる。

　さて、正当化主義か非正当化主義かという選択を考えたとき、すでに正当化主義はみずからを正当化しなければならないためにトリレンマに陥り自滅していた。とすると、残る選択肢は非正当化主義ということになる。しかし、非正当化主義はみずからを正当化しなければならないという義務は負っていないのであるから、トリレンマに陥る必然性はない。そしていま、非正当化主義の地平に立つならば、合理性は果てしない批判可能性のうちに存在することになる。われわれの直面している問題は、批判的合理主義は正当化可能か否かというポパーの問題設定に代えて、批判的合理主義は補強済みのドグマティズムなどではなく批判可能であるかどうか、そして非妥当ではなく妥当なもののうちに数え上げられるかどうかという問題に移行する。換言すれば、批判的合理主義もまた果てしない批判的討論という議論の世界に投げ込まれる。そのとき、われわれは、正当化はされないけれども挫折していないというかぎりで批判的合理主義を保持していけばよいのである。そして、批判的合理主義が議論の世界において挫折してしまったかどうかはいまだ未解決の問題である。

下からの合理性

ところで、ここではそのような問題をはなれて正当化なき批判の姿をより具体的に描いておきたいと思う。その方が、批判的合理主義の理解に資すると思われるからである。

正当化なき批判は、すでに述べたように両立不可能な関係にある言明の指摘にすぎないとはいえ、現実には、帰結からの反証というモデルを中心的な理念としている。つまり、ある主張なり見解なり、あるいは理論とか道徳的立場が妥当であるかどうかを批判的に検討するためには、そこから論理的にただしく導出される帰結をしらべ、そこに非妥当なものがあればさかのぼって導出の基礎になった前提のうちにも誤りが潜んでいたはずだと批判を進めていくやり方である。これは帰結の非妥当性から前提の非妥当性へと進んでいく批判のやり方であるから、下からの批判であり、そして合理性とは批判そのものに他ならないことを考えるならば、下からの合理性と呼んでよいものであろう。これに対して、上からの合理性とでも呼ぶべきものは、まさしく正当化主義的合理性である。これは出発点となる基礎（根本的前提）から、他の主張や行為を正当化していこうとする立場である。

前提/帰結 ↓演繹：上からの合理性 ↑反証：下からの合理性

これら二種類の合理性は、話を政治的領域に移してみるとその相違点が見やすくなる。ふつう、市民生活のなかである施策の正当性が問われたりすると、たとえば役所のお達しだからといった返事が返ってくる。では、役所のお達しはなぜ正当なのかと問い直されると、条例や法律にもとづいているからだとなる。では、それらの条例や法律はなぜ正当なのかとさらに問われたときには、議会において多数決で制定されたものであるから、といった返事が返ってくる。つまり、根拠をつぎつぎと提出することによって、当該の施策の正当化がはかられる。そして、この場合では最終的には国民多数の意志なのだから、そしてもし、合理性が正当化として捉えられているならば、市民の側も当局の側もこのような（正当化主義的）思考様式を脱却することができない。そして、正当化こそが合理的であると考えられているところでは、下から市民が当局に対して文句をつけることはまさしく非合理とされてしまう。しかし、非正当化主義の立場からすればこのようなタイプの思考は正当化主義という幻想にとらわれた非合理

な思考以外のなにものでもない。

他方、非正当化主義の立場からおなじ事態を見つめてみるならば、まったく異なった世界が開かれてくる。つまり、施策を市民が批判すること自体が合理的となる。もちろん、市民が批判するにあたって根拠としていることがらも批判されるべき対象となりうる。特権的なことがらはどこにもない。施策に誤りがあるならば、条例や法律、さらには議会の多数派、つまるところ国民多数のなかに誤りが潜んでいるのではないかと考え、それの除去を求めていくことが合理的となる。下からの合理性は、政治的公共性を支えるもっとも基本的な唯一の合理性なのである。

ポパーの批判的合理主義は非正当化主義として捉えかえされたとき、科学の世界のみならずわれわれの市民的生活一般における合理性の拠り所となる。こうした意味において批判的合理主義はわれわれの（西洋）文明におけるもっとも基本的な価値を表現していると言ってもよいであろう。

第五章

思想の冒険——論争の哲学

ポパーは論争の思想家である。その意味は少なくとも二つある。第一の意味は、かれが知識の成長において批判的討論（論争）の果たす役割を高く評価し、それをみずからの哲学の中心的原理としたということである。第二の意味は、かれが掛け値なしに論争（批判的討論）を実践した人物であるということである。かれは、みずからの哲学的原理に忠実であった。本章ではこの側面を描き出してみたいと思う。

かれの生涯は数多くの論争に彩られている。本質主義批判へとつながることになった少年期における父親とのことばの意味をめぐる討論、青年期におけるウィーンでの論理実証主義者や友人たちとの認識論や社会変革にかんするさまざまな論争、『開かれた社会』の刊行を契機としてのプラトンやソクラテス解釈をめぐる論争、また本章で取り上げる成熟期の論争、あるいは量子力学にかんするシュレーディンガーなどとの論争、そしてかれが哲学者としてのゆるぎない地位を確立したことを象徴するシルプ編の現存哲学者伝の一巻『カール・ポパーの哲学』のなかにあっての論理学や確率論をめぐっての論争。ポパーは至る所で、ありとあらゆる話題について多くの人びとと批判的討論（論争）をおこなっている。いま思いつくままに哲学色の強い人たちの名前を挙げてみるならば、カルナップ、ライヘンバッハ、ウィトゲンシュタイン、ボーア、シュレーディンガー、アドルノ、クーンといった人びとを数えることができよう。さらに興味深いことには、かれはかつてのみずからの学生であった弟子のバートリーやアガシ、ラカトシュなどとも論争している。

弟子たちとの論争ということで思い出されるのだが、ポパーには「ソクラテス以前の哲学者に帰れ」（一九五八年、アリストテレス協会での会長講演、『推測と反駁』第五章）というじつに興味深い講演がある。そして、この講演がまた当時における古代ギリシア哲学研究の権威カークやレイヴンとの論争をひきおこした。講演のなかでかれは、イオニア学派において弟子が師を徹底的に批判する伝統、さらには学派間の批判の伝統を生き生きと描き出している。ここでそのすべてを紹介することは本章のテーマからの大きな逸脱となり不可能であるが、ポパー自身のおこなった論争を描くに先立って、ポパーが古代ギリシア哲学における論争（批判的討論）をどう見ていたかを覗いておくことは決して興味のないことではないと信じる。それは、初期ギリシア哲学における批判的討論の伝統を思い起こさせると同時に、討論というものに対するポパーの姿勢を側面から照らし出すように思われるからである。

1　批判の伝統——ソクラテス以前の哲学者に帰れ

理論の前進をもたらすもの

さてここではポパーの講演のうち、イオニア学派におけるタレスとアナクシマンドロスとの関係についてのポパーの解釈から紹介の作業を進めていきたい。哲学史の書物をいくつか開けばすぐにわかるように、かれらの哲学については従来とも数多くの解釈が提出されてきた。ポパーの解釈の独自性は、かれらの思想に批判的討論をつうじての思想の連続性を認める点にあるように思われる。

ポパーによれば、タレスは観察とはほとんどなんの関係ももたないような理論を提出した。ポパーはタレスのうちのつぎのような言明に注目する。「大地は水によって支えられ、船のようにその上に浮かんでおり、地震が起こったといわれるのは、大地が水の動きによって揺り動かされているのだ」。たしかに、「大地は水によって支えられている」といったことは観察からえられた言明ではないであろう。ポパーは、古代の自然哲学者が観察から出発して帰納的に理論に到達したなどとはみじんも考えていない。タレスは経験を遠く離れた思弁的な理論によって、「地震」といった経験的事実を説明しようとした。自然哲学者たちは気宇壮大な宇宙論的思弁を試みている。科学の始まりは、観察にではなく（形而上学的）思弁にこそある。

ところが、タレスの親戚でもあり一四歳くらい年下であった弟子のアナクシマンドロスによれば、「大地は、……なにものによっても支えられていないが、すべてのものから等距離にあるという事実のゆえに静止したままでいる。そのかたちは……太鼓のかたちに似ている。われわれは平らな表面の一方の上を歩いており、他の平らな表面は反対側にある」（『推測と反駁』二二五ページ）。これは、一見したところ、タレス的思弁とは何のつながりも示していないように見える。むしろ、タレス的思弁とは無縁のところから出現し、はるかにその水準を超えでているようにも見える。等距離における釣り合いということを念頭におくと、ポパーが、アナクシマンドロスの思弁をさしてニュートンの引力の概念を予知するものであると言うのも十分にうなずける。

ところがポパーは、タレスの説からアナクシマンドロスの説への移行についてひとつの仮説を提出する。それは、アナクシマンドロスは師のタレスを批判することによって自説に到達したというものである。ポパーによると、アナクシマンドロスは師の存命中に要旨つぎのように師を批判したとされる。もし、大地が水、すなわち大海（オケアノス）に浮かんでいるのだとしたら、その大海自身はなにによって支えられているのか、と。支えているものを支えているのはなにかと問うていったならば、無限後退に陥ってしまうのは避けられない。この批判をとおしてアナクシマンドロスは「支えるもの」の概念によって世界の安定性を説明することの不可能性を悟ったとされる。現代的にいえば大陸漂移説のような師の学説に代えて、アナクシマンドロスは世界の構造的対称性によって大地の安定性を説明しようとしたのである。そして、ポパーによれば、かれが、大地は太鼓ではなく球であるという学説に到達することを妨げていたのは、じつに大地の平らなことを告げる観察的経験であった。

ポパーにとっては、理論の前進をもたらすものは肯定的証拠などではなく、新しいアイデアであり批判であった。かれは、この点をイオニア学派以外の例についてもたしかめている。

ポパーが取り上げるのは変化の問題である。それは、論理的に突き詰めたかたちで表現するならば、あるもの（A）が別なもの（B）に完全に変化してしまったならば、それらを同じものと認めさせるものもまた完全に消失してしまうから、たんに別個の独立のものが存在していた、あるいは存在しているとしか言えず、変化を認めることはできなくなってしまうという問題である。「いかにして事物は、同一性を失わずに、変化しうるか。それが同一のものでありつづけるならば、変化しないし、同一性を失うならば、それはもはや変化したところのそのものではない」（上掲書、二三三ページ）。

これほど抽象的なかたちにおいてではなかったが、変化にまつわる問題はすでにイオニア学派においても出現していた。アナクシマンドロスは、昼夜の変化、風や天候、季節の変化などを説明する必要を感じていた。かれはそれらを熱と冷の対立、乾と湿の対立によって説明しようとした。たとえば、熱と冷によって水蒸気と風が生じるというわけである。アナクシマンドロスの弟子であったアナクシメネスは、熱と冷、乾と湿のあいだでの移行を濃厚化と希薄化の理論で説明したという。ともかくも、ポパーによれば、イオニア学派の三人の哲学者たちにとっては、この世界は住処であり、「運動があり変化があったし、熱と冷があり、火と湿気があった。炉には火があり、その上には水を容れた鍋があった。

たしかに、建物は風にさらされ、すきま風も入りこみはしたが、ともかくも住処なのであり、一種の安全性と安定性を意味していた。」（上掲書、二三四ページ以下）。

　しかしながら、ポパーの見るところ、ヘラクレイトスはこうした世界像を根本から批判した。ヘラクレイトスにとっては、建物（住処）は燃えていた。火は建物内部の炉のなかにあったのではなく、建物全体が燃えているというのである。かれの有名なことば「万物《パンタ》流転《レイ》」が示しているように、すべてが絶えざる変化のなかにあった。ポパーは、ヘラクレイトスこそがはじめて変化の（哲学的・論理的）問題を把握したと考える。変化とは、たとえば白色から黒色へというようになんらかの意味で対立するものへの移行であるが、変化するものはそれ自身同一でなければならない。さもなければなにが変化したのかがわからなくなってしまう。ポパーによれば、ここからヘラクレイトスは見かけと実在との区別に至ったという。つまり、生と死、覚醒と睡眠、若年と老年などは見かけのうえでは異なっているとはいえ、変化にかんするヘラクレイトスの考え方からすれば同一であることになる。ヘラクレイトスは、感覚によってよりも、理性に訴えてみずからの哲学を立てた。

　しかしながら、ヘラクレイトスの教説はパルメニデスの哲学への道をきり拓くものであった。つまり、対立物でさえ、実在の相のもとで同一であるならば、感官が教える変化はまったくの見かけにすぎず、実在は根本において同一であり、不変であることになる。ここよりしてパルメニデスは、真の世界は一であり、不動であり、不可分の全体であると教えた。運動は存在せず、変化は幻影となった。さらにポパーは話をつづけて、原子論者たちは、運動（変化）の実在を認めるところからまさに反証の論理によってパルメニデス説の前提を批判し、充満せる一者ではなく、空虚が存在し、それによって分離された各部分がそれ自身分割不可能な「充満」したもの（つまり、原子）として空虚のなかを運動するという原子論を提出したと述べている。

弟子の批判を許容する精神

ポパーの解釈は、さらにつづくのだが、それをすべて追いかけているわけにもいかないので、われわれの話にとって必要なかぎりで要約しておこう。イオニア学派は変化が実在的なものであることを承認し、変化をいろいろな原理で説明しようとした。ヘラクレイトスは変化の概念における論理的な問題に気づき、そして変化を説明しようとして対立物が同一であるという説に至った。パルメニデスはついに変化が実在的であることを否認し、真の世界は不変の一者であると考えるに至った。原子論者たちはさらにそれを批判して原子を導入した。ポパーは、学説のこのような変遷を引き起こしたのは、初期ギリシア哲学における自由な批判的討論の伝統であったと考える。たしかに、教説の保持に汲々としているところではこのようなダイナミックな思想展開が急速におこりえたとは信じがたい。ここでは、この変遷についてのポパーの要約的叙述を引用してもよいだろう。

「ここには独特の現象があり、それはギリシア哲学の驚くほどの自由と創造性に密接に結びついている。……説明しなければならないことは、ひとつの伝統の出現である。それは、さまざまな学派のあいだの批判的討論を許し、もっと驚くことには、同一の学派内においての批判的討論を許し促進しているひとつの伝統である。というのは、ピタゴラス学派のほかには、どこにも、教説の保持に専念した学派が見られないからである。……

この新しい批判的態度、思想のこの新しい自由の最初の兆候をさがせば、タレスに対するアナクシマンドロスの批判にまでさかのぼる。……しかし、師に対する不同意の物語を伝える資料には、いかなる争いや分裂の痕跡も存在しない。……

師が、たんに批判を許すだけで、批判を積極的に促進しないような師弟関係を想像することはほとんどできない。……

とにかく、タレスが積極的に弟子たちに批判を鼓吹したと推測すれば、師の教説に対する批判的態度がイオニア学派の伝統の一部になった事実が説明されるだろう」(上掲書、二四六–八ページ)。

ここには初期ギリシア哲学史に対するポパーの側からの理想化がないわけではないだろう。しかしながら、ポパーが哲学という活動のなかになにを求めているのかもまた明瞭である。ポパーは、こうした精神のもとで、多くの人びとと批判的討論を重ねた。そのさいには、必ずしもポパーの掲げた理想通りにことが進行しなかった場合もあるだろう。あるいは、ポパーにとっては心理的に耐え難かった局面があったかもしれない。しかしながら、かれのたどった道を今日の時点から振り返ってみると、そこには他の学派の人びととの、そしてまた弟子たちとの歴然たる論争が残されている。

ポパーは、現代世界のなかにあって批判の伝統をみずから作り出そうとした。そしてそのためにかれは、「わたくしを批判せよ」と椅子にふんぞり返っているのではなく、みずから他の思想家たちを果敢にも批判した。論争をつうじてかれの思想の原則はますます明確化し、思想の「表情」は一段と彫りの深いものとなった。以下では、そうした論争のうち、ウィトゲンシュタイン、アドルノ、クーンとの比較的名高いといってよい論争を取り上げ、順次その概要を述べていくことにしたい。

2 ウィトゲンシュタイン批判——哲学的問題は存在するか

火搔き棒事件

ポパーは一九四六年一一月ケンブリッジ大学の精神科学クラブから「哲学的パズル」についての論文報告をしてくれるようにとの招待を受けて「哲学的問題は存在するか」とい

う報告をおこなった。めざとい読者はたちどころに見抜かれるであろうが、このタイトルはウィトゲンシュタインに対する明白な挑戦であった。というのも、ウィトゲンシュタインは哲学的問題の存在を否定し、哲学にはせいぜいのところ、哲学的パズルしか残っていないと考えていたからである。じじつかれはその著『論理哲学論考』——以下、『論考』と略す——の序文のなかで、「それ故わたくしは、諸問題をその本質的な点において終局的に解決したと思っている」と述べたうえに、結論部（『論考』六・五三）ではつぎのようにも述べていた。

「哲学のただしい方法とはほんらい次のようなものであろう。言明されうるもの、すなわち自然科学の諸命題——これらは哲学とは何のかかわりももたないわけだが——以外なにも語らないこと——そして他のひとが形而上学的なことがらを語ろうとしているときには、いつでもかれに向かって、君は自分の命題のなかであるまったく意味をもたない記号を使っていると証明してやることである。」

自然科学の命題のみを認め、形而上学を排撃しようとするウィトゲンシュタインの主張にもかかわらず、ポパーにとっては自然科学の命題に属さない哲学的問題が存在することはむしろ自明であった。そしてまた、そのような問題が、「あるまったく意味をもたない記号を使っていると証明してやること」というウィトゲンシュタイン的方法――これは通常、言語分析的方法とか治療的方法と呼ばれている――によって解消されてしまうのでないことも自明であった。ポパーにとって、哲学の真正の問題は言語の哲学的な誤用から生じる無意味な疑似命題などではなかった。

さらに言えば、ポパーはすでに『認識論の二大根本問題』のなかでウィトゲンシュタインを徹底的に批判していた。この著についてはすでに第二章で触れ、ポパーの超越論的立場を解説しておいたが、まさにポパーはその立場から『論考』には超越論的観点が非常に歪んだかたちにおいてしか存在していないと指摘していた。くわえてかれは、ウィトゲンシュタインが帰納の問題および境界設定問題をみずからの実証主義に災いされてまったく解決していないことも批判していた。さらに『開かれた社会』の第一一章注(46)および(51)においてもポパーは微にいり細をうがったウィトゲンシュタイン批判を展開していた。これらの論点の細部にここで立ち入ることはできない。かなりの紙幅を割くことを覚悟しなければならないからである。むしろ、そうしたことは各種の研究論文にまかせることにして、ここでは哲学的問題が存在するのかどうかというより一般的な話題にそくして話を進めていくことにしよう。

さて、精神科学クラブでポパーが話を始めたとき、ウィトゲンシュタインはなんども話をさえぎり、そしてついに例の火掻き棒事件が生じた。これは、ウィトゲンシュタインの賛美者たちにとってはおもしろくない話のようであるが、興味をもたれる読者も多いのではないかと思われるので、ポパーの『自伝』（第二六節）に依拠していちおう紹介しておこう。

ポパーは席上、「ある哲学的パズルを述べている」論文報告をするようにとの招待をクラブの書記から受けて驚いたといって話を切りだした。そして、こうしたタイトルで招待をおこなう者は、哲学的問題など存在しないと仮定しているのであり、そしてまさにそのことによって哲学的問題における一方の側に加担しているのだとポパーは指摘した。すると、立腹の体でウィトゲンシュタインが声を張り上げ「書記は言いつけられたとおりにやったのだ。かれは私の指図でやったのだ」と発言したという。しかし、ポパーが話をつづけ、哲学的問題が存在しないのであれば自身は確実に哲学者ではなくなるが、その一方で多くの人びとが哲学的問題に対する支持できない解決を暗黙のうちに受け入れているという事実は哲学者の存在理由になると述べたところ、またもやウィトゲンシュタインが立ち上がって、パズルと、哲

カール・ポパー（1946年）

学的問題の存在しないことについて長々としゃべった。

適当なときをみはからってポパーがさえぎり、「われわれは感覚をつうじて事物を知るのか」、「われわれは帰納によって知識をえるのか」といった哲学的諸問題のリストを提示したところ、ウィトゲンシュタインはそれらを哲学的ではなく論理的（！）なものだとしてはねつけたという。そこでポパーが、潜在的あるいは現実的な無限が存在するのかという問題を挙げたところ、ウィトゲンシュタインはそれを数学的（！）なものだとして斥けたという。さらにポパーが、道徳的問題、および道徳的規則の妥当性の問題を指摘したところ、炉端にすわって神経質に火かき棒を指揮者のバトンのようにもてあそんでいたウィトゲンシュタインが「道徳的規則の例を挙げて見ろ」とくってかかってきたので、ポパーが冗談まじりで「招待講師を火かき棒で脅かすな」と答えたところ、ウィトゲンシュタインはかっとなって火かき棒を投げ捨て、うしろ手でドアをばたんと閉め、怒って部屋から飛び出していったという。結局、ウィトゲンシュタインはみずからのテーゼを最後まで擁護することはなかった。

ウィトゲンシュタインの挫折

哲学的問題が存在するかという問題に対して、筆者は文句なくポパーの側に立つ。たとえば決定論対自由意志の問題といった古くからの問題をもちだすまでもなく、「哲学的」

問題が存在することは筆者には自明と思われる。さらに、いままでの章でポパーが扱ったいくつかの問題を紹介してきたが、それらが「哲学的」であることを否定することはできないであろう。もちろん、ウィトゲンシュタインがしたように、ある哲学者が哲学的問題だとするものを、それは哲学的ではなく、論理的なものだとしてはねつけたり、あるいは数学的なものだとして斥けることはいつでも可能である。「哲学的」ということばの意味を勝手気ままに伸び縮みさせる権利は誰にでもあるのだから。

だが、この点を承認することは、とりもなおさずウィトゲンシュタインの治療的方法の無力さを認めることにつながる。ポパーによれば、治療的方法を用いることは、「じっさいの場面では、形而上学を語る人に向かって『あなたは、このことばでなにを意味しているのですか。そのことばの意味はなんですか』と尋ねていくべきだということになるだろう。つまり、ことばを換えれば、われわれはかれに定義を要求し、それが与えられなければ、そのことばは無意味であると見なすということである。」（上掲書、第二巻上、三八八ページ）。しかしながら、ポパーの目からすれば、無節操な形而上学者は、ことばの意味を尋ねられたときいつでも定義を提出するであろうから、全体のやりとりは根くらべになってしまって、治療的方法の実践者は目的を達成できないことになる。治療的方法は、実践のレベルで機能しない。

ところで、ウィトゲンシュタインが哲学的問題は存在しないと主張した背景には、哲学上のすべての命題は無意味な疑似命題であるという主張があった。かれはそれを言語の論理的分析によって明らかにしようとした。

「哲学の目的は思想の論理的明晰化である。哲学は学説ではなく活動である。哲学の仕事は本質的に解明から成立する。」（『論考』四・一一二）

ウィトゲンシュタインは、論理的明晰化の実践として、形而上学あるいは哲学的命題を無意味なナンセンスとして暴露し、排除しようとした。しかし、ポパーの見るところ、それは不可能である。

この点についてのポパーの議論はむずかしくはない。かれは、例としてウィトゲンシュタインの「哲学は学説ではなく活動である」という言明を取り上げる。さてこの言明は明らかに「自然科学の総体」、すなわち「真なる言明の総体」に属する言明ではない。他方で、この言明は偽なる言明でもない。というのも、偽なる言明であるとすると、その否定言明は真なる言明となり、「自然科学の総体」に属さなければならないからである。とすると、「哲学は学説ではなく活動である」という言明は、真でも偽でもなく無意味なナンセンスとなってしまう。そして『論考』におけるかなりの言明が、こうしたたぐいのものであることは明らかである。この点はウィトゲンシュタイン自身が承認している。

「わたくしの諸命題は、わたくしを理解する者が、最後にはわたくしの諸命題を無意味であると認識する……ことによって、解明をおこなっている。」(『論考』六・五四)

他方で、ウィトゲンシュタインは『論考』の序文ではつぎのように言っていた。

「これに反して、ここで伝達された思想の真理は、わたくしには論難の余地なく明確であると思われる。それ故わたくしは、諸問題をその本質的な点において終局的に解決したと思っている。」

ここから、ポパーはウィトゲンシュタイン哲学のまごうかたなき挫折を読みとる。ウィトゲンシュタインによれば、明白に無意味な言明によって真なる思想を論難の余地なく明確に伝達できるのであり、しかも、われわれは問題を「終局的に」無意味と宣告することによって解決できることになる。これはナンセンスによって真理を伝達できるということに他ならず、みずからが闘ってきた形而上学を復権させるものであろう。じっさい、ポパーはカルナップに依拠しながら、ハイデガーが「無にかんする問いと答えはそれ自身ひとしく無意味である」と書いている事実を指摘して、形而上学を排撃しようとした哲学が形而上学の前で敗北したことを確認している。

ウィトゲンシュタイン哲学は形而上学の排撃という所期の目的の達成に失敗したばかりでなく、みずからはドグマティックな哲学になってしまっている。というのも、この哲学に反対してなにか言ったところで、それは自然科学の総体には属さず、したがって哲学的言明となり、無意味と宣告される運命にあるからである。ウィトゲンシュタイン哲学はみずからに対する批判を却下する装置をはじめから内在させている。ポパーは、このような哲学を補強済みのドグマティズムと呼んだのであった。

ところで、哲学的問題が存在するのかどうかという本来の論点に立ち返るならば、ポパーの答えは明瞭である。かれは、問題がなければ哲学に魅力はないと考える。このとき、もちろん、かれは「哲学」を狭い意味で、すなわち、ひからびた純粋な「哲学」として考えているのではない。かれは哲学を哲学外部の問題（数学、科学、道徳、政治等々における問題）との関連においてとらえている。「まともな哲学の問題は常に哲学外部の切迫した諸問題に根づいており、その根が腐敗すれば死に絶えてしまう」（『推測と反駁』一一八ページ）。とすれば、哲学固有の方法は考えられなくなるし、考える必要もなくなる。問題は千種万葉なのであるから。ポパーによれば、哲学では方法など重要ではない。合理的に討論可能な結果をもたらすものであるならば、どんな方法でも用いられてよい。

他方、なんら切迫した問題ももっていないにもかかわらず、流行の方法にまたがって手練のほどを示す人びとは、哲学を探求としてではなく、手すさびと心得ているにすぎず、哲学を疑似問題とことばの混乱に誘い込んでしまう。かれらは、根本の問題を忘れて方法の洗練化にのみ向かったり、自分が疑似問題とみなすものを暴いていくという「終わりなく論点なき課題」にのめり込んでいく。ポパーからすれば、まさにこれがウィトゲンシュタインの陥った罠であった。ポパーにとって哲学の課題とは明晰化などではなく、初期ギリシア哲学でそうであったように批判であった。

＊

ウィトゲンシュタインに触れたついでに、この場を借りて後期ウィトゲンシュタイン哲学に対するポパーの態度についても言及しておいた方がよいかもしれない。ポパーは後期ウィトゲンシュタイン哲学をまったく評価しない。ポパーはそこに「終わりなく論点なき課題」に埋没したウィトゲンシュタインの姿を見るのみである。というのも、ポパーは「ウィトゲンシュタインは――後期の著作では――（彼が言うように）蠅に蠅とり壺からの出口をさし示したわけではなかった。むしろわたくしは、蠅とり壺から出られなかった蠅こそ、まさにウィトゲンシュタインにうってつけの自画像であると思う」（小河原・蔭山訳『よりよき世界を求めて』未來社、二八一ページ）と書いているからである。

ポパー自身は、後期ウィトゲンシュタイン哲学を分析することはしていないのだが、

『開かれた社会』（岩波文庫版）第一一章注（51）を見ると、訳者のファイヤーアーベント――かれは後年ポパーを激しく批判するようになるが、もとはポパーの学生であった――が付した二ページ強ほどの後期ウィトゲンシュタイン哲学への批判が収められている。とすると、ポパー自身はファイヤーアーベントの議論を承認しているわけであろう。その議論の結論は、ウィトゲンシュタインは『哲学探究』においても形而上学や哲学的問題を排撃しようとする姿勢は変えておらず、『哲学探究』はしまりのないことばに翻訳された『論考』にすぎないというものであった。

3　いわゆる「実証主義論争」について

批判的合理主義対フランクフルト学派

「実証主義論争」とは、一九六一年の秋チュービンゲンで開催されたドイツ社会学会でのポパーの報告「社会科学の論理」と、それに対するアドルノの応答「社会科学の論理によせて」に端を発し、つづいて両者それぞれの同盟者であるアルバートとハーバーマスによって引き継がれ、波紋を広げていった論争である。

さて、この論争はドイツ語の原題では『ドイツ社会学における実証主義論争』と題されて一冊の書物にまとめられている。しかしながら、この書物はおよそ公平な編集というものからはほど遠いものであった。編集の党派性は当時にもまして今日では明々白々であり、しかもそれはじつに均衡を失した書物をつくった者たちの党派的惨めさを示している。筆者は、この論争の経緯と書物の成立について述べたポパーのことばは完全にただしいと考えるので、まずそれを引用させてもらいたいと思う。

「わたくしの報告から、討論が開始されることになっていた。アドルノ教授には、自らの共同報告で討論をつづけることが要求されていた。その報告では、本質的な点で、彼はわたくしと一致していた。しかし、書物（『ドイツ社会学における実証主義論争』〔城塚登、浜井修、遠藤克彦訳『社会科学の論理』河出書房新社、一九七九年〕）として出版されてみると、アドルノ氏は、一緒にするとおよそ一〇〇ページにもなる二つの論難を巻頭に置いていた。そして、わたくしの講演の後に、アドルノ氏の共同報告と会議で発表されたわけではなかった諸論文がつづくのである。『実証主義論争』の読者は、わたくしの講演が討論の始まりであって、アドルノ氏の攻撃的な、巻頭の一〇〇ページは、ずっと後になって（この書物のために）書かれたことをほとんど知ることもできなかった。」（『よりよき世界を求めて』第五章冒頭、一一三ページ）

さらに、「膨大な序論に対する短いあとがき」と題されたアルバートの皮肉な短文のうちには、アドルノ側が論争をもとのかたちで公表することを認めなかったこと、しかも、序文を書くという任務を最大限に利用してこの書物の驚くべきプロポーションをつくりだしたこと、そして、相手側が消費したページ数の多さにはそれなりの理由があるのだろうという皮肉が書いてある。

さて、事情がこのようであるとすると、論争の基本文献としてなにを考えるか、そしてまた、論争をどの程度の広がりにおいて捉えるかという基本的な問題が生じてくる。じつをいうと、筆者はかつて「実証主義論争」研究の一環としてこうした問題を考えたことがある。筆者の結論からいえば、「実証主義論争」とは基本的には六〇年代の全体におよぶ批判的合理主義者とフランクフルト学派とのあいだでの政治的色彩を色濃くもった論争である。したがって背景まで含めてこの論争を理解しようとすると、取り扱うべき文献は相当な量にのぼる。もちろん、本書ではそうした意味での「実証主義論争」を扱うつもりはない。本書はポパーの哲学を解説することに主眼があるのであって、「実証主義論争」の研究書たることを目指しているわけではないからである。よって本書では、この論争を狭く限定的に捉えて、ポパーとアドルノとのあいだでの論争に限定して話を進めていこう。

価値自由のテーゼ

ポパーの報告が論争の火付け役であったのだから、まずその報告内容を説明するのが話の順序ということになろう。しかし、幸いなことにその作業は大幅に短縮できる。ポパーは、報告を二七個のテーゼに整理して提示したのであるが、その核心的部分はすでに本書第三章で『ヒストリシズムの貧困』を扱ったさいに実質的に見ている。再度要点を言えば、ポパーの報告は、『貧困』における方法の単一性という基本テーゼからも理解していただけるように、自然科学と社会科学に共通である科学の方法——つきつめて言えば、トライアル・エンド・エラーの方法——を説明するいくつかのテーゼと、それを誤認している親自然主義的傾向への批判を語っている部分、そしてまた社会科学と深いかかわりをもつことがらを語っている諸テーゼ（心理学主義批判、状況の論理）などから成立している。それらについて繰り返す必要はないと思われるので、ここでは、重要であるにもかかわらず、第三章では十分に触れることのできなかったテーゼを紹介しておこう。それは、知識社会学批判とウェーバーの価値自由のテーゼにかんする議論である。

ポパーは、第一三テーゼで、いわゆるマンハイム等による知識社会学は「客観性を個々の科学者の行動に存すると見なし、客観性の欠如は科学者の社会的位置によると説明するが、決定的な点——わたくしが考えているのは、客観性はもっぱら批判にのみ基礎をおくという事実であるが——を完全に見誤っている」と主張し、つづけて「知識の社会学が看過ごしたのは、まさに、知識にかんする社会学——科学的客観性の理論——以外のなにものでもない」とも述べて、客観性が偏見のなさとか非党派性といった個人的なことがらにあるのではなく、公共的な批判のうちにあることを強調している。知識社会学へのより具体的な批判は『開かれた社会』の第二三章に詳しく、そこでは、全体イデオロギー、比較的自由に浮動する知識人、また存在被拘束性といった知識社会学特有の概念が分析され、手きびしく批判されている。しかしながら、そうした点については読者みずからの閲読をお願いして、ここでは先を急ごう。

ポパーにとって価値自由のテーゼとは、ウェーバーにとってそうであったように、「科学者は価値(価値観や価値意識)をもつな、つまり、没価値であれ」ということではなく、いかなる価値をもつのも自由であるが、その価値から自由であれ(公共的な批判にさらせ)という意味である。ポパーは、価値自由のテーゼを説明するにあたってつぎのような二つの問いを区別する(以下は、第一四テーゼからの引用)。

(1)ある主張が真であるかどうかについての問い、つまり、われわれが取り組んでいる問題に対するその主張の重要性、関心度、意味などについての問い。

(2)さまざまな科学の領域外の諸問題、たとえば、人類の福祉の問題とか、あるいはまったく別種の国家の防衛政策や進攻政策の問題とか、産業の発展の問題とか個人の豊さの問題などに対するその主張の重要性、関心度、意味などについての問い。

ポパーにとって価値自由のテーゼのポイントは、真理というひとつの価値への関心と科学の領域外の諸問題への関心とを鋭く区別することである。かれは、「価値領域の混同と闘うこと、とりわけ、真理の問題から科学の領域外に属する価値判断を取り除くことは、科学的批判や科学的議論の課題のひとつである」（第一四テーゼ）と考える。もちろん、かれは「科学の領域外に属する価値判断」を完全に「取り除く」ことができるとは考えていない。かれは、さまざまな価値的バックグラウンドをもった人たちが徹底した批判的討論をつうじて価値領域の混同を暴露し、真理という価値とそれ以外の価値とを分離していくべきだと考えているにすぎない。

他方でポパーは、価値自由のテーゼがそれ自体ひとつの価値であると考える。とすると無条件に価値自由が要求されるならば、価値自由のテーゼとは相対立する価値、すなわち、価値の混同を勧奨する価値も、このテーゼのもとで許されるという逆説が生じてくるかもしれない。ちょうど、無条件の寛容を説くことからは、寛容を否定する者に対してすら寛容を示さざるをえなくなるという逆説が生じてくるように。しかし、ポパーは価値自由のテーゼにかんしてはこうした逆説を重大視してはいない。かれは、価値自由のテーゼを「価値領域の混同を避けそれらの分離をはかれ」というテーゼとして解釈すれば、十分であると考えるのである。

アドルノの応答

さて、アドルノはポパーの議論に対して二つの論文をもって答えた。ひとつはこの学会での共同報告となった「社会科学の論理によせて」であり、他は一九六九年に発表された、例の長大な「序論」である。どちらの論文もじつに文意をとりにくい表現をちりばめて書かれているが、比較的に言って「社会科学の論理によせて」の方が読みやすく、ポパーとの基本的な一致を語っているのに対し、「序論」の方は難解きわまりないうえにポパーに対する敵対的な姿勢が明白である。

「社会科学の論理によせて」を読むかぎりでは、アドルノの論調にはポパーとの対立よりは、驚くほど多数の一致点が見て取れる。この報告は、基本的に一致点を確認し、ポパーのテーゼにわずかのコメントをつける程度のものであった。これでは、この論争の仕掛人であったダーレンドルフが期待したような論争が生じなかったのも無理はない。「討議全体をつうじて、現に存在する見解の相違からすれば当然あってしかるべき烈しさが議論にはかけていた」(ダーレンドルフ「報告をめぐる討論への注解」、『社会科学の論理』一五一ページ)。

ダーレンドルフの指摘をまつまでもなく、両者のあいだには歴然たる相違があった。アドルノはヘーゲル、マルクス、フロイトの側に立つのに対し、ポパーはそれらの徹底した批判者である。アドルノが弁証法を擁護するのに対し、ポパーはそれを斥ける。アドルノはこの世界の悪と悲惨を語る暗い予言の哲学者であるのに対し、ポパーはこの世界がよりよい世界であり、改革可能なことを説く希望の哲学者である。こうした一連の相違を念頭におくならば、かれらが社会科学の論理をめぐってはげしく衝突しないことの方こそが不思議であった。この点をどう評価するかという問題に移る前に、論争の経緯に一通り目を通しておこう。

「序論」の方を読むと、ポパーに対するアドルノの姿勢は大きく変わったという印象を禁じえない。アドルノは、弟子のハーバーマスやヴェルマーの議論に支柱を求めながら、実証主義を認識論および（マルクス主義的）政治哲学の観点から批判する。そしてアドルノは、その実証主義概念のなかにポパーとアルバートを括りたかったようである。しかし、アドルノが批判する実証主義は、社会学内部の実証主義から目を転じるならば、ウィーン学団の、そしてウィトゲンシュタインの奉じた実証主義である。アドルノは、ポパーがこれらに対するおそらくもっとも鋭い批判者であったことを見落としている。しかも、ウィトゲンシュタインに対するアドルノの批判は『論考』に対する批判でしかない。くわえて『論考』の哲学とウィトゲンシュタインの後期哲学が同質であるという議論がなされているわけでもない。一九六九年であればウィトゲンシュタインのいわゆる後期哲学はすでによく知られていたはずである。『哲学探究』が出版されたのは、ポパーがウィトゲンシュタインの火掻き棒事件に遭遇したずっと後、一九五三年である。アドルノの批判はウィトゲンシュタインの「歩み」に遅れをとっていたうえに、『論考』に対する批判にしても、筆者の見るかぎりではありきたりのものであり、いかに晦渋をきわめる用語で語られていようとも凡庸なものであった。

ここで話は少しばかりわき道にそれるが、アドルノが話を「実証主義」批判にもっていこうとしたのは考えてみればじつに奇妙である。そもそもの論題は「社会科学の論理」をどう捉えるべきかという点にあったのだから。話は第三の男――ダーレンドルフの表現――としての「実証主義」を批判しているよりも社会科学の特性を際立たせる方向に進むべきではなかったかと思われる。考えてみれば、この論争の論文集がドイツ語の原題で「ドイツ社会学における実証主義論争」となっているのは、たしかにアドルノの願望に沿うものであったかもしれないが、本来の探究の方向を曖昧にするとともに、論争の出発点を覆い隠すものであった。この点で、この論文集の邦訳者たちがタイトルを「社会科学の論理」とされたのは立派な見識であると思われる。

さて、「序論」のなかではたしかにいくつかのポパー批判が語られているとはいえ、それらはじつに難解にして文意をとりにくい。筆者は正直のところ、なにをいわんとしているのかわからないと言わざるをえない箇所に何度も出会った。そして、それが現時点で解消されているわけでもない。したがって、以下ではアドルノに対する批判的な言明をいくつか書き連ねるが、それらが「どうも、アドルノはこう言っているらしい」という推測のうえに成り立っていることを読者に対してとくにお断りしておかねばならない。もちろん、ポパーにしたがって考えれば、コミュニケーションもまた推測のうえに成立するのであってこうしたことをいちいち断る必要はないのだが、ことアドルノにかんしては通常のコミュニケーション（この場合、読書）が成立するのかどうかが、はなはだ疑わしいということだ。

ところで、アドルノに言わせると、「わからない」を連発して批判をかいくぐるのが実証主義者の悪弊であるらしい。とすると、さしずめ筆者もその類の「私にはわからない」主義者であり、批判を受けつけない独断主義者であることになるのかもしれない。しかしながら、これはそっくりそのままアドルノに投げ返すことのできることばである。つまり、アドルノの側はいつでも「君はわたくしの言っていることをただしく理解していない。わたくしのテキストを読み直すべきだ」と、このときばかりは明快なことばで言い返して批判を免れることができるからである。要するに、ポパーのことばで言えば、アドルノの言語表現はあらかじめ批判を封じ込めてしまう装置を内在させた補強済みのドグマティズムではないかということだ。思わずアドルノの批判の内容よりも難解さの問題に逸脱してしまったが、もう少しアドルノの議論のあり方にも触れておきたい。

話は少しばかり迂回的になるが、弁証法的批判と言語表現の関連に触れねばならない。アドルノは弁証法を支持し、論敵に対する弁証法的批判は内在的批判が中心になるべきだと考えているようだ。もし、内在的批判が徹底されるならば、それは相手のことばを用いて相手を批判することになるであろうから、相手側の「わたくしにはわからない」という言い逃れを封じ込めることができるであろう。とするとここで問題になるのはアドルノの「実証主義」批判およびポパー批判がそのような内在的批判になっていたかどうかということだが、筆者にはとうていそのようには思えない。むしろ、外在的批判の典型的事例であるように思われる。（筆者は、もちろん、外在的批判が無価値であるといっているのではない。念のため。）かれは、資本主義社会は総体として「非真理」であるという前提のもとで、この「非真理」を洞察できず、むしろ隠蔽したり、あるいはそれに奉仕しているという咎で、「実証主義」を批判しているだけである。ポパーの理解する意味での価値自由のテーゼからすれば、アドルノの批判は資本主義批判というべつの価値領域からの批判――筆者はあえて価値領域を「混同」しているとは言わない――であって、内在的批判からはほど遠い。

事実と価値の混同

さて筆者自身の立場を強く前面に打ち出してアドルノの議論の枠組みを紹介した。筆者にはアドルノの議論にどれほどの実質的内容があるのかは依然として不明である。アドルノの「反批判」に接したポパーの反応は、内容的には素気ないものであった。内容的な点からするとポパーは二点にしか言及していない。ひとつは、「実証主義」の概念にかんするものであり、他は、事実と価値の二元論にかんする議論であった。

まず「実証主義」の概念について言えば、ポパーは、ヘーゲル由来のアドルノ的「実証主義」概念は、道徳的・法的価値を現に成立している事実（現状において支配的な人倫や法）によっておき換えているにすぎないと考える。ポパーの見るところ、アドルノは、ヘーゲルの有名な「理性的なものは、現実的なものである」という立場をせいぜいのところ焼き直しているにすぎない。そしてかれは、これは、事実と価値を混同する立場にほかならないと批判する。もちろん、アドルノの場合においては、現に成立している事実上の（資本主義的）権力が正義だというのではなく、資本主義の彼方にある未来の権力が正義だということになる。未来の権力（ユートピア社会での人倫的秩序）に依拠して、現行の権力に依拠している実証主義を批判するのが、アドルノの実証主義批判ということになる。しかし、現在であれ未来であれ、事実として成立している権力が、価値としての正義であるという思考様式に変わりはない。（『よりよき世界を求めて』一五八～一五九ページ。詳しくは、『開かれた社会』第二二章を参照されたい。）ポパーは、アドルノ的「実証主義」概念に、まさに実定（実証）主義的な事実と価値との混同を見ている。

ポパーのアドルノ批判の第二点はまさしくこの点にかかわる。かれは、アドルノ（そしてハーバーマスも）が、事実と価値との分離しがたさを主張していると考える。じじつ、ポパーは言及していないが、アドルノの「序論」を読んでみると次のような主張が見受けられる。

「特殊であると同時に普遍でもあるという、個別的なものについての弁証法的規定は、社会的な法則概念を変化させる。この法則概念は、もはや「常に……である場合は……である」というかたちをとらず、「……であるがゆえに……せねばならない」というかたちをとることになる。この後者のかたちは、自由の欠如を前提条件としてのみ原理的に妥当する」(『社会科学の論理』五〇ページ)。

このアドルノの文章は、資本主義社会の「非真理」が個別的なものにまで浸潤しているわれわれの社会においては真の意味での自由は存在していないために、社会的法則は「……であるがゆえに……せねばならない」というかたちをとると主張しているように見える。しかし、このようなかたちの法則なるものは、真の自由が成立していないわれわれの社会では、事実から価値(規範)的なものが引き出せるという主張にほかならないであろう。これは、はるか太古の思考様式を弁証法ということばで覆い隠しているだけである。アドルノは、太古の思考様式をもちだせば、近代哲学のセントラル・ドグマである価値と事実の二元論を簡単に否定できるとでも考えているのだろうか。

それとも、アドルノは、「自由の欠如が前提条件になっていない」社会、すなわち、真の自由が成立している未来のユートピア社会では、法則は「常に……である場合は……である」というかたちをとるというのであろうか。もしそうであるとすれば、アドルノにしたがって考えるかぎりそこにおいては「個別的なものについての弁証法的規定」は法則概念を変化させていないのであるから、この規定はそこではまったく無力なものであるか成立していないことになりはしないか。これはじつに奇妙な思考である。たとえば、筆者自身は個別的な存在者であり、特定の名前と個性をもった特殊的なものであると自認しているが、その一方で人間という種としての普遍性をもつと信じている。ところが、アドルノによればユートピア社会では、これが「まったく無力なものであるか、成立していないことになる」というのである。筆者はそうしたユートピア社会に住みたいとは思わない。

しかし、ポパーによれば、アドルノのような主張（事実と規範との混同）は、すでにポパーがマンハイムを批判したときに批判済みのものであった。そこでポパーは、アドルノ的表現よりもはるかに明晰な「政治的な知識の特殊性は、……知識が意志と分かちがたく絡み合い、理性的な要素が非合理的な領域と本質的に融合している点にある」という『イデオロギーとユートピア』におけるマンハイムのことばをひいた（『開かれた社会とその敵』岩波文庫第二巻下、一二九ページ）あとで、かりに知識と意志（価値的なものへの志向）が分離されないとしても、それが危険な錯綜を必然的に導くわけではないと主張していた。以下この点を少しばかり説明してみよう。

たしかにわれわれは、認識においてさまざまな関心とか動機といった意志的なもの、価値的なものに支配されている。ときには科学の研究をするのは「金儲けのため」といった動機につき動かされていることもあろう。ポパーは、こうしたさまざまな価値的志向は少なくともわれわれが実践との関係を断ち切ろうとしないかぎり、いつでも存在すると考える。むしろ、科学者にとってはどのようなかたちであれ実践と接触していることこそが大事である。その接触を失ったとき、煩瑣主義が生じてくる。重要なのは、事実的なものとか知的なものが融合しているとわめきたてることにあるのではなく、両者を冷静に分離していくこと、すでに使ったことばで言えば、価値自由のテーゼを適用することである。ポパーは知識の根底に「意志（価値）」的なものがあることを承認するからこそ、価値自由のテーゼを主張しているのである。アドルノはポパーのこうした立場をまったく理解していなかった。

ところで、ポパーはアドルノの「晦渋な」表現に対してもじつに徹底した批判をくわえている。というのも、かれは（ハーバーマスがこの論争から引用した）アドルノのテキストを書き直して見せたからである。これはじつに辛辣な批判である。およそ、相手のテキストを公然と書き直してみせるというくらい強烈な批判はない。それは、相手の手の内を読み切って相手を内在的に批判しているからである。その箇所は、邦訳『よりよき世界を求めて』の一六一〜一六四ページに収められているので、是非とも参照していただきたいと思う。

知識人の大罪

さて、ポパーの反批判を見て、ポパーの側に批判を受けつけない態度を見る人がいるかもしれない。じっさい、「実証主義論争」関連の研究文献を読んでいると、ポパーはアドルノから学ぶ姿勢を示していないという苦情のたぐいを見かける。しかし、筆者はそのようには考えない。むしろ逆に、そのような人たちはポパーの論争（批判的討論）に対する姿勢を十分に理解していないのではないかと思う。というのも、かれは次のように述べているからである。

「あらゆる知識人には、まったく特殊な責任があります。知識人には、学問をする特権と機会が与えられているのですから、仲間に対して（あるいは社会に対して）自分の研究成果を、もっとも簡潔明瞭に、かつもっとも謙虚なかたちで説明する責任があります。もっとも悪いこと——大罪——は、知識人が自分の仲間に対して、大予言者気取りで立ちまわり、かれらを神のお告げを気取った哲学で感化しようとすることです。単純、かつ明瞭に述べられないのであれば、そのような者は、沈黙して、言いたいことがわかりやすくなるまで仕事を重ねるべきです。」（『よりよき世界を求めて』一四四ページ、一部改訳）

これを見れば、ポパーがアドルノをはげしく批判する理由の一端がわかるであろう。ポパーは、アドルノのテキストがいかにつまらないことを大仰なことばで書いているかを示すことで、アドルノの批判には見るべきものがないと宣告しているのだ。筆者は、「唯一の慰めは、闘いを避けた責任は全面的に二番手（second speaker）にある」（『フレームワークの神話』の二二四ページ）というポパーの主張はまったくただしいと考える。しかし、かれの宣告はおのれ自身を危険にさらすはずである。というのも、アドルノのテキストのなかから有効なポパー批判を摘出してポパーの言語体系のなかで表現できれば、ポパーに打撃を与えることができるのだから。しかし、こうした作業をアドルノ賛美者たちはやっていないようだ。

4　パラダイム論争

ポパーと科学史家のトーマス・クーンとのあいだの論争は、一般にはパラダイム論争として知られている。論争の舞台は一九六五年にイギリスでおこなわれた科学哲学国際コロキウムであった。この時の討議は一九六九年に刊行された『批判と知識の成長』（森博監訳、木鐸社一九八五年）に収められている。討論の参加者には、ワトキンズ、トゥールミン、ラカトシュ、ファイヤーアーベントといった錚々たるメンバーを数えることができた。

さて論争の背景をなす基本文献は、ポパーの場合では一九五九年に出版された『科学的発見の論理』――これはすでに述べたように、『探究の論理』の英訳である――であり、クーンの場合では一九六二年に刊行された『科学革命の構造』である。クーンの書物は前年に、ウィーン学団の機関誌であった『認識』の後継誌である『統一科学』に発表されていた。討議の参加者であったワトキンズの報告によると、かれ自身は一九六一年に『科学革命の構造』の草稿をすでに読んでいたし、ポパーのゼミではこの著書についての議論が一九六三年になされていたという。とすると、論争の準備は整っていたわけである。

クーンの基本的な考え

論争の概要を述べるためには話の順序として、まずクーンの基本的な考えをコロキウムでの論文などを含めて要約しておかねばならない。

クーンは、科学の大きな変動は基本的にはパラダイム転換と呼ばれる革命をつうじて生じると考える。革命をつうじてあるなんらかの基本的な理論が覇権を確立すると、研究はその理論によって与えられた枠組み（パラダイム）の内部で設定された、そしてある程度まで解が予想できるような細かなパズル的問題の解決に向かうという。こうした状況が科学の通常態であると考えられ、その状態にある科学は「通常科学」と呼ばれる。そしてこれが成熟した科学の特徴であるという。

クーンの考えによると、「通常科学」が確立してしまうと、パラダイムとしての理論そのものについてのテストはほとんどなされなくなってしまい、テストされるのはむしろパズルを解く科学者個人の能力になってしまうという。にもかかわらず、通常科学で処理できないような、あるいは基本理論に対する反証となりそうな事例は相変わらず発生してくる。とはいえ通常科学の支配がつづいているかぎり、それらは、異常事例とされ、無視されたりし、あるいは基本理論の防衛にあたる補助的理論の導入によって片づけられてしまう。

しかしながら、やっかいな事例が積み重なってくると危機が発生し、新たな基本理論が提出される。すると、科学者集団はその理論へ転向する人びとと非転向のままの人びとに分裂する。転向した人びとはやがてその理論の内部でパズル解きとしての通常科学を営むようになる。しかし、こうした人びとと、もとの理論を捨てないままの人びととのあいだでの対話や対決は背後にあるパラダイムが根本的に異なるために不可能となる。反対陣営の人びとはみずからの信じている基本理論にしたがって世界を解釈しており、また使用する用語にしても意味が根本的に異なっているからである。この主張は、通常、共約不可能性のテーゼと呼ばれている。しかしながら、最終的には新旧いずれかの理論が勝利を収めることになるが、それは証明とか反証といった合理的なことがらにもとづくものではなく、直観とか好みとかあるいは忠誠心といった科学外的な心理的な要因（群衆心理）にもとづく。

クーンのこうした考え方に対しては、先に言及したコロキウムではきびしい批判が提出された。ワトキンズはクーンの議論を五つのテーゼ（パラダイム独占、無空位期間、共約不可能性、ゲシュタルト転換、インスタント・パラダイムの五テーゼ）に集約する過程で、クーンのパラダイム論を内的矛盾に満ちたものとして描き出した（詳しくはワトキンズの論文を参照されたい）。そして、そのうちのいくつかはクーンも認めざるをえないものであった。

トゥールミンは、ワトキンズの論調と比較するとずいぶんと穏やかなものであったが、科学史を記述するにあたって、クーンのように通常科学と革命的科学とを峻別することが不適切であることを論じ、進化論的認識論による克服の方向を示唆した。

ファイヤーアーベントは、クーンの議論のうちに事実的言明と規範的言明との意図的な混同を見、そしてそこに科学を閉じた社会とみなし、またそれを鼓吹するイデオロギーを嗅ぎとり、それを断固として拒否した。かれはまた、通常科学の存在をもって、（科学と非科学との）境界設定の規準とするというクーンの考えにも反対した。このような規準では、神学者たちが聖書を自己の教義に合致するように解釈する作業もともに科学とされてしまうからである。ただし、ファイヤーアーベントの場合においては、クーンを全面的に否定するのではなくして、共約不可能性のテーゼを提出することによってクーンを側面から支援していることも述べておかねばならないだろう。

じつをいえば、筆者は共約不可能性のテーゼを含めてクーンのパラダイム論への反駁を拙著『討論的理性批判の冒険』(第五章)で扱ったことがある。ここで、その議論を繰り返すのは遠慮するが、筆者の議論は、ワトキンズの議論と、共約不可能性のテーゼをのぞくファイヤーアーベントの議論に近いものであった。したがって、筆者はクーンの科学観は内在的矛盾を抱えているし、イデオロギー的にも受け入れがたいものであると考えている。また、そのときには十分に触れることができなかったのだが、アンダーソンの研究(『批判と科学史――クーン、ラカトシュ、ファイヤーアーベントによる批判的合理主義への批判――』未邦訳一九八八年)を見ると、『科学革命の構造』において取り上げられている事例についてのクーンの説明にしても、おおいに疑問符をつけねばならないものだと思っている。

パラダイム論への反駁

さて、筆者のこうした見方からすると、クーンに対するポパーの応答は譲歩のしすぎのように見える点もあるのだが、一応、コロキウムでのポパーの応答およびその後の応答を整理しておこう。ポパーは、「通常科学とその危険」と題した応答論文のなかでクーンの側の誤解をただし、ポパー自身のうちにクーン的な意味での通常科学を描いている箇所があることを指摘した後で、基本的に二つの応答をしている。ひとつは、通常科学にかんするものであり、他は歴史的相対主義にかんするものである。

通常科学について言えば、ポパーは、クーンが通常科学に光をあて明るみに出したことを高く評価する一方で、パラダイム転換のようなかたちで科学史を説明することには無理があると指摘する。ポパーの考えでは、科学史についてのクーンの描像は天文学にはあてはまっても、物質についての理論やダーウィンやパスツール以後の生物諸科学にはあてはまらない。さらにポパーは、ウィルソン霧箱、放射線にかんするレントゲン、ベクレル、キューリー夫妻、ラザフォードなどの仕事を例として挙げながら、革命的な仕事であるにもかかわらず科学革命をただちに引き起こしたわけではない仕事があることを指摘している。それらは、通常科学の内部で進行していたことになるわけだが、とうていパズル解きとは言えないものであって、クーンのパラダイム論に対する反駁となるものである。さらに、ポパーはアインシュタインの仕事が、パラダイム論が示唆するような意味で異常事例の蓄積の結果として生じてきたわけでもないことを指摘している。科学史の現実は、ポパーの考えでは、パラダイムの支配というよりは競い合う研究プログラムの絶えざる抗争として描かれるべきものなのである。

ところでポパーの論点は、通常科学が存在するか否かという点にあるのではない。それどころかかれは通常科学が存在することをはっきり認め、むしろこの現実にはっきり目を開かせてくれたことに対してクーンに感謝している。その点では、ポパーの議論は、ワトキンズなどの議論とくらべると、大いにクーンよりであると評することもできる。両者の対立点は、ポパーからすれば、クーンは通常科学を嫌ってはいないのに対し、ポパー自身はそれを嫌っているという点にある。好き嫌いということばを離れていえば、ポパーが通常科学（normal science）を「正常（normal）」と見ることは決してないのに対し、クーンは明らかに通常科学を「正常」として捉え、科学性の規準としている。

しかしながら、ポパーからすれば、通常科学という概念はそもそも社会科学的概念であり、これをもって科学性の規準とすることは、ほんらい哲学的（規範的）な規準が提出されるべきところに事実的な規準をもちこむ混同にほかならない。さらに「通常科学の通常性についてのクーン」と題されたポパーの論文によれば、パラダイム論はむしろ比較的最近における科学者の大量生産の結果として生じた現象、つまりパズル解きを過去の科学史に投影したものなのである。

この指摘によってポパーは、はっきり言及しているわけではないが、東西対立のもとで原子力科学やミサイル科学が多数の科学者や技術者を必要とし、かれらにまさにパズル解きをおこなわせたという事態を考えているのであろう。ポパーの目には、「通常」科学者は、ドグマの支配する世界でまずい教育を受けた憐れむべき人物として映るのである。パラダイムの支配がより深くまでおよぶとき、たとえば学生は、科学を諸説の競い合いとして見ることもまた学説を批判的に見ることも止め、安心して受け入れることのできる定説とその応用方法の習得のみを追い求めることになろう。ポパーはこのような事態をパラダイムの支配によってもたらされる専門化の進行として、そして同時に、筆者の見るかぎり正当にも、われわれの文明の危機として見ている。

フレームワークの神話

クーンに対するポパーの第二の応答は、クーンが共約不可能性のテーゼによって相対主義を擁護している点に向けられている。共約不可能性のテーゼとは、共約できない関係に立つ理論では、同じ用語が用いられているにしてもその意味は異なっているのであり、そのかぎりで相互的批判もかみ合わないということであった。クーンは、このテーゼを論拠として、科学の合理性は共通のフレームワーク（準拠枠）としてのパラダイムの承認を必要とするのであり、それなくしては合理的な相互批判は不可能であると考えた。ポパーは、こうした考え方をフレームワークの神話と呼ぶ。この神話のもとでは、当然、パラダイム相対主義とでも呼ぶべきもの——ポパーが歴史的相対主義と呼んだもの——が帰結してくる。フレームワークが異なれば、相互批判は成立しないというのであれば、空間的には諸フレームワークの併存があり、時間的にはその継起が見られるのみということになる。

　ポパーは、この種の相対主義を批判する。というのも、かれは、客観的真理の追求を目指した相互批判が可能であると考えているからである。もちろん、ポパーは異なったフレームワークのもとに立つ者同士のあいだでの議論がきわめて困難であることは承認する。フレームワークは、世界観あるいは生活の様式に織り込まれた心理的な絆として人びとを捉えているからである。しかし、かれは困難さを不可能性にしてはならないと考える。こうした観点から、かれは相対主義を批判するための議論をいくつか提出する。いま、それをかれの論文「フレームワークの神話」などから拾うと、基本的には二種類の議論に分類できるように思われる。ひとつは、相対主義に対する常識的な反論といってよいものであり、他は論理的、あるいは哲学的な議論である。

常識的な反論のひとつは、文化における規約的レベルでの差異を文化の本質的な差異と見なしたり、またそれをもって文化間の交渉の可能性を排除してはならないという主張である。たとえば、アメリカでは車は右側通行であるのに対し、イギリスでは左側通行である。そして、どちら側を通行するかは純粋に規約の問題である。ここでは討論も可能であるし、相手国の歴史的事情について十分に理解することもできる。規約の問題にすぎないものについて、フレームワークの神話を承認しなければならない理由はないとポパーは考える。

さらにかれは、いわゆる文化衝突のもたらす知的豊饒性を指摘する。古今東西、多くの文化衝突が人類の歴史には刻まれている。ポパーが好んで言及するのは、古代世界におけるギリシア、エジプト、ペルシャの諸文化の衝突である。（詳しくは『よりよき世界を求めて』に収録されている「文化の衝突について」を見よ。）かれの考えでは、文化的集団の一方がみずからの優越性を信じ込んだり、あるいは劣等性を信じ込んだときには、文化の衝突はむしろ不幸なものとなるのだが、お互いに他方から学び刺激を受け取ることができるときには相手側に対してもまたみずからに対しても批判的な態度をとることができ、多くの実りがもたらされる。ポパーは、文化衝突のなかには、相互批判の不可能性ではなく、相互的批判と摂取への絶えざる努力が見られると主張する。

論理的、あるいは哲学的なレベルでの反論としてまずポパーが指摘するのは、パラダイム転換は新旧パラダイムの断絶のみをもたらすのではないという点である。たとえば、アインシュタインの理論は、ニュートンの理論といくつかの点で矛盾するが、他方でニュートンの理論をみずからの理論にとっての近似解として許容する。ここにあるのは科学理論の発展における断絶と継承ということであって、累積的発展のみがあるのでもなければ、パラダイム論者の言うように断絶のみがあるのでもない。パラダイム相対主義者はこうした事態の意味を評価し損なっている。

また共約不可能性のテーゼが主張されるときには、討論に対してあまりにも過度の期待がかけられているという点が指摘されてよい。ポパーの見るところかれらは、相互理解の規準として現実離れした高すぎる理想を掲げ、現実のわれわれがそれを満たすことができないときに相互理解の不可能性を主張する。そうした現実離れした理想のひとつは、自分たちが真理であると信じている主張が他集団によって主張されている誤りに対して決定的勝利を収めるというものである。これが討論によって満たされないとき、失望が生じ討論についての悲観主義が生まれてくるとポパーは考える。しかしポパーにとっては、討論とは勝ち負けではなく、討論の後、以前とは異なった仕方で物事を見る仕方を学ぶことである。ポパーは、言及していないが、勝ち負けをいうならば、ポパーの哲学がただしいかぎりどんな主張でも原理的には批判されたり、経験的に反駁されうるのであるから、勝者はいないのであり、われわれは原理的に敗者であるといった方が討論という事態の本質にかなうであろう。

くわえてポパーは、物理学的領域における、熱の流体理論と熱の運動理論との争い、ボーアとアインシュタインの論争などに言及しながら、共約不可能性のテーゼがただしいわけではないことを主張している。とはいえ、ポパーの議論の仕方は、このテーゼが妥当しない事例を挙げるにとどまっているように見える。それに対して、かつての同僚であったJ・O・ウィズダムは、このテーゼそのものに対する全体的な論駁を非常に簡潔なかたちで提出している。ウィズダムの論証はこれまで注目されてこなかったように思われるので、拙著『討論的理性批判の冒険』で紹介しておいた。参照していただければありがたいと思う。

フレームワークの神話に対するポパーのより論理的・哲学的な反論は、神話の信奉者が暗黙のうちにおいている仮定への批判である。（ここでは、第四章第4節での議論を参照していただけるとありがたい。）ポパーによれば、かれらはフレームワークを支える根本的な前提についての討論は不可能であると仮定している。つまり、討論というものは、なんらかの原理、あるいは公理とさえ呼びうるような前提から出発しなければならないのであり、そのような前提をさらに深い前提から正当化しようとすると、その「深い前提」についてまたもや正当化が要求されることになって無限背進に陥ってしまうから、公理の機能を果たす前提を独断的に受け入れねばならなくなるというわけである。ここからして、フレームワークの存在が正当化され、異なったフレームワークのあいだでの討論は、共通の根本前提が成立しないから不可能であるという議論が提出されてくる。この議論に対してポパーは、帰結の非妥当性から前提の非妥当性へという反証主義のもっとも中心的な考えをもって対抗している。すなわち、前提から導出された帰結のうちに誤りを見出したならば、前提のうちにも誤りが潜んでいると推測することにより、根本前提についての議論が可能になるという考えである。フレームワークの神話は、この種の討論の可能性をほぼ完璧に見落としている。

以上でパラダイム論争に対するポパーの基本的な立場を見たことになる。ここではこの論争についての筆者の考えを簡単にまとめておこう。筆者は、ポパーがクーンによる通常科学の発見を高く評価する一方で、クーンの科学（史の）哲学を却下することはある意味で当然であると思う。というのも、ポパーの科学哲学は、第二章のことばで言えば、超越論的立場に立っており、科学における方法を主として規範的観点から批判的に問題にするものであった。すると当然のことながら、科学の現実の姿——科学者たちの激烈な競争、学派の形成、補助金の奪い合い、政府による誘導などなど——については、どうしても目を向けることが弱くなる。換言すれば、哲学的傾向が強くなりすぎ、科学についての社会学的研究をおこなう傾向が弱くなる。この点で、ポパーの哲学が、通常科学の視点を導入することにより、科学教育を含めてわれわれの社会における科学の現実の姿を批判的に描き出す努力（科学社会学）を包摂する方向に動いていくことは、筆者には大切なことであるように思われる。こうした観点からすると、ポパーの弟子の一人バートリーが、マンハイム的知識社会学ではなく、知の運搬体における知識の歪曲についての研究としての知識社会学を提唱しているのはたいへん示唆的である（『ポパー哲学の挑戦』未來社、一九八六年）。

第六章

オープン・ユニヴァース

六〇年代に入ってから、ポパーの思想は一段と成熟の度を加えたように見える。論文の方から注目すべきものを拾ってみると、はじめて進化論的認識論の考えを体系的に述べた六一年のハーバート・スペンサー記念講演「進化と知識の木」がまず挙げられるであろう。六五年には非決定論を公衆に向けて語った「雲と時計」がコンプトン講演として発表された。つづけて六七年には知識の客観性を説き、三世界論を展開した「認識主体なき認識論」が公表される。そして、七七年の『自我と脳』における身心相互作用説の展開がつづく。ポパーはこうした旺盛かつ独創的な活動を、前章でも触れたような論争をおこないつつ、展開したのである。

もちろん、これらの思想は、なんの前触れもなく六〇年代に至って突然ポパーの思想のなかに出現したのではない。その原型をたどっていくならば、三〇年代あるいは二〇年代の思想にたどり着くこともできるだろう。しかしながら、本書ではそうした研究者の関心を引きつけるような成立史的叙述ではなく、こうした思想の内容そのものに話を絞っていきたいと思う。

ここで傍点を付して言及した四つの思想は相互に密接に絡み合ってポパーの思想の骨格を形成しており、ジグソーパズルのひとつひとつのピースのように取り出せるものではないのだが、できるだけポパー思想全体への見通しをよくすることを念頭におきつつ、順次解説をくわえていくことにしたい。そのさい、最初に取り上げるべきは、非決定論の思想ではないかと思われる。この思想は、弟子のワトキンズも指摘しているように、ポパーの全哲学のかなめ石としての役割を果たしている。世界が非決定的であるからこそ新しいものが生まれてくる可能性があるのであり、また、宇宙の進化も生物の進化も、そして意識（世界2）や文化的産物の世界（世界3）も可能であるとされる。こうした意味において非決定論は、ポパーの三世界論ならびに進化論的認識論、そして身心相互作用説の基礎である。

本章では、まず第一節でポパーの非決定論について述べ、第二節ではポパー哲学全体への見通しをよくするために三世界論を解説し、第三節で進化論的認識論、第四節で身心相互作用説を扱うことにしたい。そのさい注目すべきは、世界が他の世界に対して開かれているということ、われわれの宇宙全体が未知のものに開かれているという開放性の哲学であろう。

1 非決定論

さて、ポパーの非決定論がもっとも明確に述べられているのは、五〇年代中葉に書かれ、現在は『「科学的発見の論理」へのあとがき』（『ポストスクリプト』）の第二巻を構成している『オープン・ユニヴァース』ではないかと思われる。それゆえ、以下ではこのテキストを基礎にして話を進めていくことにしよう。しかしながら、ポパーの非決定論を述べるには、その反対の立場である決定論から話を進めていった方がなにかと好都合である。

決定論とは

もっともありふれた日常的理解にしたがって言えば、決定論とは、物理的な出来事のみならず心理的な出来事も含めてすべての出来事は、その起こることが前もって決定されているという考えである。もしそのとき、出来事のすべてが原因と結果の長い連鎖、すなわち因果律によって決定されているというならば、それは因果的ないしは物理的決定論と呼ぶことができるであろう。他方で、出来事のすべては神の全能の力によって決定されているというならば、それは神学的決定論と呼ぶことができるであろう。しかしながら、両者とも、その決定論にもとづいて将来の出来事を正確に予測できると考えているわけではない。しかし、さまざまな理由から将来を予測できないにしても、物理的決定論はそうした予測不可能性の根底にもなお依然として決定論的タイプの法則が存在すると想定してその探究をわれわれに要求するのに対し、神学的決定論はそこに神の意志を見る。この意味で前者は研究プログラムとしての性格が明らかであり、後者は信仰としての性格が明らかである。ことばを換えれば、両者とも経験的反駁を免れているという意味で形而上学的決定論である。

ところで、形而上学的決定論は、各種の宗教が成立して以来、また近代科学がめざましい成功を収めて以来、ながく人びとの心を捉えてきたが、他方でそこに潜む根源的な問題もまた鋭く意識されてきた。それは、決定論と人間の自由意志との対立の問題である。形而上学的決定論がただしいのであれば、人間の自由意志はことごとく否定されるであろう。しかしその一方で、決定論がどれほど声高く主張されようとも、人間はみずからの意志によってものごとをひきおこすことができると考え、またそこにこそ責任の所在があると考えてきた。自由意志が存在しないのであれば、責任を問うことも、したがって刑罰を科すことも無意味であり、社会の道徳的基盤が崩壊するとさえ考えられてきた。

決定論と自由意志との衝突について、思想史から一例を挙げてみよう。中世神学の基礎を築いたとされるボエティウス（480－524）は、神学的決定論と人間の自由意志を調停しようとして、永遠の現在という考えを導入した。それは簡単に言うと、映写技師がフィルムを検査するときに映画の前の部分も後の部分も一度に見ることができるように、全知全能の神は、すべての出来事を現在の出来事として、つまり永遠の現在として見るのに対し、人間はものごとを過去から現在そして未来へと時間の流れを追って見ていくことしかできないという考えである。神の定めたものごとの流れは摂理として永遠に決定されているのに対し、有限の知能しかもたない人間には摂理は認識しえない偶然の戯れとして、つまり転変きわまりない運命として現れる。とはいえ、予測（認識）不可能な運命のもとで人間は自由意志があるかのように感じることができる。ボエティウスの体系では摂理と運命が区別されることによって、人間にとっての自由意志と神にとっての摂理（決定論）が調停されている。

ボエティウスの「調停」の成否を論じることはここでの問題ではない。問題は、ポパーもまたこの古くからの問題圏のなかにいるということである。かれは、非決定論をもちこむことによって自由意志の成立の可能性を論証しようとする。他面で、かれの非決定論はこの世界がいかなる秩序も法則ももたないまったくのでたらめの世界であることを意味しているわけではない。とすると、かれが導入する非決定論はどのような性格のものであるのだろうか。それに答えるためには、非決定論とは対極にたついわゆる「ラプラスの魔」に言及しておくのが好都合である。

ラプラスの魔

フランスの科学者ラプラス（1749－1827）は、ある時点においてあらゆる物体の相対的な状況とそこに働いている力のすべてを知ることができるならば、過去も未来も確実にわかると主張した。これが、ラプラスの魔としてよく知られている主張である。それは、過去も現在も未来も完全に決定されているという形而上学的レベルでの決定論（物理的決定論）であると同時に、認識論的レベルでも決定論的な予測（認識）が可能であると主張する決定論でもある。ボエティウスのことばで言えば、摂理のレベルにおいても運命のレベルにおいても決定論が成立するのである。

ラプラス的決定論においては、人間のみならず世界のすべてが前もってセットされた自働機械のようなものとなるだろう。人間の自由は完全に消滅してしまう。どのような現象が起ころうとも、それはすでにそうなるべく決定されていたのであれば、世界が新しいものを創造することもない。世界にはせいぜい配列や組み合わせの新しさがあるだけで、本質的な創造性（Kreativität）はなくなる。バッハやモーツァルトの楽曲も、自由な精神による新しい価値の創造ではないことになる。

この点についてもう少し立ち入っておきたい。ポパー自身が言及しているのだが、決定論が創造の主体としての精神や心を消滅させてしまうことについては、すでにエピクロス（BC. 342－271）のうちに興味深い議論がある。

「万物は必然によって生じると主張する人は、万物は必然によって生じるとはかぎらないと主張する人を非難することはできない。なぜなら、前者の主張では、後者の主張それ自身が、必然によって生じるはずだから。」（『自我と脳』上、思索社、一九八六年、一一八ページ、訳文変更）。

つまり、決定論がただしいならばそれについて議論することは無意味となる。どのような主張も反論もすでに永遠の昔から定まっていたことになる。議論をすることはいわばシヤックリがでるのと同じように、意志の力によっては止めることのできない必然の過程になるからである。議論によって影響されたり、あるいは新しい議論を産み出したりする自由な主体としての「自我」は解体され、消滅させられている。人間を構成している全要素が物理的要素に還元され、そしてそれらの要素の決定論的メカニズムによって人間のあらゆる行為が説明されるのであれば、自由の担い手としての「自我」とか「こころ」といったものを考える必要はなくなる。これは、ポパーが決定論を拒む理由のひとつでもある。

他方でわれわれは、われわれ自身の自由がまったくの偶然の産物であると考えているわけでもない。もし自由というものがミクロ・レベルでのまったくの偶然である「量子飛躍」の連続的増幅（マスター・スイッチ・モデル）として捉えられるならば、われわれはこれを受け入れることを躊躇するであろう。というのも、われわれの自由はたんなる偶然ではなく、熟慮をつうじて、また仲間たちとの議論をつうじてコントロールされており、そして自我の自律のもとにおかれていると考えられるからである。われわれの求めている非決定論はおそらくこうした常識を説明しうる能力をもつ必要があるだろう。そしてポパーの非決定論はまさにこの能力をもつ議論として提案されている。

さて、ポパーの考えている非決定論は、第一に形而上学的レベルでの非決定論である。それは、実在のレベルでものごとは非決定的である——正確には、すべてのものごとが決定されているのではない——という主張である。ポエティウスのことばで言えば、摂理のレベルでの非決定論である。くわえてポパーの非決定論は、当然のことながら、認識論のレベルにおいても決定論的予測（認識）が成立することを否定するから、二つのレベルにまたがって非決定論となる。

ポパーの非決定論の特色をはっきりさせるために、いままでに言及したボエティウスやラプラスなどの立場を含めてひとつの表を作ってみよう。そのさい、認識論的決定論と認識論的非決定論と名づけたのは、決定論的予測（認識）が成立すると考えられているかどうかという観点からの区別である。なお、ポパー自身はここでの「認識論的」ということばの代わりに「科学的」ということばを用いていることを注意しておきたい。「科学的」決定論については後述でより詳しく触れることにしよう。

	認識論的決定論	認識論的非決定論
形而上学的決定論	ラプラス	ボエティウス
形而上学的非決定論		ポパー

現代物理学者でボエティウスの位置を占めるのは、神はサイコロ遊びをしないといった一時期のアインシュタイン、あるいはプランク、シュレーディンガーといった量子力学の建設に大きく貢献した人びとであろう。またラプラスが占めている欄には、われわれがすでに議論したことから例を拾えば数多くの唯物論者やヒストリシストを書き込んでもいいだろう。

さて、二つのレベルでの非決定論を主張するポパーの立場からすると、ラプラス的立場もボエティウス的立場もともに批判すべき対象となる。たしかに今日では、量子力学の影響もあって、ラプラス的立場を主張する人はほとんどいないように思われる。それに対して、内心では世界の決定性を信じながらも、認識レベルでの非決定性にやむをえず甘んじざるをえないというボエティウス的立場に立つ人もいよう。ポパーが、これら二つの立場を批判するのは、それらが形而上学的レベルでの非決定性を無視しているからである。

しかしながら、ここで翻って考えてみるならば、そもそも形而上学的レベルで世界の決定性あるいは非決定性について議論することにどれだけ意味があるのだろうか。また、そのような議論をすることは可能であるのだろうか。

ポパーの論証戦略

形而上学レベルでの議論はテスト可能（経験的に反証可能）ではない。これはポパー自身の科学哲学からの帰結でもある。要点を思い起こしてもらうために例を挙げてみよう。たとえば、形而上学的決定論者はどれほど非決定論的な事実を突きつけられても、「いや、その背後には決定論的メカニズムが働いているのであって、われわれはそれを認識しえていないだけだ」と答えることができる。他方で、形而上学的非決定論者は、決定論的な事実がどれほどであろうとも「世界のどこかには非決定論的事実が存在する」と言い張ることができる。こうした状況は、決定論に対してであれ非決定論に対してであれ、最終的な論駁が不可能であることを意味している。

とすると、ポパー自身は形而上学的決定論を批判し、形而上学的非決定論を支持するためにどのような戦術を採るのか。この点を説明するためにはまず、われわれがいままで認識論的決定論と呼んできたものをポパーは科学的決定論としてつぎのように定式化していたことに触れなければならない。

「「科学的」決定論とは、……この世界の構造は、過去の出来事について十分に正確な記述がすべての自然法則と一緒に与えられれば、どのような出来事も望みどおりの精度で合理的に予測できるようになっているという説である。」(小河原誠、蔭山泰之訳『開かれた宇宙——非決定論の擁護——』岩波書店、一九九九年、二ページ)

このような科学的決定論が、思想史的には、古代からの形而上学的決定論を強力に支持してきたことは明らかである。ガリレイ以来の科学や技術の進歩もそれを支えてきたように見える。ところが、ポパーは科学的決定論をこなごなに打ち砕くことで、形而上学的決定論を支えている擁壁をことごとく取り壊してしまう。形而上学的決定論はいわば丸裸にされる。ある人が、どれほど形而上学的決定論を主張したとしても、それを体現する(科学的）理論の存在しえないことが論証されてしまうならば、かれは形而上学的決定論をただ信念のレベルでしか保持しえなくなってしまう。かれは、みずからの信念を科学のレベルに翻訳しえなくなる。

ポパーのこの考えをもう少し具体的に述べてみよう。ふつう、常識的にはニュートン理論は、ラプラスの魔の場合にも見られたように、科学的決定論であると考えられている。それは、認識のレベルで将来の出来事の決定論的予測を可能にするから、実在そのもののレベルにおける決定論（形而上学的決定論）を支持する（含意する）と考えられてきた。しかしポパーは、ニュートン力学（や相対性理論）が決定論的理論ではないことを論証することで、少なくともそれらに依拠した形而上学的決定論への支持を取り払ってしまうのである。

形而上学的決定論を批判するにあたってのポパーのこのような戦略は、なるほど、形而上学的レベルでの非決定論を積極的に立証するものではない。しかしながら、科学的決定論の壊滅的状況を作り出せるのであれば、形而上学的非決定論にとって有利な状況を産み出せることはまちがいない。ポパーの議論は、およそこのような性格のものである。

さて、ここでは科学的決定論を論駁するにあたってのポパーの戦術についても述べておこう。ポパーは、科学的決定論を「算出可能性の原理」と「系内部からの系についての予測（自己予測）」という考えによって特徴づけ、そのうえでこれら二つの観念をもちいて科学的決定論を論駁していく。そのさいかれは基本的に三つの議論をおこなう。ひとつは古典物理学（ニュートン理論）において算出可能性には原理上の限界が存在するために、科学的決定論はそこにおいてさえ成立しないと論じる議論である。第二は特殊相対性理論を用いて過去は因果的に閉じているが、未来は開かれているゆえに、決定論的なリトロディクション——過去においてかくかくの出来事が生じたはずであるという論証——は成立するが、決定論的な未来予測は成立しないと論じる議論である。第三の議論は、自己予測の不可能性にかかわる議論である。

さて、これらの議論を紹介することは決して生やさしいものではないが、議論の大まかな流れのみならば何とか紹介することはできるであろう。そのさい、筆者としては科学的決定論を特徴づける「算出可能性の原理」と「系内部からの系についての予測（自己予測）」についてはできるだけていねいに紹介するつもりである。というのも、これらを理解していただければ、ポパーの議論がどのようなものであるかは直感的に見当がつくと信じるからである。その後、筆者としては物理学の知識が要求される古典物理学と特殊相対性理論にかかわる議論については省略し、自己予測の不可能性にかかわる議論の概略を紹介したいと思う。

科学的決定論の根本的な特徴はなにか——算出可能性

ポパーは、科学的決定論を特徴づけるのは、算出可能性の原理であると考える。ではそれはいかなる原理であるのか。

この原理を解説するため、予測にかかわるある非常に簡単な（原理的な）状況を想定してみたい。いま非常に小さな球——たとえば、パチンコ玉——を適当な高さから落下させることにしよう。このとき、落下位置（着地点）を予測する理論が決定論的なものであれば、落下位置は正確に予測されるはずである。しかし、現実には若干の誤差が生じたとしよう。つまり、予測は正確ではなかったとしてみよう。さて、この状況に対しては基本的に二つの応答が可能である。

A　予測が正確でなかったのは初期条件が正確に知られていなかったためである。

B　偶然が作用した。

言うまでもなくAの応答は、決定論者の答えであって、予測にあたっての理論——科学的決定論の性格をもつと想定されている——はただしかったにもかかわらず、それを立証するためのいわば環境整備（たとえば、初期条件の正確な測定）がなされていなかったために、見かけ上、ただしさが立証されなかったのだという主張である。それに対して、Bの応答は、言うまでもなく、非決定論者の答えである。

さて、Aの主張はもっともらしく聞こえるであろう。したがって、決定論を追いつめようとするならば、言い逃れ——初期条件の測定が不正確であった——の可能性をあらかじめ封じ込めておく必要がある。ここでのポパーの着想は、反証と反証のがれの禁止という考えの巧みな応用であると評価してよいだろう。こうした封じ込めをおこなう原理として提出されたのが算出可能性（accountability）という考えである。それは次のように定式化される。

「予測課題から（もちろん理論との連言のもとで）、初期条件に要求されるべき精度を算出できなければならない」（上掲書、一四ページ）

これをわれわれの例に当てはめるならば次のようになる。先ほどの理論によって、落下位置はかりに半径十センチメートルの円内であるという予測がたてられたとしよう。ポパーの算出可能性の原理はこのとき、この予測をするためには初期条件はどの程度の精度をもっていなければならないかをあらかじめ計算できねばならないと要求している。そして、もちろん、落下テストの前に初期条件が要求された精度をもって測定されたかどうかが確認されねばならない。そのうえでテストされ、予測精度の範囲内に落下すれば理論は反証されたことにはならないが、そうでない場合には、この理論が想定していなかった諸要因が作用していたことを認めざるを得なくなるだろう。

ここで、少しばかり細かい点に触れることになるが、「理論が当初想定していなかった要因」を考えに入れるということは、新たに理論が適用されるべき状況についてのモデルを作り直すということである。たとえば、われわれが扱っている落下の例で言えば、小球の材質とか、そのときの室温とか、さらに突飛なことをいえば観測者の心拍数とか体温といったものまでも理論の構成要素に組み込み直さねばならないということである。逆に言えば、当初の理論は状況を近似的にしか把握しておらず、単純化していたことになる。しかし、これは近似度はどの程度のものであったのかという問題を生じさせるはずである。そしてこの問題は理論を適用するときに絶えず算出可能性の問題と類似の問題を引き起こすのであり、科学的決定論をますます厄介な状況に追い込んでいくことになろう。

話を算出可能性の問題に引き戻そう。決定論者は算出可能性には原理的に限界はないと考えている。かれは、観測技術が進歩すればするほど、初期条件の測定精度のみならず予測の精度も向上し、科学的決定論のただしさを論証できると考えている。しかしながら、算出可能性には原理的な限界があるということが論証されてしまったらどうなるであろうか。つまり、初期条件はある限度を超えては正確に測定しえないというのであれば、科学的決定論の根本的立場、すなわち「……過去の出来事について十分に正確な記述がすべての自然法則と一緒に与えられれば、どのような出来事も望みどおりの精度で合理的に予測できる……」(上記「ポパーの論証戦略」の説で引用済み)という主張を維持することはできなくなるであろう。この主張の前提条件が充足されないのであるから、望むがままの正確さをもって、未来を決定論的に合理的に予測することはできなくなる。形而上学的決定論を信じることはできても、科学的決定論を主張することはできなくなる。

ところで、ポパーがここで論証しようとしている、算出可能性の原理的な限界についてはすでにハイゼンベルクの不確定性原理がその典型的な例証として言及されてよいだろう。一般にこの原理は、そもそも観測をおこなうには、観測される対象と観測する装置とのあいだに干渉が生じてしまうために測定の精度には限界があるという主張として理解されている。日常的な例としては、たとえばビーカーのなかのお湯（観測される対象）の温度を計るために棒温度計（観測する装置）を差しこんだならば、お湯と棒温度計のもっている熱量との間に干渉が生じてしまうためにお湯の正確な温度は測定できないといった事例を考えてみればよい。ハイゼンベルクの不確定性原理そのものは、電子の位置と運動量を同時に測定することには限界があるというものである。位置を以前よりもより精密に測定しようとすれば、運動量の測定はぼやけてくる――逆もまたしかり――という関係である。この関係は、x座標上の不正確さΔxと運動量の不正確さΔPxとの積はプランク定数h（$6.626 \cdot 10^{-34} \cdot \mathrm{J} \cdot \mathrm{s}$）以下になることはないとして表現される。

さて、これは量子力学の世界における話であるが、ポパーはこれと同じような事態が、観測における干渉の問題とはまったく別に、ニュートン力学などの一見決定論的な古典物理学――たとえば、加速度の測定――においても生じると主張する。だが、その議論を紹介することは、本書の守備範囲を超えると思われるので、先にも触れておいたようにここでは残念ながら割愛させていただく。

ラプラスの魔を翻訳すると

さて話を移して、われわれがポパーの第三の議論と呼び、ポパー自身が根本的ではないにしても依然として重要とみなす議論を簡単に紹介することにしよう。そのためには科学的決定論は、系内部からの系の未来についての予測、すなわち自己予測になるという点を説明しておく必要がある。

これは、ラプラスの魔を正確に理解することから生じてくる問題でもある。ラプラスの魔は、今日風に言い直せば、驚くべき計算能力をもった一種の理想化された科学者である。では、これは系という観点から見た場合なにを意味するのであろうか。ポパーの議論における大事な点を挙げておこう。

まずポパーは、ラプラスの魔自身はみずからが予測するところの物理的世界に属していることを指摘する。その意味はつぎの三点に整理される。

a、ラプラスの魔が、情報を獲得する過程として解釈しうるような物理的過程が世界には存在する。

b、ラプラスの魔が、予測を計算している過程として解釈しうる物理的過程が世界には存在する。

c、ラプラスの魔が、予測を定式化している過程として解釈しうる物理的過程が世界には存在する。

さて、aは測定（観測）過程の話であり、すでに言及した「測定における干渉」の問題と必然的にかかわってくる。bはラプラスの魔を一種の予測機械として考えることを可能にする。そう考えたときには、ある意味では神秘的な「精神」というものを想定しないで、決定論的予測が可能か否かを考えることができるわけであるから、ポパーの議論はより説得力のあるものとなるであろう。cは、より具体的なイメージとしては、たとえばコンピュータが計算結果をプリント・アウトする過程を考えればよいであろう。

さて、ラプラスの魔をこのようなものとして理解すると、ラプラスの魔による予測とは自分の属している系と相互作用をしながら、自分自身を含めた系の未来を、系の内部から予測するということになるだろう。これは、べつなことばで言えば、系の自己予測ということである。

知識の成長と自己予測

系の自己予測とは、系が自分自身の将来の状態を現時点で知る、、ということである。予測することによって系には知識が追加される。としたら、系にはその知識にもとづく新しい行動の可能性が生まれてくる。しかし、ここには決定論にとってきわめて重要な問題が隠されている。

われわれの多くは、われわれの行動の大部分が知識に依拠していること、そしてまた知識が成長するものであることを承認するであろう。たとえば、真空管で作られたコンピュータ（エニアック）からノートパソコンまでの驚異的な進歩は、知識と行動との相互依存関係――たとえば、コンピュータを用いてコンピュータを設計する――を如実に示している。

さて、われわれの行動が知識に依拠しているのであれば、知識が変化したときには、あるいは、新しい知識が摂取されたときには、それらに依拠したわれわれの行動もまた大きく変化するであろう。とすると、もしわれわれが新しい知識の出現を予測しえないのであれば、それらに依拠した行動もまた予測しえないのであり、当然のことながら、科学的決定論を支持するわけにはいかなくなろう。

ポパーは、新しい知識の出現を予測しえないことを、「明日になって初めて知ることを今日知ることはできない」と定式化する。筆者は、この定式はそれ自体で十分に承認しうると考える。たとえば、ある作曲家がたとえば一年後に作曲する曲を現時点で予測しうるということは、四分音符や八分音符などが五線譜上のどこに位置しているかを今日のうちに知るということである。これは、一年後にはじめて出現するはずの曲を今日の内に手に入れているということを意味する。ここには明らかな矛盾がある。未来においてはじめて知ることのできる知識（理論）を今日知っているというのであれば、その知識（理論）が今日われわれの歴史に影響を与えてもいいはずである。そして、この矛盾はヒストリシズムとの関連で述べるならば、歴史を歴史の内部から予測することはできないという議論にもつながっていくはずである。

さて、「明日になって初めて知ることを今日知ることはできない」という議論は、いろいろなかたちでそれを支える論証を考えることができる。たとえば、未来の新しい理論は新しいものであるかぎりで現在の古い理論とはどこかで矛盾する——たとえば、ニュートン理論に対するアインシュタインの相対性理論の関係を想起せよ。しかしながら、予測においてはみずからの理論に矛盾することを引き出せない——自己矛盾した理論でないかぎり。ポパーの反証可能性の議論によれば、理論はそのようなことを禁止しているからである。しかし、ここではこうした補足的な論証の細部に立ち入っていくよりもポパーの議論の大筋を追いかけることの方が大切であろう。

さて問題は、系内部からの系の将来についての予測、すなわち自己予測は可能か否かという問題であった。ここで予測は法則と初期条件からの導出であることを思い出せば、予測は数学的あるいは論理学的計算となる。したがって、予測機械を考えることができ、それはラプラスの魔のあらたな体現者となる。ただし、その機械は次の条件を満たす必要がある。

a、物理学のあらゆる真なる自然法則を埋め込まれている。

b、数学と論理学のあらゆる計算方法を埋め込まれている。

機械は、ゼロ状態と呼ばれる一定の状態にいるときにのみ、予測の仕事を開始できるように作られている。さて、この機械は、将来におけるみずからの知識状態の予測をせよという指令を受けたときには、みずからがどのような状態にあるかという自分自身についての知識――これは議論のために獲得可能であると仮定される――を少なくとも初期条件のひとつとして、ゼロ状態から計算を初め、計算中は他の指令から妨害を受けることなく、ある成果に到達するとされる。つまり、初期条件が成立した時点（$t_0=0$）から出発して、ある程度時間がたった時点t_1における系の状態を予測するという仕事をおこなうのである。そして予測された結果は、たとえば新しい楽譜のように、その機械にとっての知識となる。

さて、この予測機械にとっては次のことが前提条件となる。

A　機械に与えられる課題（仕事）が十分に明確なものであったら、機械はただしい答えに到達する。これは、機械が十分に強力であることを意味する。

B　機械は答え（成果）に到達するまでに時間がかかる。また、答えを書き出すのにも時間がかかる。これは、たとえば機械が前もって答えを与えられているということを排除する。つまり、機械は予測をするためには、すでに埋め込まれている答えを提示することはできず、どうしても計算しなければならないものとする。

さて、AとBとが成立するならば、予測の計算をおこなったあとにおいてのみ予測されたことについての知識をえることになる。つまり、予測を開始するためのデータを与えられた時点で、結果もまた論理的含意として非明示的にではあれ含意されているにもかかわらず、それを明示的なものにするには時間がかかるのである。これは、換言すれば、計算後にはじめて知ることを計算の完了以前に知ることはできない、つまり、自己の知識の成長を予測できないということである。

ところでポパーは、自己予測の不可能性を立証する議論をわかりやすくするために、二つの同等の性能をもった予測機械を考える。一方の機械には「テル（Tell）」という名前がつけられ、他方には「トールド（Told）」という名前がつけられる。テルは、トールドの状態を予測するという課題を与えられる。ここで、トールドもまた予測の課題を与えられているとしよう。（のちに判明するように、それはテルについて予測するという課題である。）さてテルは、みずからの課題を果たすために初期条件を必要とする。それはゼロ時刻（$t_0=0$）におけるトールドの状態を記述するものであろう。もちろん、その「状態」のなかにはトールドに与えられている課題——ゼロ時刻から、ある予測を開始するという課題——も含まれているはずである。

さて、ポパーの議論を大幅に単純化すれば、ここでのかれの議論はおおよそ次のようになる。議論のポイントは、テルはトールドと同じ課題を与えられているという点にある。つまり、テルはトールドがおこなうのと同じ計算をしなければ、トールドのはじき出す結果に到達できない。そして、この仕事が開始されるゼロ時刻において、テルはトールドと正確に同じ状態にいると仮定しなければならないであろう。というのも、そうでないとしたら、テルはトールドについての正確な初期条件を与えられたことにはならないからである。(ただし、これが可能かどうかは別問題である。) これよりして、両者はまさに同時刻に仕事を開始せざるをえないのである。

さて、このような状況では、テルがトールドよりも早い時点で予測結果をプリント・アウトすることはありえない。せいぜい同時でしかない。(二つの予測機械の性能は同等と仮定されているのだから。) しかしながら、テルは、トールドが予測の仕事を終わってある状態(たとえば、ゼロ状態)に戻ったということと、トールドがプリント・アウトした結果とを記述しなければならないのだから、テルがトールドと同時に仕事をおわるということはありえず、遅くならざるをえない。そして、これはテルがトールドの予測に失敗したことを意味するだろう。

さて、ここでトールドに与えられていた課題はテルについての予測であったと考えてみると、テルは自分自身が下す予測について予測するという自己予測の課題に直面することになる。しかし、テルはトールドの計算結果よりも先にそれを予測することはできなかったのであるから、テルは自己予測においても、自分の下す予測がどんなものであるかを前もって予測することはできないということになる。つまり、将来の知識の成長を予測することはできないのである。

ポパーによるこの議論は、さまざまな予測者からなるわれわれの社会が内部からその将来を自己予測できるかという問題に応用することができるであろう。もちろん、人間は予測機械ではないが、そうみなしたところで、ポパーの議論は社会（系）内部からの自己予測の不可能なことを主張している。この意味でも、かれの議論は大変興味深いということができるであろう。

科学的決定論を論駁したことの意味

われわれは、きわめて不十分ではあるが、ポパーによる科学的決定論への反駁を見た。ここではかれの「反駁」のもつ意味に触れておきたい。それは基本的に二つある。ひとつは、自由意志あるいは自由の主体としての精神、心との関係である。他は、決定論が反駁されることで、確率の傾向性解釈への道が切り開かれるという点である。

最初に、決定論の論駁が自由意志の問題とどのようにかかわるかを見ておこう。決定論への反駁は、言うまでもなく、自由意志の成立可能性を開くことであり、より具体的に言えば、「決意」と予測の違いが明白になることである。たとえば、「わたくしは明日、手紙を書くであろう」という言明は、わたくしの行為についての予測とも、あるいはまた決意とも見なすことができる。予測と見なしたときには、行為者による行動への決意という要素は消滅してしまう。というのも、決意(自由意志)であれば、それは倫理的観点から責任を問われうるものであるが、予測であるときにはそのような要素は存在しないからである。しかし、ポパーの自己予測の不可能性にかんする議論がただしければ、決意を予測によっておき換えることはできない。(これは、倫理的には非常に重要な点であり、のちに「ポパーの倫理」を扱うときにも触れることにする。)したがって、非決定論の世界を切り開くということは、われわれを自由な決意する主体とすることなのである。ポパーはつぎのように述べている。

「われわれが「自由」(これをどう呼ぼうともかまわない)なのは、厳格な自然法則よりも偶然に支配されているからというのではない。そうではなくて、この世界の合理化――世界を知識の網で捉えようとする試み――は進歩していくとはいえ、そうした知識の成長それ自体もまたこの世界に帰属する一過程なのだから、どの瞬間においても、そこには限界があるからである。」(上掲書、一〇三ページ)

知識の成長の予測不可能性は、ある時点でのわれわれの知には限界があることを意味している。しかし、それは自由の制約ではなく、むしろ自由の根拠なのである。

ポパーは、このほかにも言語四機能説を引き合いに出して、下位の二機能、すなわち表出機能と信号機能は決定論的なメカニズムのなかにあるのに対し、上位の二機能とりわけ議論機能は決して下位の機能に還元されないことを指摘して、決定論の崩壊が、議論（合理性）の成立根拠であることを主張している。というのも、われわれは議論しているとき、みずからの状態をさまざまに表出し、また信号を送っているが、議論そのものの内容が表出とか信号に還元されることは決してないからである。そして、還元されないということ、言い換えれば、決定されていないということに合理性（理性）の基礎があり、非決定論による支えがある。

決定論の反駁から傾向性解釈へ

さてポパーが科学的決定論を反駁したことの意義の第二点、すなわち、非決定論の立場にたつ確率の傾向性解釈を取り上げることにしよう。

傾向性とは、簡単に説明するならば、精密な実験を繰り返していったときに、実験結果に生じる変動（fluctuation）——いつも一定の値が示されるわけではないこと——を説明するための概念である。（科学的）決定論が信じられているかぎり、変動を説明するための（決定論的）原因が追求されることになろう。しかし、そのような追求は、算出可能性の精度をかぎりなく高めていくことになるわけだが、それには原理的な限界があった。ポパーは、科学的決定論が論駁されてしまったあとでは、形而上学的決定論に災いされてあくまでも（決定論的）原因を追求するという空疎な努力は必要ないのであり、確率論的考察が積極的に導入されてよいと考える。そのような考えのひとつとしてポパーが提唱しているのが確率についての傾向性解釈である。ポパーはこれによって従来の確率解釈の不備をのりこえ、量子力学における主観主義と闘うことができると考えている。

ところで、ポパーがなぜ確率についての傾向性解釈を主張するに至ったのかという点については、基本的に二つの理由が考えられる。ひとつは、かれが確率についての従来の解釈におおきな不満をもっていたということである。他は、かれが傾向性解釈をもちこむことによって量子力学における主観性の介入に対して闘うことができると考えたことである。これら二点とも学問的に非常に高度な話題であり、とうてい本書の範囲内で扱えるものではない。そこで筆者としては、従来の確率解釈についてのポパーの不満がどのようなものであったのかを簡単に述べたあとで、かれの言う傾向性とはそもそもどのような考え方なのかという点を「ランデの刃」と呼ばれる議論にそくして紹介し、そのさい量子力学についてのポパーの議論にはいっさい立ち入らないことにする。

確率解釈については、大きく主観的解釈と客観的解釈と呼ばれる二つの解釈がある。前者は、確率的言明をわれわれ（認識者）の無知の度合いの計測と見なす立場である。たとえば、サイコロ投げでつぎに6の目がでるか否かがわからないとき、われわれはその目のである確率はたとえば1／6であると言う。しかし、このとき注意しなければならないのは、確率は言明について言われているのであって出来事について言われているのではないという点である。ここに主観的解釈の眼目がある。つまりこの解釈では、確率とは、たとえば「サイコロ投げでつぎに6の目がでる」という言明の確からしさ、もしくはそれに対するわれわれの信頼の度合いだということになる。

主観的解釈にはいくつか難点がある。そのひとつは、こうした主観的な信頼度（期待値）といったものをテストすることは著しく困難であるということである。第二の難点は、確率を主観の側における無知の反映であると解釈してしまうと、無知の度合いが変わるにしたがって、現実の客観的な対象そのものの確率が変化してしまうのかという問題に遭遇するという点である。

例を挙げてみよう。主観的解釈によれば、たとえば、われわれがサイコロの出目について確率を語るのは、サイコロの詳しい状態や投げられる際の条件や接地面の状況などを知らないためであるということになる。しかし、これは奇妙なことを意味するであろう。というのも、この解釈のもとでは、もしサイコロ投げにおける初期条件についてのわれわれの知識が異なっていたら、現実のサイコロはちがった振る舞いをするということになってしまうからである。われわれの側に知識があろうがあるまいが、確率的過程は客観的に進行しているはずである。

主観的解釈のもとでは、現実の対象の過程に主観が介入してこざるをえない。これが、ポパーが主観的解釈を断固として拒否する最大の理由である。

ポパーは、主観的解釈を排して「確率についての客観的解釈」を提唱する。歴史的に見ると、客観的解釈としてはフォン・ミーゼスによる頻度解釈が有名である。これは確率についての統計的理論である。この理論では、確率は事象の相対頻度の極限値である。たとえば、製品全体のなかで不良品が占める比率（相対頻度）を考えてみればよい。不良品率は工場毎にあるいは日毎に異なる。したがって、不良品率のばらつきが考えられるので、それらをならすために製品の個数を無限大にしたときの不良品の個数という極限値をもって不良品率が定義される。頻度解釈は、全体事象の系列におけるある特定事象の相対頻度が、系列を無限にしたときに収束する極限値をもって確率とする。したがって、相対頻度の極限値としての確率は、実在の側が示す性質であって、主観の側の無知の度合いではない。

しかしながら、ポパーは頻度解釈に不満をもち、これに専門的な批判をくわえている。（研究者たちによれば、ポパーは確率論において重要な貢献をしたと評価されている。）かれの頻度解釈に対する批判のうち分かりやすいのは、頻度解釈では単独事象――これについてはそもそも頻度を語ることが無意味である――について確率を語ることができないという点である。たとえば、ほかの誰でもなく、ほかならぬ本書の著者が交通事故に遭遇する確率というものは、頻度解釈では無意味なものとなろう。ここでは、もちろん、このような単独事象に対して、主観の側の期待値を投影することはできる。しかし、ポパーが問題にしているのは、そのような期待値の投影ではなく、出来事としての事象そのものの客観的な確率である。

ポパーは量子力学が成立した時期には、確率についての客観的解釈が十分に展開されておらず、それが、たとえば波束の収束などにおいて量子力学のなかに主観的解釈の介入を許した最大の理由であると考えている。しかし、この点に話を進めることは本書の課題ではない。以下では、ポパーの客観的な確率解釈の基礎になる傾向性という考え方の解説に話を進めることにしよう。

ランデの刃

ポパーは、物理学者アルフレッド・ランデの議論にそくして傾向性の考えを展開しているので、まず、それを紹介しよう。ランデの議論は、決定論者に対する反駁という形式をとっているので、今までに見たポパーによる決定論反駁の復習にもなる。

ランデの議論は思考実験というかたちを取る。かいつまんで言うと、状況は、カミソリの刃が直立しており、そこにチューブを通して象牙製の小さな球が落とされるという設定である。カミソリの刃から右に落ちる球を、便宜上、右球、左に落ちる球を左球と呼ぶことにしよう。この状況にはなんらの仕掛けもないと考えられているので、右球の頻度も左球のそれも1/2である。

この状況下でランデの考察は、決定論者への反駁というかたちを取る。決定論者は、ある右球についてそれが右へ落下したのは、チューブとのある特定の接触といったなんらかの原因があったからだと考える。そしてさらに、その接触は、その球が前の日にある特定の状況にあったからだという。そして、前の日におけるその状況はさらに前の日の特定の状況による。そしてさらに……。しかし、このように考えるとその右球の「生涯」を無限に過去にさかのぼっていかねばならなくなる。

しかし、かりにそのようなかたちで個々の球の落下が説明されたとしても、右球と左球が半々になるのはなぜかという厄介な問題が残る。ランデによれば、決定論者は、これを前もって決定されている「予定調和」としてしか説明できない。つまり、じっさいには個々の球は決定されているにもかかわらず、落下の系列がランダムになり、しかも右球と左球の頻度が半々になるのは予定調和のためであるという。右球と左球の分布がランダムになるような初期条件の予定調和的な分布があったというわけである。しかもその分布はある初期の段階で「決定」されていたのであり、さらにその「決定」もまたそれ以前の初期の段階で決定されていたというわけである。ここにおいても決定論者は無限後退に導かれる。そしてかれが、説明を拒むならば、半々になるという事実は、説明しえない奇跡になってしまう。

要するに、決定論者は、初期条件の予定調和的分布はなぜかという問題にぶつかる。そしてポパーはランデと同じように、決定論者にとっては、この法則的とも見える、初期条件の予定調和的分布は説明不可能であると主張する。べつな言い方をすれば、決定論者は、説明項のなかに予定調和的分布というかたちをとった確率的な言明を滑り込ませることなしには、確率的な被説明項（予測）を引き出すことはできない。ポパーは、この点を、確率的な予測は前提（説明項）に確率的な言明があるときにしか導出されないと定式化して、非決定論を主張する論拠のひとつにしている。

さて、ポパーはこのような考察をつうじて、実験状況の全面的なコントロールは必ずしも初期条件を固定させるものではなく、いわば遊びの余地を残すという考えを提出する。いくつかの初期条件に開かれている可能性の各々は一定の傾向性つまり確率をもって実現するとポパーは考える。つまり、かれは状況それ自体が客観的に非決定的であり、それが傾向性として出現すると考えるのである。

ところでポパーは、ランデの議論を用いることで、決定論者の議論——つまり、初期条件についての無知ゆえに決定論的な予測をなしえない——を反駁することができると考える。ポパーは、まず、右球と左球の比が半々になる状況下で、光学的観測——ポパーはこれを光学的刃と呼んでいる——をおこなうことを考える。（ここでは、もちろん球はその光学的観測によって影響を受けないだけの重量をもつと仮定されている。）その観測によって、球がどちら側に落下するかを正確に予測することができるとする。すると、個々の球にかんするかぎり確率——つまり、われわれの側の無知——を引き合いに出すことはできなくなる。しかし、この観測をおこなっても結果は以前と同じく、右球と左球の比は半々になるであろう。ここよりして、ポパーは、右球と左球の比はわれわれの無知にではなく、客観的な実験状況に依存すると考えるのである。

こうした議論をつうじてポパーは、実験状況の変更が初期条件の確率分布——つまり、傾向性——の変更をもたらすと考える。そしてかれは、傾向性は物理的な力と同じように、物理的な大きさ（physical magnitudes）であり、対象にではなく、状況に内在する特性であると考える。傾向性は、たしかに可能性ではあるが、物理的に実在し、相互に作用をおよぼし合うと考えるのである。

ポパーが傾向性の具体的例として好んで挙げるのは、ラジウムのような放射性元素の崩壊現象である。個々の放射性の原子核は、その構造に依存して自発的に崩壊する傾向をもつのであり、それは「半減期」——原子核の数の半数が崩壊するに必要な時間の長さ——によって計られる。さらにまた、こうした傾向性をもった場に、たとえば、遅い中性子がやってくると——ポパーの一般的なことばで言って、状況に変更がくわえられると——原子核の傾向性に影響をおよぼし、崩壊を早めたりするというのである。

ポパーによると、傾向性は、（実験）状況に客観的に内在しているから、単独事象においても発現するとされる。傾向性は、（実験）状況のもとでの各々の試行の結果――たとえば、右に落ちるか左に落ちるか――の確率を支配するから、単独事象の確率を考えることを可能にする。そして傾向性が確率的に1のとき、その状況は決定論的であり、そうでなければ確率的となる。

ポパーはこのようにして、頻度概念とは決定的に異なった傾向性を、状況に内在する客観的な物理的特性として、つまり一種の力として考えた。実在はさまざまな出来事をそれ特有の確率で出現させる傾向をもっており、したがって非決定的なのである。傾向性の概念はポパーの非決定論的立場を特徴づけるもっとも重要な概念である。

2　三世界論

①物理的世界　②意識の世界　③客観的内容の世界

非決定論を説明したあとで、三世界論の話にはいることはおそらく読者に唐突な印象を与えることだろう。三世界論とは世界1、2、3という3つの世界が存在し、それらが相互に作用し合うことを主張する議論であるが、もちろん、非決定論からストレートに引き出せる議論ではないからである。しいてポパー哲学の体系内でその位置を求めるならば、世界3が進化的には他の世界よりもあとに来るという点からして、進化論的認識論の内部に位置づけるのがもっともふさわしいかもしれない。しかし、ここであえてそのような道を選ばずに、三世界論を思考の枠組みとして説明するのは、もっぱらポパー哲学を全体として理解しやすくするためである。

ポパーの三世界論は、言うまでもなく、われわれの世界——ここで「世界」ということばは語のもっとも広い意味で考えられている——を三つの世界に区別する。第一の世界は世界1と呼ばれるものであって、物理的な対象や状態からなる世界である。したがって、たとえば、われわれをとりまく大宇宙、あるいは筆者がいま目にしている家屋とか樹木とかコンクリート製の電柱、また私の身体も世界1に属する。世界2は、意識の世界であり、人間について言えば大脳中における精神活動の世界である。それは、われわれの体験の世界でもある。ここには、意識の状態、心的状態が属する。ポパーは人間以外の動物が低次の意識をもつ可能性を否定していないので、世界2は人間にのみ限定されるわけではない。この点にはとくに注意を喚起しておきたい。世界3は、世界2によって産み出された知的生産物がもつ客観的内容の世界である。ここで、「客観的内容」とは、たとえば、ある科学上の理論が英語でも日本語でも他の外国語でも表現されると言うときの、表現されている内容のことである。世界3の存在者としての客観的内容は、解読され理解されうるものでなければならない(『客観的知識』一三四ページ)。たとえば、USBに記録された物理的データが担っている客観的内容はパソコンを使って世界2によって解読されるかぎりで世界3の存在者である。世界3には、言明とか科学理論のみならず、問題状況、あるいは詩とか芸術作品などの客観的内容も属する。

ポパーは、世界3に属する客観的な知識は、世界2とはべつの独立した世界に存在すると主張する。この主張はポパーの三世界論を特徴づける重要な点でもあるので、少しばかり紙幅を費やして説明しておこう。

ポパーは、主観的知識が知識のすべてをおおうとは考えない。たとえば、埋もれたままの古文書のなかに重要な情報が秘められているとしても解読されないかぎり、それは主観的知識とはなりえない。他方、その情報は解読される可能性をもつかぎり客観的に存在している。したがって、客観的内容は潜在的なものであり、可能性として存在する。とすれば、客観的内容が書物やさまざまな記録媒体のなかに客観的に存在すると言うことは当然許されることになるだろう。

くわえて、われわれはある理論の客観的内容をことごとく理解し、それを「頭のなかに入れる」(世界2に存在する状態にする) ことができるであろうか。それが絶望的なことはすぐわかる。わかりやすい例を引こう。たとえば、最近の報道によると、円周率はコンピュータを用いた計算によって二〇二二年一〇月の時点では一〇〇兆桁に達しているというが、これをすべて記憶(世界2) にとどめている人はいないであろう。人類の得た知識の総体は、どんな個人の頭脳（世界2）のなかにも収まるものではない。とすれば、知識は身体の外部に存在すると考えざるをえない。

さらに、ポパー的議論を補強する材料がある。どんな理論、言明を取り上げてもそれには無限に多くの論理的帰結がある。それらはとうてい一個人の理解しうるところではない。ある理論の発見者が、その理論の技術的応用――これはその理論からの論理的帰結である――の可能性にまったく気がつかなかったという話は珍しいものではない。技術的な例を挙げると、付箋としてのポスト・イットは強力な粘着剤を開発しようとして失敗した結果であるのだが、粘着力の弱い接着剤をもちいてできている。しかし、ポスト・イットを最初に作った技術者はその接着剤の発明者ではなかった。つまり、その接着剤の発明者の方は「粘着力が弱い」ということに含まれている意味（論理的帰結）を理解しておらず、したがってポスト・イットの発明者とはなりえなかったのである。こうした点からしてポパーは、知識は世界3に客観的に存在するのであり、われわれ（世界2）はそれを発見したり、そのほんの一部を理解するにすぎないと考える。

ここまでの議論で、認識論の課題にかんして引き出せることがすでに二つある。もし、知識が世界2にあるのだとしたら、認識論は当然のことながら、認識とか知覚の心理的過程、三世界論の用語で言えば、世界2の状態の研究に向かうであろう。認識論は心理学化してしまう。これは、もちろん、ポパーの否定するところである。他方で、知識が世界3

にあるのだとすれば、ポパー的認識論者は、世界3の存在者がどのような構造をもっているかの分析をもって、また世界3と世界2との相互作用の分析をもって、認識論の主要課題と考えるだろう。もちろん、世界3の存在者についての分析から世界2の諸特性について推理することは可能であり、世界3に定位したポパー的認識論がこれを排除するわけではない。

世界3の自律性

ところで、世界3の客観的存在にならんで、もうひとつポパーの三世界論を特徴づけるのは、世界3の存在者は抽象的な存在者であり、またそれらは自律的な発展を遂げるという主張である。

ポパーは自然数の例を用いてこの点を説明している。かれは、1,2,3,... のような自然数列は人間が作ったものであり、世界3に属すると考える。ここでもし、自然数列が無限であることが発見されたならば、完全に抽象的なものが発見されたことになる。なぜなら、無限の自然数列は、世界1においても世界2においても実現されることは決してないからである。それは非物質的な抽象的なものとして発見されたのである。さらに自然数列は、ひとたび作られてしまうと、作られた時点では想像もされなかったような問題を生じさせる。たとえば、(5,7),(11,13),(17,19),……のような双子素数の列は無限につづくのかとか、1

以外のすべての自然数は素数の和として表現できるのか（ゴールドバッハの推測）といった問題である。こうした世界3の存在者は、抽象的な非物質的な存在者でありながら、多数の数学者の頭脳（世界2）に働きかけ、新しい理論の産出を促すことになる。そのかぎりで世界3の存在者は実在する。

こうした例をつうじてポパーが力説しようとしているのは「世界3の自律性」である。世界3の存在者は、世界2に問題を投げかけ、そこからの反作用をつうじて、独自の、そして人間には予見不可能な発展を遂げる。これが「世界3の自律性」と呼ばれるものである。ポパーは世界3の自律的展開は、第三章第四節で述べたP_1-TT-EE-P_2という問題解決図式によって捉えられると考えている。この図式のもとで考えたとき、人間（世界2）は、世界3の存在者としての問題を発見したり、理論を構築することによって、客観的知識の成長に寄与する者となる。人間（世界2）は、いわば知識という壮大な大建築物を築き上げる労働者のような者なのである。

ポパーは三つの世界のあいだには相互作用が存在すると考える。われわれはすでに上述で世界3の存在者（たとえば、数学的問題）が世界2に影響を与える例をみた。そして、かりに数学者などが、問題に対する解答を発見したならば、かれはそれを書き下ろし、印刷させるであろう。印刷機は言うまでもなく、世界1の存在者である。この過程は、世界3が世界2を媒介にして世界1に影響をおよぼす過程である。そして、この種の例は数学にかぎられた話ではない。世界3の存在者としての電磁気学の理論は、他の理論とあいまって、世界2を媒介にして世界1に発電所のような巨大建造物をもたらした。他方で、世界2が世界1からさまざまな意味で大きな影響を受けることは言うまでもない。病気で高熱を発すれば、われわれの意識状態（世界2）ははなはだしく低下し、うわごとを言うのが精いっぱいとなる。他方、張りつめた精神状態のもとで世界2が世界3のなかに新たな問題や理論を発見したりすることもある。三つの世界の各々は他の世界からの影響に対して開かれているのである。三世界の相互作用は次の図のように示せるだろう。

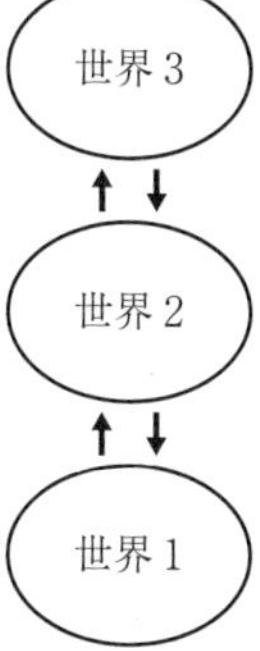

三世界の相互作用

この図において注意すべきは、世界3が世界1に直接作用することもなければ、その逆も決してないという点である。必ず、世界2を媒介にする。

ところで、三つの世界の番号は生成の順序にしたがっている。すなわち、ポパーは大宇宙（世界1）の進化の過程で生命が生まれ、ついで意識（世界2）が生成し、そしてそれが広い意味での知の世界（世界3）を産み出したと考える。そして、世界3が産み出されるにあたっては、言語が決定的な役割を演じたとされる。

この点を理解するためには、言語四機能説（第一章第五節）を思い出す必要がある。復習になるが、最底辺の機能は表出機能であり、次が信号機能であり、第三が叙述機能であり、第四の機能が議論機能であった。これらの機能は進化の過程で積み重ねられてきたとポパーは考える。信号機能の段階では、身体的兆候（シンプトム）は他者に特定の反応を誘発する引き金のようなものであるから、世界3がこの段階で出現してきたとは考えがたい。それに対し、第三の叙述機能の段階では世界3の出現が認められる（『開かれた社会—開かれた宇宙』一二八ページ）。この段階では、原理的に言って記号がものとして物理的に作用するのではなく、叙述された内容が作用するからである。第四の機能である議論機能においては世界3の存在を前提にして議論が展開する（世界3の自律性）。言語四機能説は、進化論を媒介にして三世界論と結びつくのである。

ここで話が少しばかり逸れるが、議論機能について若干の補足をくわえておこう。この段階では、もろもろの仮説や理論は批判的議論による選択にさらされ、誤った理論は非妥当なものと宣告され、そのようにマークされる。それは、自然選択という進化論との類比で言えば、「殺害される」ということもできるだろう。もちろん、両者のあいだには差がある。生物の自然選択においては、適応に失敗した群れは文字どおり絶滅に追いやられるのに対し、理論の選択においては、理論の担い手である人間が「殺害される」必然性はないし、選択されなかった理論が消滅してしまうわけでもない。批判をつうじて「殺害」されるのは、身体外の存在者である世界3の仮説や理論にすぎない。しかしながら、主観的知識論の立場に立つ者たちにとっては、この点の洞察は簡単には進まないであろう。知識や思想が世界2に固有なものであるとすれば、知識や思想の排除はそれを担う人間の排除につながらざるをえないからである。ポパーは、世界3の成立は進化の新しい段階をしるしづけると考える。

ポパーの三世界論については、思想史との関連に触れた方がよい点もあるのだが、今は省略させていただいて、今までの議論の途中でも触れた三世界論と生物進化論との関連の問題に移ることにしよう。このときわれわれが扱うのは、言うまでもなく、ポパーの進化論的認識論である。

3 進化論的認識論

進化論と認識論の類似性

「進化論的認識論（evolutionary epistemology）」は、ポパーの命名ではない。このことばを提案したのは、アメリカ心理学会の会長を勤めたこともあるドナルド・T・キャンベルであった。かれは、A・シルプの編纂になる現存哲学者伝シリーズ中の一巻『カール・ポパーの哲学』への寄稿論文のなかで、このことばをつかい、そしてすでに（生物）進化論のパラダイムにしたがって知識（認識）論を考えていた科学者や思想家たち——過去一〇〇年にわたってざっと四七名——を調べあげたうえで、結論として「ポパーが自然淘汰の認識論（natural-selection epistemology）の現代における創設者であるとともに指導的な擁護者であること」を認めたのであった。（キャンベルのことば遣いでは、自然淘汰の認識論と進化論的認識論とは同じものである。）

ポパーの進化論的認識論は、かれ自身の認識論と生物進化論との類似性にもとづいて発想された側面が強い。かれはみずからの思想発展の初期の段階から、問題状況下で仮説が案出され、それが批判という選択（淘汰）過程にさらされることを生物進化とのアナロジーのもとで語ることを好んでいた。（ここには、もちろん、かれが強い影響を受けた物理学者のボルツマンが進化論を語っていたというウィーン的背景が考えられるであろう。）じっさい、読者は今までの筆者のつたない叙述のなかでもこの点に十分気づかれたのではないかと思う。とすれば、ここではまず進化論の中心的考えを思い出す必要がある。それは、あえて一言で言うならば、DNAレベルで遺伝的な自己複製能力をもち子孫をつくることのできる生物（種）は、環境世界のなかでの変異と自然選択そして再生産という三拍子のリズムをつうじて進化すると要約できるであろう。これは、ネオ・ダーウィニズムのセントラル・ドグマと呼ばれるものであろうが、ポパーの進化論理解も、この延長上にある。

ポパーは、地球上における生命の進化の歴史（系譜）を、遺伝、変異そして自然選択にかんする理論を用いて説明するのが進化論の課題であると考えている。生命の進化の歴史は、ユニークな単一の出来事なのである。したがって進化論は、進化の段階についての継起的法則（発展法則）を提出するものではない。この点は、ポパーがヒストリシズムを批判した際に発展法則を認めなかったこととまったくパラレルである。ポパーは、生命の進化が地球という特殊な条件下において現に想定されているような系譜的過程をたどったことの必然性について、地質学や気象学をはじめとしてもろもろの知見を利用しながら、状況の論理を描き出すことが進化論の基本的課題であると考える。ポパーのことばで言えば、進化論は基本的に歴史科学である。

さて、進化論のセントラル・ドグマが承認されるならば、進化論と認識論との類似性にかんする議論は、当然のことながら、そのまわりに展開されねばならない。ポパーは、科学的知識における仮説の出現および批判による不適切な仮説の除去の過程が、生物における変異の出現および自然選択による不適切な変異体の除去の過程になぞらえられると考える。さらに科学における新しい問題の出現は、種が新たに適応を迫られている状況に類似するとされ、そして、科学における比較的安定した背景知は環境世界に類似するとされる。このような類似性の故にポパーの認識論は進化論的認識論という名をえたのである。整理の意味で、基本的な対応関係を次ページに簡単な表にしておく。

しかしながら、ここではただちにいくつかの問題が生じてくる。それは、「類似」と

「相違」にかかわる問題である。たしかに、一面で科学史の過程と生物の進化過程とのあいだにはポパーが指摘するような類似性を認めることができるであろう。したがって、生物進化をモデルとした科学史のモデルを考えることも可能ではある。しかしながら、類似はあくまでも類似にすぎない。

生物進化	ポパーの認識論
適応すべき環境	新しい問題状況
変異	仮説の出現
自然選択	仮説の批判的選択
再生産および分散	仮説の存続および流布
環境	背景知

これは、ポパー自身が指摘している点だが、進化の系統樹は時代を下るにしたがってますます枝分れしてくる――もちろん、絶滅もある――のに対し、知は、とりわけ科学的知においてそうであるように、統合化の傾向を強く示している。さらに、科学史の過程は言語を媒介にした文化的な過程であるのに対し、他方は自然史的な過程である。一人の個人が文化的な営みにおいて獲得した知識は遺伝しないのに対し、生物が生まれつきもっている反応性向としての「知識」なるものは明らかに遺伝する。さらに、生物進化とくらべた場合、人間の知識の進歩があまりにも早すぎることも指摘されてよいであろう。さらに、生物における再生産（生殖）が細胞分裂や有性生殖によって生じるのに対し、仮説の存続および流布の過程ではそれらに対応するものが見出されないことも、当然といえば当然のことながら、指摘されてよいだろう。さらに生物における変異の出現は広範にランダムであ

ると言えるのに対し、それに対応するとされる仮説の出現は一定の範囲に収まり、なおかつ目標志向的であるように見える。

こうした——少なくとも相違していると思われる——点を考慮にいれるならば、類似性をもって認識論に「進化論的」という形容詞をつけることは、ただの比喩にすぎず、必ずしも議論の実質的前進を果たしたことにはならないのではないか。このあらがい難く生じてくる疑問に対して、ポパーの進化論的認識論は的確な答えを用意しているであろうか。

この問題にかんして、ポパーは主として二つの観点からみずからの立場を明らかにしているように見える。ひとつは、人間における知の獲得過程のみならず、生物における「知」の獲得過程そのものが、ポパーの主張するようなトライアル・エンド・エラーの方法によって進行するという主張である。たしかに生物進化の過程そのものがポパー的認識論を体現しているのであれば、「比喩にすぎない」という批判は著しく弱められてしまうであろう。他は、人間の知と生物の「知」をホモロジー（相同）とする議論である。

知の進化としての生物進化

さて、ポパーの主張を検討するにあたっては最初に、そもそも生物における「知」とはなにかという点を明らかにしておかねばならない。

われわれはすでに、ガチョウの雛における刷り込み現象に触れた際に、ポパーが「生まれつきの期待」あるいは「本能」を一種の知識として語っていたことを見ておいた。ポパーは、生物のもつ反応性向を身体内に存在する仮説としての知として捉えていたのであった。もうひとつの例を挙げてみよう。筆者の体験であるが、室内に飛び込んできた雀が外にでようとして透明の窓ガラスにぶつかって死んでしまったのを見たことがある。その雀にとっては、言語的に表現してみれば、「見通しのきくところは通過できる」ところであったにちがいない。それが雀にとっての仮説的知識であった。その観点からすれば、透明ガラスも空気も「同じ」ものであった。たしかに雀がもっていた仮説は、自然界のなかでは十分に意味のある仮説であっただろう。しかし、カスミ網とかガラスのような人間の所業の存在するところでは、その仮説は必ずしも身の安全を保障する仮説ではなくなった。一般化して言えば、生物にあっては、一種の知としての本能が、経験に先立つアプリオリな期待（仮説）の役割を演じ、「同じ」状況下では「同じ」結果が生じるであろうという期待（予見）を可能にしている。

さて、生物における「本能」を反応性向としての「知」とみなす考えは、思想史をさかのぼるならば、格別、新しい考えではない。アリストテレスの『分析論後書』第一九章には、人間を含めて生物においては、感覚から記憶が生じ、繰り返して獲得された記憶から経験が生じ、経験から魂のうちに普遍的な知が生じてくるという考えが述べられている。筆者は誤謬だと思うが、アリストテレスは経験からの帰納――アリストテレスはこれを

「個別から普遍に至る道」としてエパゴーゲーと呼んだ――によって生物は知識を体内に蓄えると考えていたのである。ポパーの三世界論的観点から言うならば、人間などの高等生物以外の生物においては、一般に「知」と身体的行動（反応性向）は分離されていない。「知」は身体の動きそのものに体現されているのであって、身体から引き離されて身体外に存在し、たとえば言語などによって批判的に検討されることはない。

では、こうした知はどのようにして獲得されたのであろうか。アリストテレスではすでに触れたように生物の「知」は帰納法によって獲得されると考えられていた。それに対してポパーは、すでに何度も触れたように、帰納を全面的に否定していた。かれにとっては、帰納は生物学的レベルにおいても存在しない（第二章第二節での議論を参照されたい）。しかしながらポパーは、生物の知はやはり進化の過程で獲得されたと考える。もちろん、ポパーはそのさいに帰納が用いられたなどとは露ほども考えない。進化は、一部の論者（たとえば、コンラート・ローレンツ）が主張するような「種のレベルにおける帰納」によって生じるのではない。ポパーにとって進化とは、原理的に言って、まず個体が変異し、それが何らかの有利性をもつゆえに環境の淘汰圧を生き延び、種の遺伝子プールを変化させることで生じる種の変化である。種の経験（？）から経験の蓄積として帰納が生じ、もって進化が起こるのではなく、個体のアトランダムな突然変異がまずあって、それが自然選択にかけられることによって進化は生じる。変化を引き起こす主体は、個であって、種ではない。生物の進化そのものにおいてさえ、ポパーの認識論を貫くトライアル・エンド・エラーの方法は明確に認められる。

ポパーは、生物における突然変異の出現は仮説の出現にひとしいと考えている。すなわち、長期的に見て環境にうまく適応している突然変異とは、環境の構造的特徴——たとえば、周期的な潮の干満とか四季の変化——を「知」として仮説的に先取りしたものなのである。それらの突然変異体は自然選択によって除外されないかぎり、環境の構造的特徴に即応しており、また、「反証」されていないかぎりでの知（仮説）を内在させていることになる。たとえば、わたくしの部屋の窓から見えるイチョウは、春に緑色の芽をふき、秋にギンナンの実を落とすとともに、やがて落葉する。イチョウの木はまさしく四季の変化を知り、それにうまく適応している。ローレンツ風に言えば、馬の蹄はステップがどのような状態であるかについての知を体現しており、魚のヒレは水中での最適の運動がどのようにしてなされるかの知を表現している。進化とは、生物個体がまず試行（変異）をおこない、自然選択をうけつつ環境世界にかんする情報を種に固定していく過程である。とすれば、進化の過程そのものを「知の進化」の過程として捉えることができるだろう。進化とは知の進化ということになる。

ところで、生物進化を知の進化として捉えることが、ポパー自身の進化論的認識論にとって重要な礎石のひとつとなることは明らかである。生物がポパー流の認識論を体現しているならば、それはポパーの議論を補強するように見えるからである。しかしながら、生物進化論には見たところ、ポパーにとって不利と思われるような現象もある。もし生物進化論と認識論との一体化を突き進めようとするならば、ポパーは生物学的レベルでの困難も克服しなければならないであろう。

たとえば、ダーウィン的進化論にはよく知られた困難がある。それは、変異はアトランダムに無方向的に生じてき、しかも、変異の大部分は有害なものであるにもかかわらず、生物進化のうちには、一定方向での急速な進化（定方向進化）がみられるという事実である。あるいは、時として「前途有望な怪物」と呼ばれるような大突然変異を支持する人たちは、ダーウィンが考えていたような小規模の突然変異の蓄積によって進化が漸進的に進むという説は非合理であると考えてきた。じじつ、ダーウィンはこのような困難を意識していた。ダーウィンが挙げているのは、目である。目は非常によくできた器官であり、焦点や光量を巧みに調節するのみならず、光学的収差を防ぐ屈折率の異なる複数の素材からできている。こうしたところで、素材適合的な目ができたとしても、それが歪んでいたりしたならば、それは進化の過程ではむしろマイナスの生存価値をもってしまうであろう。一挙に目というものが出来上がってしまわなければ目というものは存在しえないとダーウィンは考えたのであった。

発生論的二元論

ポパーはこうした困難を、厳格にダーウィニズムの諸原則を守りつつ発生論的二元論という考えを提出することによって克服しようとする。このとき、ポパーは科学哲学者というよりも生物学者的な顔つきをしてわれわれの前に現れてくる。かれは生物学的レベルでの困難を解決すると同時にみずからの進化論的認識論にとっての困難も克服しようとしている。

発生論的二元論とは、生物のうちに行動を制御する機関(たとえば、大脳神経系)と運動を実現する機関(たとえば、筋肉などからなる運動系)とを区別する考え方である。この区別は、たとえば、コンピュータにおけるプログラム(制御系)とそれにしたがって忠実に作動するディスプレイとかプリンタなどの装置(実行系)の区別として捉えてみると幾分かわかりやすくなるかもしれない。(もちろん、ポパーは生物を機械とかコンピュータとして考えているのではない。)

ポパーによれば、変異は二つの機関(系)において独立にバラバラに生じる。そして、ポパーの議論の中心にあるのは、制御機関における変異が実行機関(運動系)における変異に先行しなければならないという考えである。この点は、つぎのような場合を想定してみれば納得しやすいと思われる。たとえば、実行機関において運動能力を格段に飛躍させる変異が生じたとしても、それは旧来の制御機関に適合するわけではないであろう。旧来の制御機関は旧来の実行機関にもっとも良く適合するように調整されているからである。むしろ、旧来の制御機関は新しい飛躍的能力をもった運動能力を制御できず、結果としてその生物は絶滅に追いやられるかもしれない。それに対して、制御機関の改善をもたらす変異は、遺伝子相互間の調和をみだささないかぎりで、たとえ運動能力が旧来のままであったとしてもまったく無害なままにとどまるであろう。そして、この後に実行機関における適当な改善的変異が生じてくるならば、それは進化にとって有利なものになるだろう。

ポパーは『自伝』のなかでは、この考えをさらに明快に述べている。かれは、いま制御機関と呼んだもののうちに、p遺伝子とs遺伝子と呼ぶものを区別する。そして、実行機関の方は生物体の体の構成にかかわる遺伝子——生体構造を制御する遺伝子——として捉え、a遺伝子と呼ぶ。ここでより詳しく説明しなければならないのは、言うまでもなく、p遺伝子とs遺伝子である。p遺伝子とは生物体の好みまたは目的を制御する遺伝子である。それに対して、s遺伝子とは生物体の技能を制御する遺伝子とされる。ポパーがこうした区別をもちこんだ意図ははっきりしている。かれは、これによってラマルクの用不用説をダーウィニズムの内部からシミュレートしようとするのである。話が先走ったようである。ポパーの考えを追いかけてみよう。

ポパーは、生物は環境のさまざまな変化のもとで、遺伝的変化によらずにみずからの好みや目的を変化させると考える。たとえば、ある種の動物は、特定の種類の食物がなくな

$p \longrightarrow s \longrightarrow a$

ってしまったために、食物に対するみずからの好みを変化させるかもしれない。また同じようにして、行動目的の変化が引き起こされることもあろう。もちろん、こうした変化は遺伝的に継承されるものではない。ここで起こっていることは、新しい生物学的ニッチ（棲息環境）の発見にひとしい。しかしながら、このような行動における変化——たとえば、日本ザルにおける芋洗いの行動——が生じた後で、p遺伝子に変異が生じ、それがすでに起こった行動の変化に適合的なものであれば、その変異は種の遺伝子プールに保存され、広まっていくであろう。さらに、それらの新しい好みとか目的に適合的な技能をもたらす変異——たとえば、芋洗いに好都合な手先の器用さをもたらす変異（制御系での変化）——がs遺伝子に生じるならば、それもまた種の遺伝子プールに保存され、広まっていくであろう。この時点においては、まだ生体構造上における変化は生じていないと考えられる。しかしながら、s遺伝子の変化の後に、それに適合的なa遺伝子の変異が生じるならば、それもまた種の遺伝子プールに保存され、広まっていくと考えられる。つまり、図式的には上図のような順序で進化が進行していくとポパーは考える。

　もちろん、この変化はラセン状にくり返し生じ、微小な突然変異が蓄積されていく。そしてポパーは、そこに（好みや目的が一定であるかぎりで）定方向進化や急速な進化の主要な原因をみる。

ポパーは、みずからの説にとって好都合な事例に言及している。それは、ダーウィンのもともとの理論にとっては困難を引き起こしていた性選択の例である。オスのクジャクに見られる華麗な尾は、生存の観点からみれば不適応と考えられるにもかかわらず、メスを惹きつけるという目的のもとでは明らかに意味がある。つまり、メスを惹きつけるという行動目的のもとで、p→s→aのラセン的フィードバックが生じ、定方向進化がもたらされたとポパーは考えるのである。

p遺伝子とs遺伝子をもちこむポパーの考えは、ボールドウィンやシュレーディンガーなどの思索の延長にあるものであって、「有機的進化」と呼ばれる学説の一形態と見なしてよい。ただし、ポパーが進化の重要な要因として生物の側からの好みや目的の変化といった内発的要因を重視していることは、いくら強調しても強調しすぎることはないであろう。ポパーは、環境から教え込まれるような帰納的過程をことごとく排斥する。かれは、進化においても、仮説演繹的方法に類比的にまず生物個体の側での変化がより先にくる（つまり、アプリオリな）変化であると考えている。こうした点を踏まえれば、ポパーの説を進化の内発因説と呼んでもよいだろう。

さて、ポパーの内発因説は、生物進化と知の進化とのあいだに類似性を見る進化論的認識論とどのようにかかわるのであろうか。p→s→aの過程に並行するような知識の進化過程を見出しうるのだろうか。ポパー自身はこの点についてはなにごとも語っていない。

筆者としては理論をとり巻く問題が変化したり、特定の問題が頻出するようになってくると、その解明とか即応的解決のために理論の側に解法上の変化が生じ、そこから理論の「進化」としての特殊化や変質が生まれてくるのではないかと推測するのみである。こうした意味においてはポパーの内発因説と知識の進化過程とのあいだには類似性を見出せるのではないだろうか。

話を知識のアプリオリな性格に転じよう。長い進化の過程で獲得された知は、生物個体にとっては、なぜかは知らないがすでにみずからのうちに存在する知、つまり、生まれついての知として現れてくる。これは、人間の知のレベルで言えば、まさしくかつての経験論と合理論との対立に対するひとつの新たな解答でもある。人間の知性は白紙（タブラ・ラサ）ではなく、長大な進化の過程をつうじてすでに無数の仮説が反応パターンとして書き込まれているということである。この点で、進化論的認識論はロックにおけるような経験主義を反駁する。他方で、進化論的認識論は、合理論が主張したようなアプリオリに真なる総合判断を、それがたんに進化の過程で獲得された誤りうる仮説にすぎないことを明らかにすることで、決定的に反駁する。

ポパーの認識論が、いまや、人間の知に対してのみならず、生物の知に対しても通用する認識論であることは明らかであろう。すなわち、それは、トライアル・エンド・エラーという視座から、生物の「知」と人間の知の同質性を主張するのみならず、まさにアメーバからアインシュタインに至るまで、獲得された知がさらに反証にさらされる仮説的知であることを明らかにしている。こうした点を主張することでポパーは、進化論的認識論はたんなる「比喩」以上の意味をもちうると考える。しかしながら、進化論的認識論にまつわる諸問題が、以上によってすべて解決するわけではない。

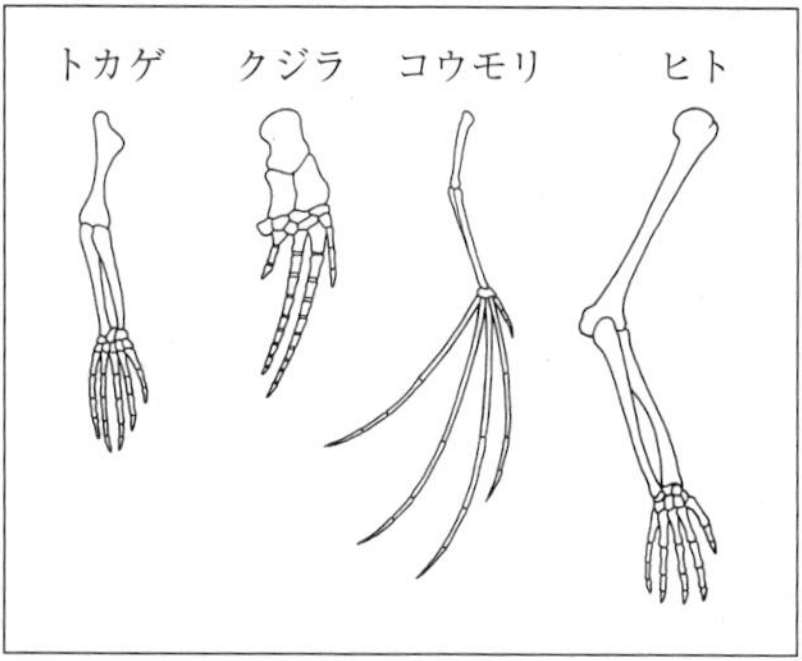

脊椎動物の前肢の相同の例

ホモロジーとアナロジー

生物の「知」は生物の器官として、あるいは、行動そのものにおいて体現されている。しかし、すでに言及したように、人間の知はその大部分が書物などに書き込まれたかたちで身体の外部に存在する。生物進化は自然史の過程であるのに対し、人間の知の「進化」は文化的な過程である。生物の進化は世界1で生じ、知の「進化」は世界2を媒介にして世界3で生じる。生物の知と人間の知との間には単純な比喩を拒むものがある。ポパーは、この、人間における知と生物の知の相違の問題に対して、ホモロジーとアナロジーの議論をもって対処しようとする。かれは、進化論的認識論がたんなる比喩にすぎないという非難を克服しうるのであろうか。

ポパーは、進化論的認識論にとっての障害を生物の器官に見られる相同（ホモロジー）に着目することによって解決しようとする。人間の手とコウモリのつばさが、外見上はどれほど異なって見えるにしても、骨格の点から見て同じであると言えるとすれば、人間の身体外知識と生物の生まれつきの知識との間に相同の関係が見られたとしても不思議ではないかもしれない。考えてもみれば、両者とも進化過程の産物である。そして、もし相同が生物進化論におけるもっとも基本的な仮定であるならば、人間の知識と生物の知識の相同を語ることは、犬の「鼻」と人間の「鼻」、あるいは、犬の「足」と人間の「足」という表現をしたり、比較したりすることが比喩でも擬人的話法でもないと同じように、決して比喩ではないことになるかもしれない。

とはいえ、相同を語るためには、踏まえておかねばならない点がいくつかある。というのも、生物学でそうであるように、相同と相似（アナロジー）とは、明確に区別されねばならないからである。たとえば、コウモリや鳥や翼竜のつばさは相同の器官である。しかし、つばさを構成している被膜とか羽毛は、その由来があきらかに異なっているのであるから、相似を示すにすぎない。昆虫の翅《はね》と鳥のつばさはともに飛行のための器官ではあっても、比較解剖学的な観点からすれば相同の器官ではなく、相似の器官にすぎない。こうした例からも明らかなように、相同を語るためには、ひとつには、相同とされる器官の進化史的な発展過程が十分に跡づけられることが必要であろう。

さて、世界3の存在者としての知識と生物の知との相同をあつかう進化論的認識論においては、上記のような問題はどう扱われるのだろうか。相同を語る立場からするならば、進化論的認識論は、とりあえず生物の認知機構——感覚器官や大脳中枢系など——の進化論的研究という自然科学にならざるをえないように思われる。各生物間における認知機構の比較ならびに進化過程における発達段階の確定といった問題が論じられねばならないことになるだろう。(これは、科学史版進化論的認識論とは区別されるべき生物学版進化論的認識論である。)

しかし、ポパーの場合においては、生物における認知機構の進化史的跡づけがなされているとは言いがたい。われわれはむしろ、キャンベルの議論のうちに、認知機構の進化史的跡づけをおこなうための図式を見出すことができる。それゆえ、ここでは、キャンベルの議論を筆者なりに要約して紹介しながら、客観的知識が壮大な進化の中で如何なる位置を占めるのかという点について考えていきたいと思う。

進化の諸段階

キャンベルの議論は、基本的には、「生物は、その進化の過程において、危険な環境との直接的な接触の必要を減少させ、代理的あるいは間接的な接触を増大させる」という主張として捉えることができる。この主張の内容を理解するためには、キャンベルが整理した生物進化の諸段階を大幅に整理して、進化過程についての次のような三段階を描いてみると好都合かもしれない。もちろん、以下の整理は生物学についてのまったくの素人がおこなうものであるから、生物学者たちによってどうあしらわれるかはまったくわからない。筆者の意図はただポパーの議論を明確にしようとする一点にのみある。

（1）直接的探索活動の段階

この段階における探索活動は、対象とみずからの身体を直接的に接触させることによってなされる。ゾウリムシを例にしてこの段階の特徴を説明するとおおよそ次のようになるだろう。ゾウリムシにおいては、生き延びていくために、みずから運動して探索活動をおこない食物を発見しなければならない。この探索活動において、ゾウリムシは環境世界についての「知識」などを利用しているわけではない。ゾウリムシは、ただじっとしているよりも、動いた方が食物により接近しうるという単純な「哲学（知、期待）」にもとづいて、ランダムな活動をおこない、食物とおぼしきものに接触し、そして幸いにもそれが毒ではなく食物であるならば摂食し、そして飢えが解消するとその活動を停止する。ゾウリムシの「哲学」と「行動」は区別できず一体である。ゾウリムシは、みずからの探索活動と身体運動とを分離していないのであるから、探索活動において大きな危険にさらされている。

（2）代理的あるいは間接的探索活動が増大する段階

感覚器官、とりわけ、視覚や聴覚を可能にする器官が発展してくるにしたがって、接触にもとづく直接的探索活動の割合は減少する。視覚や聴覚は、レーダーやソナーになぞらえられる。生物は、そうした器官を用いることによって、目標となる対象にみずから出向いていかずとも、代理的あるいは間接的にその対象を認識する。さらには、感覚器官によって外界を解釈し、獲得されたなんらかのイメージを記憶として蓄積しうるならば、生物は直接（接触）的探索活動をしなくともそうした記憶によって活動できることになり、間接的探索活動を増大させることになるだろう。直接（接触）的探索活動を他のなんらかのものによって代理させる傾向は、斥候の類を派遣することのできる社会性の動物において一段と顕著になる。もちろん、斥候による代替的な探索活動をおこなう集団性の生物においては、化学物質を用いるのであれなんであれ、言語の下位系としての信号系が発展してくるであろう。この段階においては、知と行動の分離が、非常に初歩的なかたちを取りながら、押し進められていく。しかし、知そのものは身体内に存在する。

（3）代理（物）についての代理的探索活動の段階

外界についての探索活動の成果が言語などによって、他の個体にも接近できるように客体化される（知の客体化）——つまり、シンボル等によって表現される——ならば、今度はそれらが外界の代理物となり、それらについての（批判的）探索活動が可能になる。しかも、その活動そのものが代理者によってなされることも生じよう。ここでの例解としては、子供のコンピュータゲームを考えるのがもっとも適切である。コンピュータゲームにおいては、アバターは、遊んでいる子供本人の代理者でありうるのであり、その代理者が、ヴァーチャル・リアリティの世界――ある意味で、現実世界の代理（物）――の探索活動をおこなう。この例にそくして言えば、客観的知識の段階においては、社会は、現実世界の代理（物）としてのいわゆる観念の世界――ポパー的に言えば「世界3」――を、学者や科学者（社会の代理者）に探索させ、その成果を社会の他の成員が利用しているとも言えるであろう。

しかしながら、ポパーにそくして語ると、この段階は、間接性に対する間接性といった「二重の間接性」としてよりも、世界1と世界2と世界3の相互作用として理解されることになる。つまり、世界2は、世界3に対して仮説というみずからの代理者を立てることによって、世界3を探索できるのである。そして、その探索のなかで生き延びることのできた仮説はさらに世界1において検討にかけられる。この一連の過程で篩《ふるい》にかけられ、投げ捨てられた仮説は、いわば失敗した仮説として捨て去られるが、仮説を産み出した主体みずからが捨て去られるとか殺害される――要するに、淘汰される――ことはない。つまり、ここにおいては生物種としての人間そのものではなく、その産物としての「知の進化」を語ることができる。ポパー風にいえば、進化の新しい段階が生成したのである。

さて、生物進化の段階が以上のように整理されうるならば、人間の知（世界3）と人間以外の生物の知との相同的性格はかなり際だってくるように思われる。人間の知は、もちろん、記憶として身体の内部にも蓄積されるが、大幅に身体の外部に言語的表現物として蓄積される。それに対して、人間以外の生物の知は基本的に身体という世界1の内部に蓄積されているわけである。そして、それらはともに探索活動を可能にさせる器官——人間の場合には身体外の器官——たりうるのである。進化史的に見た場合、二つの知は、コウモリの翼の骨格と人間の手の骨格のように、由来を同じくしており、相同の条件を備えているように見える。

進化論的認識論の試行的性格

ポパー自身は、生物が生まれつき有している期待と、人間にとっての客観的知識（たとえば、科学的理論）とが相同であると主張する。確かに、両者とも活動とか機能としてではなく実体的なものとして存在する。生物の「期待」は遺伝子とその配列上に客観的な対応物をもち、人間の知識は、遺伝的情報としてはDNA上に、さらに記憶として身体内に、あるいは言語的に表現されて書物などのうちに身体外存在者として、客観的に存在する。

しかし、これをもって両者を相同であると言いきることができるのであろうか。通常、「相同」ということばは身体的器官に対して用いられる。渡り鳥が夜間にみずからの生まれつきの知（期待）によって星座を用いて位置と方向を知ることができるというとき、その知はコンパスのような定位器官の一部を構成するだろう。渡り鳥などについては、かりにその場所が特定しえないにしても定位器官の存在を推定することができる。しかし、これと同じような意味で、人間の知識、とくに身体外に存在する知識を「器官」と呼ぶことは許されるのであろうか。知識が大脳によって利用されることを否定する人はいまい。この意味で、大脳は器官である。しかし、知識を器官、あるいは身体外器官と呼ぶことには多くの人が抵抗を覚えるのではないだろうか。そもそも「相同」という概念は比較解剖学に由来する概念であるから、その由来に忠実であろうとするかぎりで、身体の外部に存在するものを「器官」と呼ぶことはできないであろう。

しかしながら、ここで踏みとどまってよく考えてみるならば、ポパー的な進化論的認識論は、「器官」の概念、あるいは「相同」の概念に対する挑戦であると考えることもできる。「器官」の概念を拡張することが許されるならば、たとえば、マメ科の植物にとって根粒菌は外部的存在者であるにもかかわらず、その植物にとって不可欠の窒素化合物を作り出すための「器官」とみなすことも決して不可能ではないであろう。こうした見方をすれば、花にとっての昆虫も受粉のための「器官」になってしまうかもしれない。共生の相手方が自己にとっての「器官」であるという見方は、たんなることば遊びともとれるし、概念の拡張ともとれるであろう。しかし他方で、ビーバーにとってのダムのような産物までも含めて、生物が作りだした身体外の生産物を身体外器官として積極的に捉えていく立場からは、「相同」および「器官」の概念がともに拡張されることは許されるように思われる。これが、ポパー的な進化論的認識論の比喩的性格をあらわにするものなのか、それとも新しい観点の導入なのか、正直のところ、筆者にはよくわからない。しかし、挑戦のないところには知識の進歩はありえない。その意味で、ポパー的な進化論的認識論は、たとえ無残な失敗に終わることになったとしても興味深い試みであるとだけは言えるであろう。

イデオロギーとの関係

最後に、進化論的認識論の中心的話題からは逸れるが、ポパーが進化論に対して与えているイデオロギー的解釈に触れておきたい。言うまでもなく、進化論は過去の歴史において「適者生存」の名のもとに弱肉強食の資本主義的イデオロギーを正当化するために用いられたことがあった（例は社会ダーウィニズム）。進化論はイデオロギー的争いの道具や標的になりやすい理論である。読者のなかには、アメリカでは学校教育のなかで進化論と、神による生物の創造を説き進化を認めない創造説とが同等に教えられるべきであるとしている州があることを思い出される方もいるだろう。

ポパーは、進化という単一の事態について悲観的解釈と楽観的解釈が成立すると考える。

悲観的解釈とは、伝統的な解釈であって生物世界を「牙と爪で真っ赤に血塗られたもの」として描く残忍な世界像である。そしてこの解釈のもとでは、自然は生命に対して恐ろしい鑿《のみ》をふるう敵対者である。自然は生命に対して外部から圧力をかけ、競争をつうじて敗者を滅ぼす。競争は最強者に対してさえ絶えざる緊張を強いるのであり、したがって自由の制約を導く。これに対して楽観的解釈のもとでは、競争は生物にとっては生命を維持する新しい可能性、すなわち新しい生態学的ニッチの追求であり、自由の拡張を意味する。競争のなかで生物は多様化し、生存の新しい可能性がもたらされる。環境が複雑になればなるほど新しい可能性が生まれてくる。

さらにポパーは、進化の内発因説と筆者が名づけておいたものを念頭におきつつ、進化が個体の内側から内発的に生じてくる可能性を強調する。これは、人間的世界では個人のイニシアティブの強調にひとしくなるであろう。さらにポパーは、自然は生命に対して敵対的ではないと考える。その論拠としてかれは、原始の細胞が依然として生きているという事実を指摘する。原始の細胞は分裂や合体を経ながら、絶滅することなく進化的にかたちを変えて、今日におよんでいる。ポパーのことばを聞いてみよう。

「「牙と爪」をもってわれわれに打ちかかってくる環境世界というイメージの代わりに、わたくしは環境世界を次のように見ています。つまり、そこでは、どんなに小さな生物でも何十億年を生き延び、自らの世界を克服し、そして美しくすることを心得てきた、と。ですから、生命と環境世界とのあいだに闘争があるとすれば、勝利を収めたのは生命です。わたくしは、ダーウィニズムの世界像をこのように〔旧来とは〕異なって描き出すことは、古いイデオロギーとはまったく異なった見解、つまり、われわれの生きている世界は、活発な生命と生命によるよりよい世界の探求とによって、ますます美しく、そしてますます生命に対して友好的となっているという見解を導くと思うのです。」（『よりよき世界を求めて』三六ページ）

さて、この引用文をよく読んでみると、ポパーの解釈には価値的なことば（たとえば、「勝利」とか「美しく」とか「友好的」など）が用いられている。言うまでもなく、進化というのは自然史的現象であって事実にかんすることがらである。そして事実（言明）から価値（言明）を引き出すことはできないというのは、ポパー自身がなん度も強調している点である。とすると、ポパーはあえてみずからの哲学的原則を破ってまでイデオロギー的解釈に踏みいっているのであろうか。筆者はそのようには思わない。

ポパーは、悲観的解釈もやはり価値的解釈であり自然史的現象から引き出すことはできないというおざなりの批判をするのではなく、あえて進化という現象を題材にして、われわれの住む世界と社会が根底から悪でありわれわれにとって宥和的ではなく敵対的であるという悲観的イデオロギーと、価値的あるいは倫理的に闘っているのである。というのも、悲観的イデオロギーは、とりわけ若い人にとって強い暗示力をもった神話となっているからである。進化論に対して楽観的解釈を与えることは、ポパーにとっては生物学の理論を用いて自己の倫理の正当化を図ることではないのであって、端的に倫理的闘争以外の何者でもない。こうした点については、第七章でポパーの倫理に触れるさいに、異なった視角からもう少し詳しく議論することができるであろう。

4　自我とその脳

心（世界2）の出現

ポパーの身心二元論をもっともまとまったかたちで表明しているのは、やはり、『自我と脳』（一九七七年）であろう。この書物は、ニュージーランド時代からのポパーの友人であった大脳生理学者エックルズ（ノーベル賞受賞者）との共著であった。二人はロックフェラー財団の援助で一九七四年九月イタリアの風光明媚な保養地コモ湖畔に一カ月間滞在し、真剣な討論を重ねるなかで本書の構想を練るとともに、討論をテープに録音した。その一部はこの書物の第三部として収録されている。ポパーの書いた章にはPの記号が、エックルズの書いた章にはEの記号がつけられている。

さて、かれらが支持している理論は、身心――あるいは、心脳――相互作用説と呼ばれるものである。つまり、心（世界2）と脳（世界1）が相互に作用をおよぼすという考えである。したがって、これはある意味でデカルト的身心二元論の現代版であるとも言える。しかしながら、デカルトとの相違点もまた歴然としている。それは基本的に二点ある。

第一に、ポパー的身心二元論は、進化論と非決定論という二つの土台石の上に組み立てられている。ポパーにとって、心（世界2）あるいは精神は、長い進化――デカルトには考えもつかなかった――の過程で、まったく新しいものとして創造されたものである。（ちなみにポパーは、宇宙における新しいものの出現を「創発（emergence）」と呼んでいるので、以下ではこのことばを利用することにする。）われわれの大宇宙が非決定的であり創発的であるからこそ、ビッグ・バン以来の宇宙の大進化と生命の進化が可能になったのであり、またそのなかで真に新しいもの、すなわち、問題解決のための試行、意識、言語などが生じてきたとされる。非決定論と進化論こそがポパー的身心二元論の前提条件である。

第二に、ポパーの議論は三世界論の枠組みのなかで展開されている。ポパーは、世界1と世界2の相互作用の問題をデカルトの問題と呼び、世界2と世界3の相互作用の問題をコンプトンの問題と呼ぶ。身心問題についての伝統的議論はほとんどこうした意味でのデカルトの問題に局限されていた。そして、このこと自体は決して理解できないことではない。とはいえ、それのみでは身心問題の全体像が見えてこないのもたしかである。それもあってかポパーは、心が世界3の諸対象と相互作用をおこなうなかで、心が心自身を形成していくことを強調する。(コンプトンの問題については、三世界論をあつかったときにも、また、以下の議論においても実質的に触れているので、割愛させていただく。興味のある読者は『客観的知識』に収められている「雲と時計」を参照されるべきである。)

ポパーは身心二元論の立場にたつわけであるから、当然のことながら、これとは反対の立場、すなわち一元論の立場を崩さなければならない。そして、その後でみずからの立場を展開するというのが、論理的に見た場合の議論の運び方ということになろう。この観点から本章では、ポパーによる(一元論への)批判の部分と、(二元論の)擁護の部分とにわけて話を進めることにする。

唯物論へのポパーの批判

ポパーが批判する一元論は唯物論あるいは物理主義とも呼ばれる。というのも、一元論は歴史的に見るかぎり基本的にいっさいの現象を「もの」に還元して説明しようとするからである。心も物に還元されてしまうのであるから、ポパーが唯物論を批判するのは当然である。

さて、唯物論に対するポパーの批判は、唯物論の歴史にそくしたものである。もともと唯物論とは、「もの」を最終的な原理としていっさいの現象を説明しようとする立場であった。(このような意味での「もの」は実体とも呼ばれる。)それは、現代風に言えば、心的現象などを含めていっさいの現象を、原子や素粒子のふるまいといった物理現象に還元しようとする考え方である。

ところで、「もの」は他を説明する原理であるから、それ自身は他のなにものかによって説明されてはならないはずである。しかしながら、古代ギリシアの原子論者デモクリトスやレウキッポスによって「もの」と想定された原子《アトム》は、一八九七年にJ・J・トムソン(1856 - 1940)によって電子が発見されて以来、「分割されえないもの」という意味を失って、電子と原子核からなるシステムへ、そしてさらには素粒子からなるシステムへと解体されていった。それどころか、光子(ガンマ線)から、粒子が作られるという事態もあきらかになった。原子としての「もの」は解体され、もはや窮極の説明原理ではなくなった。物質としての「もの」は、解体されたり、作り出されたりする。「もの」は光と同じようにエネルギーの一形態であり、光、運動、熱などにも変換される。したがって、物質としての「もの」は、エネルギーのひとつの過程にすぎなくなる。かくして、「もの」は説明されるべき対象となってしまい、みずからの思想史的・科学史的発展のなかで乗り越えられてしまった。これが、ポパーのいう「唯物論の自己超越」である。

唯物論が自分自身を超越してしまったからといって、それは唯物論の話にすぎないのであって、実在という観念までが崩壊してしまうわけではない。ポパーは、日常的事物に直接的にあるいは間接的に因果的作用をもちうるものは実在すると考える。この考え方からすれば、原子や電子また素粒子は、たとえば、写真感光剤などに因果的な作用をおよぼすわけであるから、実在することになる。実在についてのこうした考え方は、心の存在を議論するときに重要な役割を果たすことになるだろう。というのも、ポパーは「物理的対象とその状態以外に心的状態というものがあり、その状態はわれわれの身体と互いに作用し合うゆえに実在する」(『自我と脳』六三ページ)と推測するからである。

ところでポパーは心の発生を進化論の枠組みで考えている。そこでかれは、もっとも初期の意識現象は、進化の過程で有利であったために自然選択の過程を生き延び、心にまで進化したと考える。そのさいの進化の基本的メカニズムは、進化論的認識論を論じたときのことばで言えば、p→s→aの図式で捉えられるような有機的進化——本章第三節を参照せよ——という考え方である。つまりかれは、一種の定方向進化が生じて心が急速に発展したと考える。かれによれば、心も言語も進化の過程における創発である。

もちろん、このような考え方に対しては、「日の下に新しきものなし」とする考えが対立する。それは、宇宙は原子あるいは素粒子から成立しているのであって、あらゆる現象はそうした粒子の相互作用によって説明できるはずであるし、また原則的に予測可能であるという唯物論的な考えである。換言すれば、それは、世界には物理的な「もの」しか存在しないと考え、意識現象や心的体験の存在を否定する立場である。この立場からすれば、かりに進化が存在したとしたところで、心の発生のような創発的現象は世界1の事象に還元されねばならない。これが、唯物論の一形態であり、意識現象や心的体験を物理的事象に還元しようとする還元主義の立場であることは明白であろう。還元主義はポパーの創発説に対立する。ここよりしてポパーは還元主義を唯物論の基本的な構成要素として批判せざるをえない。

還元主義においては、一般に高位のレベルに位置するものは低位のレベルに位置するものによって説明される。たとえば、分子は原子によって、原子は素粒子によって説明される。このようなレベルの設定は、高位の現象にいくにしたがって一般に困難になる。たとえば、動物の器官は緊密に結びつけられた数多くの細胞からなっているが、器官が群体《コロニー》と同じレベルに位置するのかどうかは必ずしも明確ではないであろう。

下向きの因果作用

ポパーは、還元主義のプログラムについて、レベル設定のむずかしさや還元が単純にいかないことを指摘したあとで、基本的な問題点を指摘する。それは、還元主義においては、因果作用は低位のレベルから高位のレベルへと上向きにのみ作用すると仮定されている点である。この仮定に対してポパーは、もちろん上向きの因果作用の存在も認めたうえで、D・T・キャンベルの用語をもちいて「下向きの因果作用」という考えを対置する。

下向きの因果作用とは、還元主義のプログラムにそくしていえば、高位のレベルが低位のレベルに働きかけるという現象である。わかりやすい例としてポパーは、恒星がその巨大な重力によって中心部の原子と素粒子にすさまじい圧力を加え、原子核の融合をつうじて重元素の原子核を作る例に言及している。ここにあるのは、構造全体が構成要素たる個々の粒子に作用するという下向きの因果作用である。さらにポパーは例として、動物は、器官が切除されても生きつづけることができるのに対し、動物の死は、徐々にではあれ、構成部分に死をもたらすといったことにも言及している。

しかしながら、ポパーがみずからの考えをもっともよく説明する例として挙げているのは熱現象である。温度は、すべての分子の平均速度によって定義される。つまり、温度は、個々の分子の運動によるとはいえ、運動している個々の分子とは異なったレベルにある。ポパーは、一個の分子の速度の増減が近くの分子に伝播する仕方に訴えて温度を説明する可能性、つまり還元的説明の可能性を否定しないが、そこでの「還元」は完璧ではないという。つまり、そのときには分子の無秩序と平均化という全体論的レベルの考えが用いられているからである。

くわえてポパーは、諸レベルは相互に作用できると考える。温度の例でいえば、個々の分子はその近隣の分子の運動に影響を与えることができるばかりでなく、分子の集団の平均速度も近くの分子集団の平均速度に影響を与え、それをつうじて集団内の個々の分子の

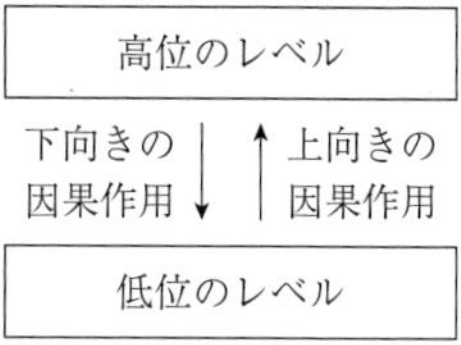

速度に影響を与える。要するに、各レベルは相互の因果作用に対して開かれている。これは、おそらく次ページの図によって示すことができるであろう。

　下向きの因果作用という考えは、伝統的なことばで言えば、全体が部分に作用するという考えである。ポパーは、社会科学方法論を語ったときには、全体論に対して批判的であり、それに対して方法論的個人主義という考えを対置していた。個体（人）に着目して社会現象を説明する方法論的個人主義の立場と、下向きの因果作用――この場合、社会全体の作用――とは、そのまま受け取るかぎりでは衝突するようにも見えよう。しかし、ポパーの方法論にそくして考えるならば、かれは制度のような個人よりも高位のレベルに位置するものの作用（下向きの因果作用）を認めているのであるから、両者は状況分析という考え方のもとで統一されるようにも思われる。とはいえ、ここには多くの問題が存在すると思われるのだが、残念なことに、ポパーはこの点についての立ち入った議論をおこなっていない。おそらく、これは、ポパーから学ぼうとする者が議論を突き詰めていかねばならない点であろう。

　下向きの因果作用に話を戻そう。ポパーは下向きの因果作用の存在を信じることで、還元主義のプログラムに対抗しようとしている。しかしながら、下向きの因果作用という考えは、とりわけ、決定論的世界像をもっている人には簡単には受け入れがたい考え方ではないかと思われる。かれらは、すべては低位のレベルのものによって決定されていると考えているのだから。

もちろん、ポパーはすでに見たように、非決定論の立場にたつから、そのようには考えない。かれは、たとえば射影幾何学よりも高位レベルにあるユークリッド幾何学の諸定理はほんの一部分しか射影幾何学に還元されないのに対し、射影幾何学の諸定理は、射影幾何学の諸概念を扱えるほどの言語的豊かさをもったユークリッド幾何学においてすべて妥当するという例を引いて、高位のレベルに位置するものには低位のレベルに位置するものには還元されない「豊かさ」があると主張している。

こうした豊かさは、通常の還元主義的プログラムに内在する難点を見るときにも気づかされる。たとえば、社会学的レベルでの「愛」とか「憎悪」といった概念ががかりに生物学に還元されることを認めたところで、「対米貿易黒字」といった概念が生物学にどのように還元され、ましてや化学や物理学にどのように還元されるのかは、まったくわからないというのが正直のところであろう。高位のレベルに位置するものには、低位のレベルではみられない「豊かさ」があるというポパーの主張には、少なく見積もっても、相当な根拠があると思われる。

そして、ポパーはこの種の「豊かさ」が下向きの因果作用をとおして低位のものをコントロールすると考えている。しかしながら、他面で高位レベルに存在する「豊かさ」は、低位のレベルで成立している諸法則を踏み破ることはない。それは低位の法則——たとえば、物理学の諸法則——に違反しないかたちで成立する。

ポパーは低位レベルに還元されない新しい性質は創発してくると考える。ここで言う創発とは、確率が実質的にはゼロと考えられる事象が生じてくることである。ポパーは、J・L・モノー(1910 - 1976)の考えによりながら、生命の発生がまさに創発であったと主張する。というのも、生命の核になる裸の遺伝子が偶然的に合成され、これが自己複製を可能にするような適切な酵素に恵まれる可能性は実質的にゼロだからである。われわれは、確率が1に近いところでの説明については、ある程度まで納得できるにしても、実質的確率がゼロに近いものについての説明を承認する気にはなれないであろう。ところが、ポパーが創発という考えを主張することでそれを乗り越えようとしているのである。

四つの唯物論的立場

さてポパーは、唯物論や還元主義一般の批判を突き抜けて、自説すなわち身心相互作用説に反対する立場により具体的に立ち向かう。そのときかれは批判すべき四つの立場を区別している。

(1) 徹底的唯物論(徹底的行動主義)。これは、心は存在しないと主張し、まさにそれによって身心問題を解消してしまう。ところが、初期ギリシアの唯物論者から、ホッブズ、ラ・メトリ、そしてマルクスやレーニンに至るまで、多くの唯物論者は心の存在を否定するほど「徹底的」唯物論者ではない。しかし、ポパーは、クワインはこの立場にたっていると考えるし、またライル、ウィトゲンシュタイン、ヒラリー・パトナム、スマートといった哲学者の著作のなかにも、明確ではないとしてもこの種の立場が認められると考えている。

(2)汎心論。これは、すべての物には、霊魂ないし意識として解釈できるような「内面」があるという考えである。もう少しわかりやすくいうと、物質にはもともと心のようなものが非常に原初的なかたちで最初から内在し、それが高等動物においてようやく感覚とか意識になったというのである。この立場の核心は、物と心は平行して存在するが、相互作用はないという点にある。

(3)随伴現象説。これは、ポパーによれば、汎心論のひとつの修正であり、心の存在を生物に限定する。この立場においても、汎心論とおなじように、心的過程と物理的過程は存在するが、相互作用はないとされる。

(4)同一説(中枢状態説)。この説では、心的過程はたんに大脳における特殊な物理的過程にすぎなくなる。両者は、「宵の明星」と「明けの明星」が同じ金星の二つの異なった名前にすぎないように、もともとは「同一」なのである。この立場の代表的主張者は、シユリックの弟子であり、ポパーの友人でもあるファイグルである。

これらの立場のうち、徹底的行動主義は心的過程の存在を認めないのに対し、残りの立場はそれを認める。四つの立場に共通するのは、どれも世界1と世界2との相互作用を認めないという点であり、世界1、すなわち物理的世界はそれ自体で自己完結的な閉じた世界であるという主張である。

さて、これら四つの立場に対するポパーの詳細な批判をここですべて紹介するわけにもいかないので、以下では同一説に話を限定するつもりである。とはいえその前に、筆者が話を同一説に限定する理由を簡単に述べておいた方がよいであろう。

徹底的行動主義は、哲学研究者の関心を惹くものであり、またそれに対するポパーの反論のうちには興味深い点が数多く見いだせるとはいえ、それを取り上げないのは、心の存在を認めないというのは決して常識人の立場ではないからである。ポパーは、この立場を反駁し意識経験の存在を示すために、ワイルダー・ペンフィールドの実験に言及している。ペンフィールドは、「十分に意識をもったまま手術されている患者たちの開かれた大脳を電極棒で繰り返し刺激した。大脳皮質のいくつかの特定の領野がこのように刺激されると、患者たちはかれらの現実の状況を十分に承知していると同時に、たいへん生き生きとした視覚的、聴覚的経験のよみがえったことを報告した。『手術台の若い南アフリカの患者は、……モントリオールの手術台にいることを十分に知っている一方で、南アフリカの農場でかれのいとこたちと笑っていた』」(『自我と脳』上、一〇五ページ)。この実験は、心的イメージと行動が同一ではないこと、したがって心がすべて行動と同一視されてしまうわけではないことを示唆しているのではないだろうか。

汎心論と随伴現象説はともに心的過程の存在を認めるものの、それが物理的過程に作用をおよぼすことを否定する。しかしながら、苦の感情によって知らされる状況の先取りといった意識過程、あるいは好みとか目標の追求といった心的過程が生物進化の過程でいかなる役割も演じなかったと主張することは困難であろう。さらに、有機的進化の考えを採用するならば、心的過程が自然選択の過程を生き延びるうえで有利なものであったと考える十分な根拠がある。汎心論と随伴現象説は生物進化論と矛盾するように思われる。

さて、多くの人びとは暗黙のうちに同一説を受け入れていると思うので、以下ではこの説に対するポパーの批判を中心にして話を進めていこう。

同一説への批判

同一説は、比喩を用いることによって、その中心的考えを説明できるように思われる。たとえば、飛行機の窓から遠くに浮かぶ雲を見ると白く光って見える。しかし、雲のなかに突入すると、われわれは不透明な霧を体験する。外側からの見え方と内側からの見え方は異なる。この比喩を同一説に翻訳すると、雲の外側からの見え方が物理的過程に、内側からの見え方が心的過程に類比的に対応する。しかし、雲の両側からの見え方は、一方における水滴による光の反射として、他方における水滴の一定密度での分布として、物理的言語で統一的に記述される。これと同じように、同一説では、物理的過程と心的過程とは物理的言語で統一的に記述されるという。

しかしながら、同一説により密接に接近しようとすると、われわれは当初からある種の言語的奇妙さにぶつかる。というのも、aとbとが「同一」と言われるときには、ライプニッツの同一律をもちだすまでもなく、aの性質はまったくbの性質であり、またその逆も成立すると考えられているからである。しかるに、心的過程と物理的過程が「同一」と言われるときには、あきらかにライプニッツ的同一律は破壊されているのではないだろうか。同一説はいったいなにを述べようとしているか。

ポパーによれば、心的過程は大脳で生じるもろもろの物理的過程のうちのあるものと同一であるというのが同一説の中心的主張である。たとえば、われわれは、自分がなにか失敗をしでかしてくよくよしており、しかもそうした自分にも嫌気を感じているといったことがある。われわれは通常、そのような心的状態をいわば内側から「じかに」知っている。そして同一説によれば、この「じかに知っている」心的状態は、大脳生理学者によって理論的に記述される、あるいは記述されるべき大脳の物理的過程と同一であるというのである。このとき、「じかに知っている」心的状態は、われわれが事態をいわば「内側」から知っていることであり、それについての（大脳生理学的）記述はいわば「外側」からの知であるとされる。要するに、同一説の中心的主張は心的過程にはあるなんらかの「中枢状態」が対応するという主張になるであろう。

ポパーは、同一説をより明確に理解するためにみずからの三世界論を用いてその整理を試みている。同一説によって心的過程ではなく物理的過程とされているものを世界1_pとし、「じかに知られる」心的過程は世界1_mと表記してみよう。両者は排反的であるから、重なる部分はない。ところで、同一説は唯物論の立場に立って心的過程を説明しようとするわけであるから、次の式が成立する。

（1）　世界1＝世界1_p＋世界1_m

（2）　世界1_m＝世界2

このように表現されると、同一説の魅力的な部分が浮かび上がってくる。つまり、世界1_pと世界1_mは同一の世界1の部分であるから、両者の間に物理学の諸法則にしたがって「相互作用」が生じても不思議ではない。さらに、（2）の式で主張されていることからも明らかなように、心的過程は明白に実在することになる。

しかし他面で、ポパーは同一説の弱点を、この説のもとではつまるところ世界2が世界1に還元されてしまい余分なものとされてしまう点に見る。というのも、（2）の式からも明らかなように、世界2は世界1_mにひとしく、そしてこれは、（1）の式からも明らかなように、世界1の部分領域にすぎないからである。ことばを換えて言えば、生物進化の過程で世界2が創発し、そしてそれが世界1に影響を与えることを、同一説はうまく説明できない、あるいは説明しようとすれば世界1のことばでおこなわなければならなくなるが、それは世界2の否定に通じるということである。ポパーの観点からすれば、同一説は、世界2が世界1とはまったく別物でありながら、世界1に影響を与えることを説明できない。つまり、世界1が世界2に対して開かれていることを見ていないのである。同一説もまた唯物論にすぎない。

さて、ポパーはこのように唯物論的立場をことごとく批判したあとで、意識ひいては自我が生物進化のどのような段階で、そしてどのような前提のもとで成立したのかという問題に立ち向かっている。しかし、ポパー自身も言うように、「意識がどのようにして生命に到来したのかという問いは、その証拠がほとんどないために、もちろん、信じがたいほどに難解である」（『自我と脳』下、六二八ページ）。さらに、かれの議論を追いかけていくためには、生物進化の系統樹をたえず参照しなければならないであろう。にもかかわらず、得られる結果は茫漠たる推理の段階に止まるように思われる。筆者としては、ポパーおよびエックルズの議論が、個体性の出現、行動の（レパートリー）の多様性の成立、諸行動および諸反応の統合化の成立、記憶の成立、道具と言語の成立、自我の連続性と記憶、世界3とのかかわりのなかでの自我の形成といった問題をめぐって展開していることを指摘

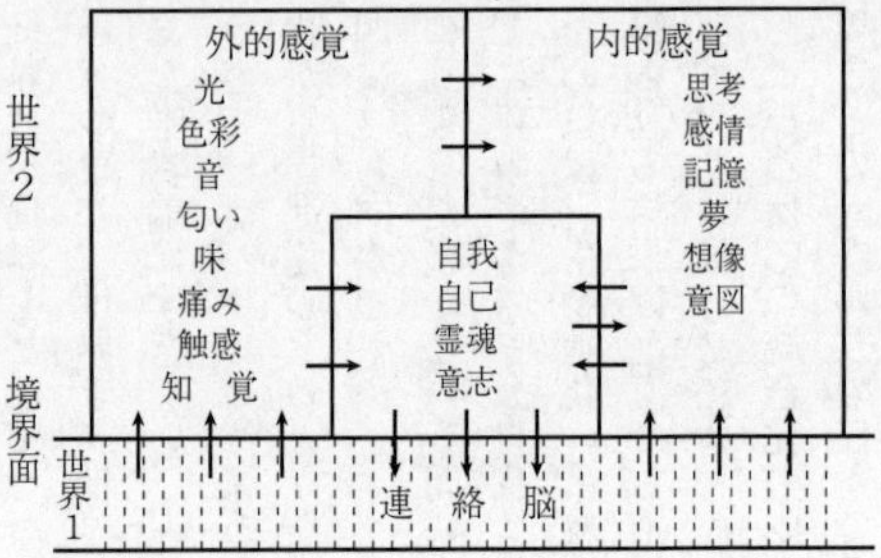

脳⇆心の相互作用（『自我と脳』〈思索社〉より）

するにとどめて、ここでは心脳相互作用説のもっとも核心的な部分に話を進めることにしたいと思う。

相互作用

相互作用は、いったいどこでどのようにして生じるのであろうか。

この問いに対するより具体的な回答は、共著者のエックルズに見られる。かれは、上図に見られるような相互作用についての模式図を提出する。もちろん、エックルズの説は大脳生理学の知見にもとづいているのであって、ここで簡単に要約して説明できるものではない。ただ、非常に比喩的なイメージのレベルで語ることが許されるならば、大まかなことを伝えることだけはできるであろう。エックルズの考えの核心的部分は、世界2が連絡脳の境界面、すなわち世界1との境界面をつうじて相互作用をおこなうというものである。その相互作用のあり方にもう少しアプローチしていくためには、少しばかりモジュールの概念に触れておく必要がある。

かれは、大脳皮質を表面に無数のモジュールがびっしりと埋め込まれているものとして考える。ここでいうモジュールとは、大脳皮質の表面にあって、垂直で長さおよそ三ミリメートル、直径〇・一ミリメートルないし〇・五ミリメートルの円柱状の構造であり、内部に数千の単位でニューロン（神経細胞）を含む。そして各ニューロンが大きな場合にはざっと一万にもなるシナプス結合をもっている。

エックルズはこのような前提のうえで、世界2は優位半球（左半球）の大脳皮質と境界を接しており、その部分が心と脳との連絡脳となると考えている。エックルズは、自我（自己意識）をサーチライトになぞらえたあとで次のように言う。

「それは大脳皮質の膨大で多彩な活動パターンの読みとりと選択をおこない、さらにこの選択成分を統合することによって、統一的意識体験への編成をおこなうというものである。したがって、……自己意識が大脳皮質連絡領野のモジュール活動を走査している……自己意識は時々刻々、みずからの興味にしたがって、モジュールを選択しており（注意現象）、またみずから、この多様性全部を統合して、統一的意識体験を与えているのである。この読みとり（そう呼べるならば）が利用可能なのは、言語的および観念的機能、ないしは多種感覚性入力をもつ優位半球領野の全活動範囲である。それらを総称して、連絡領野（liaison area）と呼ぶことにする。この点でおそらくきわめて重要な領野は、ブロードマン

領野の39野と40野ならびに前頭前野皮質である。」(『自我と脳』下、五二九ページ)

簡略化していえば、エックルズの考えは、心は左半球上の大脳皮質モジュールと交信することで、心脳の相互作用を実現しているということになろう。それは、もう少し詳しく言うとつぎのようになろう。

エックルズは、自己意識からの作用を受けることのできるモジュールを開放モジュール、作用を受けないモジュールを閉鎖モジュール、そして両者の中間状態にあるモジュールを半開放モジュールと呼ぶ。そして、これらが構成するパターンを自己意識は読みとり、開放モジュール群をとおして、閉鎖モジュールに——開放モジュールから連合繊維へのインパルス放電を用いて——影響をおよぼすというのである。

以上がエックルズの基本的考えである。この考えの細部を追いかける——それだけでも相当のページ数を必要とする——必要はないであろう。ただ、エックルズがこの考えを確定済みの事実として提出しているのではないことは付言しておかねばならない。われわれはエックルズの大胆な仮説の概要でいまは満足しなければならない。

自由意志と自由な行動

ここでは、ポパーとエックルズとの対話の章を参照しながら、相互作用説の問題点に触れてみよう。もちろん、筆者の能力ではそれらの問題点をさらに論究するといったことはできないので指摘だけにとどめる。

第一に、エックルズ的な考え方に対しては、身心平行論の再来ではないかという嫌疑がかけられることであろう。モジュール・パターンの「読みとり」ということにかんして、まさにそれは脳状態に平行するものとしての心的状態があるということを言っているに過ぎないのではないかという嫌疑がかけられるであろう。エックルズはこの点を自覚しており、心の能動性、すなわち世界2がモジュール・パターンを能動的に変化させる能力があることを強調する。エックルズは自我の能動性を強調する立場に立つのであり、この点にかんしてはポパーとまったく同じ立場にいる。つまり、自己意識的な心がなにもできないのであれば、それは進化上の意味がなかったことになり、進化の事実に反することになるであろうという議論である。

第二に、ポパーが劣位半球の重要性を指摘していることが注目される。ポパーは、自我をエックルズよりもはるかに構造化されたものとして捉えているようで、さらにそれが劣位半球と交信する可能性も指摘している。ポパーは、大脳が損傷を受けたあとなどで連絡脳がその位置を変えるという事実から、それを物理的に固定されたものと見なすべきでないという点を強調する。つづけてかれは、「むしろ、われわれは連絡脳を大脳と自我とのあいだでの協同と相互作用との結果と見るべきなのです。ですから、わたくしは相互作用論においてあなたよりも少し進んで、連絡脳の位置を大脳と自己意識的な心の相互作用の結果であると見るという点にまで行きます。でも、他の点ではあなたに完全に同意します」（『自我と脳』下、七〇七ページ）とも述べている。

第三に、そしてこれがもっとも大きな問題点であると思われるが、自我と連絡脳との相互作用が熱力学的に可能かどうかという問題がある。しかし、この点に触れる前に、大脳という世界1が、世界2という非物理的なものに対して開かれており、その作用を受けることができるという、読者の多くにとってかなり神秘的と思われる考え方についての、ポパーの説明を聞いておいた方がよいであろう。

ポパーは、デカルト的身心二元論においては、因果作用が物体間の「押し」によって説明されるものとして考えられていたために、一方において物体同士の「押し」の世界が成立し、他方で観念同士の「押し」の世界が成立したために、身心二元論が成立してしまったと考えている。物体は、観念の世界に対して「開かれて」いなかったのであり、したがって相互作用は謎になってしまったのである。

これに対してポパーは、すでに見たように、「唯物論の自己超越」を主張しているわけであり、心は唯物論で言うような「もの」（実体）としては考えられていない。さらにかれは世界1の世界2に対する開放性を信じている。この点についてポパーは、比喩的ではあれ、説明を与えるために、エルステッド（1777－1851）の実験に言及する。エルステッドの時代にあっては、物理学はニュートン力学によって大きく制約されており、磁場が電気の影響を受ける、すなわち磁場が電流の作用に開かれているとは考えられていなかった。まさにそれゆえにこそ磁針の近くにおいて針金に電流が流されると、磁針が振れるという発見は、力学的世界が電気的世界に対して開かれていることを示すものであった。ポパーは、このような可能性を世界1の世界2に対する開放性についても考えているのである。かれにとっては、世界1と世界3が、世界2を媒介にして相互作用をする事実は明白なのであり、そこからして世界1の世界2に対する開放性、また世界2の世界3に対する開放性が推測されているのである。

さて、話を熱力学との関連に戻そう。この問題は対話の第一〇章で述べられている。ポパーは、大脳が心の活動で疲れ、その疲労はなんらかの仕方での熱放出にひとしいと仮定すれば、熱力学の第二法則——簡単にいって、熱過程の不可逆性——は維持されると考える。第一法則のエネルギー保存則にかんしては、ポパーはシュレーディンガーの示唆に依拠して、統計的にだけ妥当であるという考え方をとる。エネルギーが作用量子と振動数との積として考えられるとき、振動が統計的平均であることに依拠するのである。ポパーは、このようにしてエネルギー保存則が相互作用の過程でも満足される可能性を考えるのである。(しかし、ここでは筆者には、こうした問題に対する十分な解説能力はないことをお断りしておいた方がよいであろう。)

ところで、かりにポパーとエックルズとの相互作用説がエネルギー保存則を満足するかたちで成立するとしたら、それはいったいなにを意味するのであろうか。まずポパーは、世界1が世界2に作用する過程での物理量はどんな測定にもかからないほど小さいものであろうと考える。統計的に解釈されたエネルギー保存則が満足されることが必要要件であるから、近傍での変化と相殺される変化であれば、見たところエネルギー保存則に反するように見える物理量の変化であっても許容されることになる。ポパーのこのような考えは、われわれがすでにポパーの非決定論を見たさいのことばで言えば、世界1と2との相互作用は、算出可能性の原理によって捉えられるべき測定範囲のうちに入らないということであり、決定論の枠組みの外部にあるということである。もし、自由意志と自由な行動が相互作用のなかから生まれてくるのであれば、それらは、どう見積もっても、科学的決定論によっては捉えられないということをポパーの議論は意味している。世界2は自由なのである。

第七章　倫理

ポパーの思想と生涯を貫く一条の赤い糸は、強烈な倫理意識であった。青年期のかれをマルクス主義から離反させたのも、目的が手段を正当化しないことへの、そしてまた、人間の尊厳が問われているところにおいては大義と犠牲者の数との差し引き計算が成立しないことへの研ぎすまされた意識であった。またかれの中心思想である方法論的反証主義にしても、それを成り立たせている諸規則は科学者の倫理以外のなにものでもない。くわえて『開かれた社会とその敵』における全体主義批判にしても基本的には倫理的観点からの批判であった。それは、かれがマルクスをきびしく批判するにもかかわらず、マルクスの道徳的ラディカリズム、すなわち強烈な社会的責任感と自由への愛を高く評価していることからもうかがえよう（『開かれた社会とその敵』第二二章末尾）。もうひとつ例を挙げれば、かれが三世界論を基礎にして、思想の担い手である人間の暴力的排除とか殺害ではなく、相互批判による思想や仮説そのものの殺害（非妥当性の論証）を求めるとき、そこに暴力を憎む倫理がある。

しかし、社会の現実が一片の倫理的教訓によって動くわけではないことを指摘し、偽善に満ちた道学者たちがあふれかえっている様を冷笑する人たちがいる。なるほど、かれらはわれわれの社会の腐敗した一面を言い当てているだろう。しかし、かれらが冷笑をこととするのみでなんらの希望も語らないのに対し、楽観主義者ポパーは、われわれの社会が緩慢な歩みながらも、教育、福祉、医療等々の面でよりましな道徳的価値を実現してきたことを高く評価し、さらに改善の余地があることを指摘して、若者のみならずわれわれ自身に希望のありどころを示している。しかもこれを語るポパーは、腐敗どころか、ナチスのむき出しの暴力が教え子や友人をつぎつぎと奪いさった悲惨な時代を生き抜いた人物である。にもかかわらずかれは、われわれの社会に犯罪、腐敗、殺人、スパイ行為、テロ、ナショナリズムの名による大量殺人や破壊などが尽きることのないことを十分に知りつくしたうえで「不正を為すよりも、不正をこうむる方がよい」というソクラテスの格言を断固として支持する。このとき、かれは不正をこうむるのみという現状容認の消極的生活へひきこもることを勧めているのではない。かれは不正に対して断固として闘う。かれはその闘いにおいてわれわれが武器をもつことを否定しない。ファシズムに対する闘いも、民主主義の破壊に対する闘いも、武器なくしてはなしえない。ポパーの思想に見られるこの戦闘性は、一部の読者には、ソクラテスの格言とは矛盾するように響くことであろう。

しかし、ポパーの倫理思想をつぶさに見ていくならば、見事なまでの首尾一貫性が浮かび上がってくる。かれの思想の核心にあるのは、不正との闘いであり、悪の排除である。かれは、高邁な倫理的価値を掲げて人びとの結集をはかり、熱狂的運動を引きおこし、善を実現しようなどとは露ほども考えていない。むしろかれは、地獄への道は人びとの善意によって舗装されているという歴史の現実をかたときも忘れない。善を為そうとして悪を為してしまう現実に対してかれは、善の追求ではなく悪の排除のみをおこなえという、ある種の人びとには消極的とも思える倫理を説く。そしてこの立場が、誤りの排除をつうじて真理への接近を目指すポパーの科学哲学と平行関係にあることを見抜けない人は少ないことであろう。

ともあれ、かれの倫理を理解するためには、それを体系化してみるわれわれの側の努力が必要である。そのさい筆者は、かれの議論をヒストリシストの倫理に対する批判の部分（第一節）と、それに対して対抗倫理を提出している部分（第二節）とに分け、ついでポパーの倫理に対するソクラテスとカントの影響を論じた（第三節）あとで、最後に第四節で、ポパーの倫理が提案している新しい職業倫理を紹介して結びとしたい。

1　ヒストリシズムの倫理への批判

道具になりさがった倫理

ヒストリシズムとは歴史の必然性を信じ込む立場であった。その典型的事例であるマルクス主義の場合、必然性は歴史の法則的発展という姿をとっていた。歴史の継起が鉄の必然性をもって生じるならば、倫理の成立する余地はないように見える。なぜなら、そのようなところで成立するもっとも合理的な行動様式は、たとえば資本主義から次の段階への「産みの苦しみを短縮し緩和すること」以外には存在しえないからである。つまり、ヒストリシズムのもとでの倫理とは、歴史を動かす諸力――これはヒストリシズムそのものによって確実に予見されると考えられている――へ服従せよということになる。この点はもう少し詳しい説明が必要かもしれない。

ヒストリシストたちは、われわれがもつ倫理的観念、たとえば何を正義と考えるかとか、あるいは、何を善と考えるかといった道徳的諸観念（倫理意識）は歴史発展の副産物にすぎないと考える。しかもそれらは歴史のさらなる発展を推進するメカニズムの一部でもある。したがって、人類の歴史が階級闘争の歴史であるならば、一方で支配階級の理解する意味での「正義」（道徳）があり、他方で被抑圧階級が理解する意味での「正義」（道徳）が存在する。これら二種類の「正義」は二つの階級が階級闘争を戦い抜くためのやましさのない良心を与える。つまり、未来はよりよいものであり、したがってそこで支配的となる道徳もより優れたものであるのだから、そのような道徳、あるいは未来を現時点で代表している人びとの倫理を採用せよというのが、明示的に語られることはないにせよ、ヒストリシズムの倫理的教説となる。簡単にいえば、未来を代表する力に服従せよということである。倫理は階級闘争のための道具（武器）になりさがる。

このようなヒストリシストの倫理思想に対して、ポパーはどのように反論するのであろうか。これがここでの問題であった。ポパーによれば、この倫理を支えている基本的な二つの教義は、未来を確実に予測することができるという教えと、未来の道徳を採用せよという教えである。これら二つの教義のうち、われわれはすでに第三章で前者の成立しないことを見ておいた。すなわち、ヒストリシストたちの未来予測をささえる「歴史法則」は本来の「法則」概念からはほど遠く、したがって歴史予測の役に立つものではなかった。これによって、ヒストリシストの倫理の大半は瓦解する。逆に言えば、第六章第一節で非決定論に触れたときにも見たように、未来は開かれている——決定されていない——からこそ倫理の成立する余地がある。

しかしながら、ポパーは仮に未来が確実に予測されうるとしても、ヒストリシストの倫理は受け入れがたいと主張する。つまりかれは、この倫理のもう一方の支柱であった「未来の道徳を採用せよ」という教義が支持できないことを指摘する。ポパーはこの教義そのものがひとつの支持しがたい倫理であることを暴露する。

その議論を少しばかり現代風に書き直してみよう。かりに未来においてタバコを吸わないエコロジストではなくタバコを吸うエコロジストが権力を握り、そして喫煙を勧める道徳を支配的なものにさせることが確実に生じると仮定してみよう。このとき、われわれはヒストリシストの議論にしたがって喫煙の道徳を採用しなければならないのだろうか。断じてそのようなことはない。われわれ——少なくともその一部——は、その道徳を現時点において不快なものとして拒否し、それと闘うこともできる。もちろん、未来予測がただしければ敗北することになるが。

さて、この議論の核心にあるのは事実と価値との峻別であり、事実から価値を引き出すことはできないという主張である。ここで少しばかり横道に逸れることになるかもしれないが、ポパーが事実から価値を引き出す立場を道徳的実定主義――ここで「実定」ということばの原語は「実証」ということばと同じである――と呼んではげしく非難していることに触れておいてもよいだろう。道徳的実定主義とは、現に成立している道徳的あるいは法的秩序は、事実として理性的なものであり、善であるという考えである。もう少し縮めて言えば、現行の権力は正義であるという考え方である。

現行の道徳以外に道徳的判断の基準は存在しないとまで主張されるならば、言うまでもなく現行の道徳に対する批判は不可能になる。さらに、現行の道徳に代えて未来の道徳が判断の基準とされるときには、道徳的未来主義が成立する。それは、現行の権力を未来の権力にとり替えただけの道徳的実定主義にすぎない。マルクス主義的形態のヒストリシズムは、まさにこの種の道徳的未来主義である。

さて話を戻して、事実から価値を引き出すことはできないという主張に依拠したポパーの議論をもう少し詳しく見てみよう。未来においてどのような倫理が支配的になるかは事実の問題である。しかしどのような倫理が支配的になるにせよ、事実から価値を引き出すことはできないのであるから、「未来の道徳を採用せよ」という教えそのものは現時点における倫理的教えにすぎず、したがってそれを採用すべきか否かを決めるのはわれわれ自身の側における道徳的決定となる。したがって、その決定の責任は、歴史事実の予測とはかかわりなく、われわれ自身にある。

しかるに、ポパーの見るところ、ヒストリシストは「産みの苦しみを短縮し緩和する」と言うとき、ある特定の価値を支持したという道徳的決定の存在を隠蔽してしまう。換言すれば、ヒストリシズムは決定を未来予測にゆだねることでわれわれが特定の道徳を採用した責任を免除する。（この点については、第六章第一節での議論も参照されたい。）未来が確実に予測されるとすれば、その予測が実現する方向で行動すればよいのであって、道徳的決定とか責任といったことに頭を悩ます必要はないというわけである。（だがしかし、これ自体が一つの道徳的決定であることは明白であろう。）がその一方でヒストリシストは、暗黙のうちにかれらの体系のなかに未来の道徳――ユートピアとしての善なる社会――を着実に流し込む。結果として、倫理の問題が道徳的決定の問題として論じられることはなくなる――じっさいにはヒストリシストは特定の倫理を採用しているにもかかわらず。ヒストリシストの倫理はポパーの断固として拒否するものである。

報酬を求める倫理

さて、ヒストリシストの倫理に対するポパーの批判はさらにつづく。それは「報酬をもとめる倫理」とでも呼ぶべきものに対する批判である。ポパーの見るところ、ヒストリシストにとっての倫理とは階級闘争の道具に過ぎなかった。したがって、この闘争に勝利すること、つまり、歴史的成功を収めることがその倫理を栄光あるものとする。逆から言えば、この倫理にとっての報酬とは歴史的あるいは政治的成功である。さらに言えば、倫理は政治に従属する。倫理が政治を裁くのではなく、政治（歴史的成功）こそが倫理を裁く。とすれば、成功の倫理とは「君主は時と場合に応じて善と不善とを使い分ける道を知らねばならない」あるいは「行為がかれを告発するときには、結果がかれを弁解するべきである」と説いたマキャヴェリ的な道徳的シニシズムの間近にいる。

しかしながら、ポパーの立場からするならば、われわれは自分たちの道徳が現在あるいは未来において邪悪な道徳に対して勝利を収め、権力を握るのを見るために生きているのではない。さらに、歴史における（政治的）成功がわれわれの道徳を正当化――すでに第四章第四節で見たようにそもそも正当化ということはありえない――するわけでもない。ポパーにとっては、一方における歴史的成功といった事実と、他方におけるみずからの信じた道徳の価値はあくまでも別個のものである。この点をもう少し敷衍してみよう。

ポパーは、成功や名声あるいは権力といった報酬を求める倫理はロマンチックで部族主義的な道徳に基礎をおいていると考える。すなわち、運命と格闘し名声を獲得する英雄となれ、あるいは、支配するかさもなければ服従せよ、というのがそのような倫理の根底にある教義である。ポパーの考えでは、このような教義は自己と集団とのあいだの緊張をはなはだしく強調している。英雄になれというのは、自己の価値を尊大にまで過大評価しみずからの感情とか「人格」の価値をロマンチックに誇張するものである。他方で、支配者となることができなければ群衆の一員となって指揮に服し所属する集団の大義に身を捧げよというのは一種の神経症である。いずれにしてもそこには極端に走ることを好むイクストリーミズム (extremism) が存在するのみで、合理的な人格的関係を容認する余地はない。ポパーはこのような倫理は、少数者のみが重要で一般の大衆は重要ではないとされた時代の道徳であると考える。このような道徳は、正義や平等を一歩一歩少しずつでも実現していこうとする人びとの道徳とはなりえない。

2　ヒストリシストの倫理への対抗倫理

成功と報酬を拒否する倫理

では、歴史的成功とか権力によって裏づけられる必要のない倫理とはどのようなものであるのだろうか。ここでは、ポパーの提出する対抗倫理を抽象的な原理としてではなく、可能なかぎり具体的に描き出してみたいと思う。

ポパーの念頭にある倫理は、基本的には、より高い価値を鼓吹するものではなく、もろもろの悪に対して直接的な手段で緊急に闘うべきことを教えるものである。道に病で倒れた人がいるならば、ただちに治療に当たるよきサマリア人の行動こそがかれの胸中にある倫理であろう。ポパーが求めている倫理は「成功と報酬を拒否する倫理」(『開かれた社会とその敵』第二巻上、二四二ページ)である。われわれは、賞賛をあてにしてとか、恥辱を避けるためにとかではなく、みずからのなすべき仕事それ自身のためにするのだという倫理意識を育てねばならない。みずからの行為そのもののうちにそれを支える倫理的価値を見出すべきであって、行為の外部に価値をさがす必要はないというのがポパーの考えである。以下ではポパーが著書のあちこちで語っている倫理をいくつか拾ってみよう。それらは、いずれも具体的な考察であることと、理性の重視という点において合理主義の倫理と呼ぶに相応しい。

愛と幸福の逆説

われわれの多くは人生において大切なのは、理性とか理知といった合理的なものではなく、愛と幸福であると考えているのではないだろうか。もちろん、ポパーもこれらの重要性を否定しはしない。それどころか、愛なくして人生は生きるに価しないとさえ考えている。しかし、ポパーは愛の不合理性に目をつぶることはできない。「愛が支配すべきだと説教する者は、憎悪によって支配するような者のために通路を開いている」とかれは主張する。

ここでのポパーの議論は単純である。「トムは演劇が大好きで、ディックはダンスが大好きとしてみよう。トムはシンパシーからダンスに行こうと主張するが、ディックはトムのために演劇に行こうとする。この衝突は愛によっては解決できない。それどころか、愛が強ければ強いほど、衝突も強くなる。二つの解決策があるのみである。ひとつは感情を、最終的には暴力を利用することであり、他は理性、公平性、合理的な妥協を用いることである。」(『開かれた社会とその敵』第二巻下、一五九ページ)。感情がわれわれの行動を直接的に支配するならば、そこからはむしろ憎悪が生じてくるだろう。愛は闘争を片づけることはできない。ポパーは愛における理知の重要性を忘れることはない。

幸福についてのポパーの考察もほぼ同じように進行する。かれは、すべての政治的諸理想のうちでも人びとを幸福にしようとする理想くらい危険なものはないと考える。ここでもポパーのことばを直接に聞いた方がよいであろう。

「しかし、すべての政治的理想のなかで、人びとを幸せにしたいという願望くらい、危険きわまりないものはないだろう。こうした願望は、不可避的に、かれらの幸せにとって最重要と思われることがらを洞察させるためだとして、われわれの〈より高い〉価値秩序を強いる試みを、したがって言ってみればかれらの魂を救済する試みをみちびくであろう。こうした願望はユートピア主義やロマン主義につながる。われわれは皆、万人がわれわれの夢の美しい完全な共同体で幸せになれるだろう、と確信している。そして、疑いもなく、みんなが愛し合う世界は、地上の天国になるであろう。しかし、すでに述べたように（第一巻第九章）――地上に天国を打ち立てようとする試みは、いつでも地獄を生み出す。こうした試みは、不寛容、宗教戦争、異端審問による魂の救済をみちびく。そしてそれは、わたくしの考えでは、われわれの道徳的義務についての完璧な誤解にもとづいている。助けを必要とする人を助けるのは義務であるが、他の人を幸せにするのは義務ではない。なぜなら、それは、われわれに依存することではないし、くわえてそれは、しばしばわれわれが友人であろうとして近づく人びとの私的領域を侵害することだからである。」（『開かれた社会とその敵』第二巻下、一五九〜一六〇ページ）

ポパーのこのような見解を目にするとき、筆者はつぎのようなコメントを付さずに通り過ぎることはできない。すなわち、ときとして近代に対して批判的な思想家たちによって、土着の文化に対する近代合理主義の侵略主義的な傾向がはげしく指弾されるが、かれらは、価値の押しつけが合理主義以外の思想形態とも結びつくにもかかわらず、ほとんどの場合においてもっぱら合理主義に責任を負わせているが、しかし、ポパーにとってはそれは濡れ衣である、と。

ポパーは、友人同士であれば、価値尺度を相手に押しつけようと試みることも許されるだろうと考える。しかし、その場合でさえ、友人関係をいつでも閉じることができるという自由がある場合に限られる。ポパーにとって、幸福の追求とその失敗は私事であって公的課題ではない。これは、ポパーがパターナリズムを嫌い、小さな国家を要求することと深く関連している。

とはいえかれは、教育においては教師が生徒にたいしてより高い価値への関心を刺激すべきであるという意味で、ロマンチックな要素が存在することを承認する。しかし、教師も生徒もともに最後まで自由でなければならない。高次の価値を押しつけることがあってはならない。価値にかかわる教育の場にあっては、いかなる意味においても害することがあってはならない。ポパーは生徒に対する価値的教育の根幹をなすべきものは（生徒を）「われわれから独立させ、自分自身で選択できるようにするために、若者に、かれらがもっとも緊急に必要としているものを与えよ」ということであると考える。かれにとっては、「人格の完全な発展」といった標語は、典型的にロマンチックな標語であっても、じつのところは無意味な流行現象にすぎない。

苦患の最小化

さて幸福の追求が私事の領域に属するのだとすれば、公的課題となるのは避けることのできる苦患《くげん》（suffering）の最小化である。ポパーはこれを語るとき、人びとはなにが善であるかについては容易に意見の一致を見ることはないが、なにが悪であるかについては比較的容易に意見の一致を見るという状況を念頭においている。たしかに、大災害のもとで苦しんでいる人たちを見れば、まず被害者の苦患を取り除かねばならないという点で人びとは容易に一致するであろう。くわえてこのとき、ポパーが最大多数の最大幸福といった功利主義の原則をかたわらにおいて考えているのもたしかである。つまりかれは、功利主義者たちがこの原則を語ったとき、じっさいには苦患の最小化(minimization of misery)を考えていたのだと解釈する。

しかし筆者の見るかぎりでは、ポパーのこうした言い方はずいぶんと控えめな語り方だと思う。かれの立場を際立たせるためには、功利主義的倫理の一八〇度の転換、すなわち、快と幸福の追求から苦患と悪の排除への転換という根源的な転換を強調した方がよいであろう。量的にも苦患や悪といった悲惨を可能なかぎり少なくすることが目指されているのであるから。

ところで、ポパーの提唱した苦患の最小化という倫理的原則に対して哲学者の故市井三郎氏は、これを「各人が責任を問われる必要のないことから受ける苦痛を、可能なかぎり減らさねばならない」(『歴史の進歩とはなにか』岩波新書、一四三ページ)という原則によって改善することを試みた。たしかに人間は、たまたまいかなる親のもとに生まれついたかというだけで差別を受けるいわれはないし、また薬害エイズに見られるように、被害者にまったく責任のない医療ミスなどによって苦患を受けるいわれもない。こうした点を念頭におくと、市井氏の提案はたしかにポパー的な苦患の最小化という原則を公共政治の領域においてより適用しやすいかたちに改善するものであろう。

しかし、その一方で筆者には、ポパーの原則はみずからの責任で苦しんでいる人――みずからの不注意でけがをしたような人など――にも目を向けることを禁じていないという意味で、はるかにわれわれの博愛主義的感情にそくするものであると思う。だが、個人的レベルでの感情の問題とは切り離して政治を考えなければ、われわれは多くの場合にトラブルに巻き込まれやすい。われわれの公共政治の領域においては、博愛主義的感情を尺度とするのではなく、避けることのできる苦患についての認定にもとづいて、何が最初に最小化されるべきかについてのリストを作る必要が生じてこよう。このリストを作るときには、筆者は、市井氏の原則が有効であると信じる。しかしながら、苦患の最小化を目指す政治は、幸福への夢を語る政治家が多すぎるという現実の前では、あまり歓迎されないかもしれない。政治がもう少し冷静に営まれるようになったときに初めて、苦患の最小化という倫理的原則に目が向けられるのであろう。

苦患の最小化という倫理的原則については、もう少しべつの角度から批判をすることもできる。まず、批判となるような例を挙げてみよう。アスベスト（石綿）はかつて防音防火材として大量に使われた。これを使用したことは騒音や火災といった苦患（悪）を除去する点で有効であった。しかし、空気中に飛散するアスベストの繊維が肺に損傷を与えることが判明した時点では、アスベストはむしろ悪――苦患をもたらすもの――となった。ここにあるのは、悪を除去しようとして悪を導き入れてしまう逆説的な状況である。ポパー自身はこうした問題を主題的に論じているわけではないが、ここではポパー的観点からこの問題をどのように扱うことができるかという点に簡単に触れておこう。

このような逆説的状況が生じてしまうのは、ある意味で不可避である。というのも、われわれは、ある時点で悪を除去するために導入された手段について完全な知識をもちうるわけではないからである。ポパーの認識論が教えているように、われわれの無知はかぎりなく広く深い。したがって、そのような知にもとづく行動が誤りを犯してしまうことは避けがたい。問題はわれわれの知をできるだけすみやかに改善して、できるだけ早く過ちを発見して、それを取り除くことにある。そして、このような観点から苦患の最小化という倫理的原則を取り扱っていくことが大事なのである。倫理の領域においても、悪を取り除いたからわれわれはすでにして十分なことを成し遂げたと満足していることはできない。ここでも、ポパーの倫理は理知の発展を支えとしている。

3　倫理と認識論

ポパーの倫理思想は、ソクラテスとカントからの影響が顕著である。前者からは無知の知による謙虚さを学んでおり、後者からは形式的普遍性を求める倫理ではなく、自由という重荷を学んでいる。しかし、ポパーはこれらをただならべてみずからの倫理としたのではない。そこには見事な統合がある。というのも、かれの倫理はかれ自身の認識論の含意を追求するところから生まれてきたからである。

すでになんども指摘しておいたように、かれの認識論は、超越論的立場に立つ方法論的反証主義であり、最初から科学者のしたがうべき倫理の制定という側面をもっていた。倫理と認識論は最初から一体であった。ポパーにおける倫理と認識論との統合は知識の可謬性、われわれ自身の誤りやすさについての洞察から生まれている。もう少しくだいて述べてみよう。

無知の知

ポパーの認識論は、かれ自身が指摘しているように、無知の自覚の論理として捉えることができる。なぜなら、仮説が反証されたり批判されるということは、われわれ自身の無知が明らかになっていく過程だからである。ポパーの認識論は、人間の提出するあらゆる理論の反証可能性、あるいは批判可能性を主張することで、われわれの知識は永遠に可謬的であると主張する。ことばを換えれば、これは、知識を産み出す人間の可謬性、誤りやすさを意味している。しかし、この事態はわれわれに絶望をもたらすものではなく、逆に希望をもたらす。それはたとえば、かれがヴォルテールの寛容論をひいて、認識論と倫理との関連を指摘している箇所に明らかである。

「寛容は、われわれとは誤りを犯す人間であり、誤りを犯すことは人間的であるし、われわれのすべては始終誤りを犯しているという洞察から必然的に導かれてくる。としたら、われわれは相互に誤りを許しあおうではないか。これが自然法の基礎である。」（『よりよき世界を求めて』三〇〇ページ）

ポパーは、己の愚かさを相互に赦し合うべきであるというヴォルテールの主張を受け入れる。われわれは、互いの誤り、互いの無知を許容し合うべきである。ポパーは、知的謙虚や知的正直さへ訴えて寛容を基礎づけたヴォルテールの立場を継承する。

われわれの無知のうえに倫理を築こうとするポパーの考えは、当然のことながら、ソクラテスの無知の知と響きあう。それは、言うまでもなく、『ソクラテスの弁明』でいきいきと描き出されたように、もっとも賢明なる者とはみずからの無知を知る者であるという意味であった。無知の知は、われわれに謙虚になるべきことを教えている。つまり、われわれは学べば学ぶほどいかにわずかのことしか知っていないかを自覚せざるをえなくなるからである。知識の増大は逆説的なことに前途に果てしない無知が横たわっていることを教えてくれる。真実の知的貢献をした者こそ、かぎりない無知のまえで己の愚かさを思い知らされるのであろう。そしてその無知を尺度にすれば第一級の科学者も凡人もともにひとしく無知である。無知の前での平等が成立する。なるほど、この議論は人間は誰しも一〇〇メートルを五秒で走ることはできないという意味でひとしく平等であるという議論に似てはいる。しかし、どの程度知っているかという知の側からものごとを見るのではなく、無知の側からものごとを見るという観点の転換は少なくともわれわれに教えるところが多いと筆者は信じる。なぜなら、われわれはわれわれの知っているささいなことで人を評価しランクをつけたがるからである。無知の知は、その空虚なること、われわれに謙虚になるべきこと、そして人間の根源的平等を教えているように思われる。

　ところで、無知の知とはわれわれの側に真理を追究する意志があるからこそ意味をもつ教えである。したがってポパーの倫理は、真理の追究という営みのまわりに展開される倫理となる。真理を追究するためには、追求する者の倫理が必要である。そしてそれは方法論的反証主義として結実するものであった。ここにかれの倫理の根源がある。かれはそれを三つの原則にまとめている（『よりよき世界を求めて』三二六ページ）。

一、可謬性の原則。おそらくわたくしが間違っているのであって、おそらくあなたが正しいのであろう。しかし、われわれ両方がともに間違っているのかもしれない。

二、合理的討論の原則。われわれは、ある特定の批判可能な理論に対する賛否それぞれの理由を、可能なかぎり非個人的に比較検討しようと欲する。

三、真理への接近の原則。ことがらに即した討論を通じて、われわれはほとんどいつでも真理に接近しようとする。そして、合意に達することができないときでも、よりよい理解には達する。

ポパーの倫理は、これらの原則からひきだされる。たとえば、可謬性を自覚したうえで討論をおこなおうと思えば寛容が必要である。真理を求めて討論しようとするときには、相手を潜在的に同等な者として承認しなければならないであろう。そうではなく、みずからの方こそ知者であると思っていれば、討論ではなく、教化の試みしか生じまい。真理の追究はわれわれに謙虚さの倫理を教えてくれる。あらゆる人間が世界3に貢献しうるという意味において人間の根源的平等が認められる。

ハーバーマスによる倫理の正当化への疑問

ポパーの倫理は、討論共同体の踏むべき倫理の提案として解釈できる。ここで少しばかり横道に逸れることになるが、ポパーの倫理の特徴を際だたせるために、「討論」の概念から倫理を引き出そうとするあるひとつの試みに言及しておきたい。おそらくポパーの発想にインスピレーションを受けてのことなのだろうが、いわゆる「実証主義」論争においてポパーへの反論者の側にいたJ・ハーバーマスは一時期、理想的対話状況という観念から倫理を引き出そうと試みたことがあった。その考えをポパーの考えと比較することで、ポパーの考えをより明確にしておきたいと思うのである。

ハーバーマスはまず、われわれの日常の会話においては利害関係や役職の上下関係あるいは支配と非支配の関係が介入しているために抑圧から解き放された自由な理想的対話状況は成立していないと考える。にもかかわらずかれによれば、われわれの言語はそれを反事実的に——事実としては成立していないにもかかわらず、成立するという想定のかたちで——内在させているという。したがって、われわれは言語を用いるときにすでにして理想的対話状況を先取りし、それを成立させる(倫理的)諸要因を暗黙のうちに承認しているという。またかれによれば、理想的対話状況での一致こそが真理の規準であるという。

しかしながら、ハーバーマスのこのような説は大いに疑問である。第一に、理想的対話状況での一致(同意)というかれの真理論にしても、理論や言明には無限の論理的内容とそれに対応した情報内容——詳しくは第二章を見よ——が存在する。したがって、もし理想的対話状況が成立するならば、まさにそのゆえに論理的内容や情報内容についての検討は無限につづくはずであり、けっして結論に到達することはできないであろう。かくして理想的対話状況というのはまったく無意味な想定となる。第二に、ハーバーマスは理想的対話状況が反事実的に言語に内在しているという事実から倫理的要素、たとえば対話者の誠実性、真理を語ろうとする意志、などを引き出す。少し詳しく言うとハーバーマスはここで、真理性要求、明快性要求、誠実性要求、正当性要求といった四つの倫理的要請を語っている。しかし、理想的対話状況を構成する要件は本当にこれら四つに尽きてしまうのであろうか。くわえて、言語を用いるときはすでにこれらの倫理的要請を承認しているというハーバーマスの主張はただしいのであろうか。(近年におけるフェイク言説の氾濫は反証的事例ではないか。) さらにその時には言語に内在するという倫理的要請を首肯しなければならないのだろうか。言語を使っているかぎり、それらの倫理的要請を拒否することはできないとでも言うのであろうか。そのようなことはあるまい。

筆者は、ハーバーマスのこのような試みは倫理を何としてでも正当化しようとする思考から出てくるものであって、倫理を、絶えざる批判にさらされるところの、そして事実の世界に対して投げかけられる提案と見なすことのできない思想的ひ弱さを示すものではないかと考える。これに対してポパーはみずからの倫理を正当化しようなどとはせず、率直に提案として語っている。われわれはみずからの倫理が正当化されるものではないゆえに絶えず他者と批判的に討論し、改善していかざるをえない。このシンプルな現実を忘れさせるような議論に対しては、筆者はポパー以上に批判的にならざるをえない。

カント倫理学の継承

ポパーがカントの倫理を継承したという点についても、やはりポパーの認識論の観点から理解していくことができよう。この点を説明するためには、カントのいわゆるコペルニクス的転回に触れるのが早道である。

カント認識論の根本的な教えは、「知性は、その法則を自然から導き出すのではなく、その法則を自然に課す」ということであった。われわれは、自然がその秘密をわれわれに明かしてくれるまで待つのではなく、自然に問いを投げかけ、主体的に感覚的所与を秩序づけるのである。ポパーのことばで語れば、人間は自然から帰納法によって法則を導出するのではなく、仮説を自然に投げかけテストする。われわれは受動的な観察者ではなく、能動的に知性の法則を自然（宇宙）に課す者である。コペルニクスは、天動説をひっくり返した。それに対して、カントのコペルニクス的転回は、認識論的考察をつうじて人間をふたたび宇宙の中心に据えたとも言える。人間は自然から知識を贈与してもらうのではなく、人間の側こそが（仮説としての）知識を自然に課すのである。この意味で人間こそが知識産出の中心にいる。

ポパーは、カントのコペルニクス的転回を継承したとき、同時にカント倫理も継承した。なぜなら、カントの自律の倫理は、道徳の立法者がわれわれ自身であることを主張しているからである。知識の産出におけると同じように、倫理の領域においてもわれわれ自身こそが中心である。倫理の立法者であるとは、われわれ自身が自分の人生に意味を与えたり、目標を設定したりするということである。これは歴史についても言える。すなわち、われわれこそが歴史の過程に対して倫理的目標を設定し、その追求を課題とすることによって、歴史を意味あるものとする。したがって、さまざまな意味、目標が成立し、われわれの社会は必然的に自由で多元的なものとならざるをえないであろう。

これに対して外部からさまざまなかたちで意味や目標がわれわれに課せられてくることがある。ときには、歴史には客観的な意味が内在しているのであるからそれを実現するように行動せよといった命令とか、あるいは神の名による掟が課せられてくるかもしれない。しかしながらわれわれは、権威による命令に直面したとき、それが道徳的であるか否かを、したがって受け容れるか否かを自分自身の責任において判断する。ポパーはこれを倫理の自律と呼ぶ。物理的あるいはその他の強制が存在しないかぎり、われわれは自分自身の道徳の立法者であり、責任をもつ自由な存在者である。これはまさに啓蒙主義の理念である。

みずからの知力をもちいる勇気なくしては、われわれはわれわれ自身の未成年状態から抜け出すことはできない。「自分自身の知性を使用する勇気をもて」（岩波書店版『カント全集』第一四巻冒頭、「悟性」は「知性」に変更）。知による自己解放の理念こそ啓蒙主義のもっとも大切な理念であった。われわれは、事実の領域においても規範の領域においてもみずから法を立てそれを修正しうるからこそ、自由で責任ある人間たりうる。ポパーにしたがって言えば、われわれは悪の排除をつうじて法を改善し、また知を反証によって改善していく。ここでは、ソクラテスとカントを結びつけるポパーのことばを引用しても許されるであろう。

「ソクラテスの弁明と死は、自由な人間という理念をひとつの生きた現実としました。ソクラテスは、みずからの精神が屈服しなかったゆえに、自由でした。かれは、なんぴともかれの精神を傷つけえないことを知っていたゆえに、自由でした。自由な人間というこのソクラテス的理念は、われわれ西洋の遺産ですが、カントは、倫理学の領域とおなじく知識の領域においても、この理念に新たな意味を与えました。さらにかれは、この理念に、自由な人びとの社会――すべての人びとの社会――という理念をつけ加えたのでした。なぜなら、カントは、どんな人間でも自由であるのは、自由に生まれてくるからではなく、重荷――みずから自由に決定することに対しては責任をもつという重荷――を背負って生まれてくるからであると示したからです。」（『開かれた社会とその敵』岩波文庫、第一巻上五

四ページ）

4　新しい職業倫理

正当化主義 対 可謬主義

倫理的領域でのポパーの思考はじつに柔軟かつ具体的である。それがもっともよく現れているのは、かれがみずからの認識論を基礎にして、古い職業倫理との対比のもとで新しい職業倫理を提案している箇所である。そこでかれは、知的職業に就いている者、たとえば、科学者、医者、法律家、技術者、建築家、公務員などが踏まえるべき倫理を提案している。しかし、ポパーが「知的職業に就いている者」としてターゲットにしているのは、筆者は皮肉を感じざるをえないのだが、じつは政治家なのである。ポパーは知的職業を念頭において倫理を考えているとはいえ、今日、どのような職業をとっても知的訓練なしに済ませうる職業はないこと、また科学技術の急速な進歩を考えると、知識とのかかわりなしにやっていける職業はますます少なくなっていること、これらの点を考慮に入れるならば、かれの提案している新しい職業倫理はわれわれすべての真剣な考慮に値するであろう。

かれの提案を理解するためには、まず「古い職業倫理」ということで正当化主義的思考に染まった伝統的認識論に依拠する倫理が考えられていることを指摘しておかねばならない。この倫理は、知識を個人的な世界2に属するものとして捉え、その正当性は確実性にあるとする。権威ある知識、正当化された知識、そして自己確信（慢心）にもとづいて行動することが古い職業倫理の基本原則である。

これに対してポパーの新しい職業倫理の基礎にある認識論は、かれ自身の可謬主義的な認識論である。ここにおいては、人間の可謬性が強調され、そのうえに倫理が組み立てられる。

両者の違いをはっきりさせるために、まずポパーが古い職業倫理の特徴と見なしているいくつかの原則を箇条書き風に整理してみよう。

一、行動するにあたっては、真理と確実性を所有し、可能ならばみずからの立脚点を真なるものとして証明すべきである。

一、知識をもつ者は、権威たれ、その領域における一切を知れ、と要請されている。つまり、かれは賢者であるとともに権威である知者でなければならない。

これに対してポパーは、「あなたがひとたび権威として承認されたなら、あなたの権威は同僚によって守られるであろうし、またあなたは、もちろん、同僚の権威を守らねばならない。」と批判的なコメントをつけている。

一、誤りは絶対に許されない。

ここでもポパーのコメントを引いておこう。「誤りは誤りとして承認されない。この古い職業倫理は非寛容である……そして、それはまた、いつでも知的に不正直であった。それは、……権威を擁護するために、あやまちのもみ消しを招く。」

ポパーの基本思想

ポパーは、誤ることなき知識をもつことができるし、もっているという古い職業倫理に対して、一二の原則からなる新しい職業倫理を提案する。その大部分は、ポパーの方法論的反証主義の一般化と見ることができる。したがってそれらの原則を掲げておくことは、かれの基本思想を要約するものであり、本書の最後に相応しいであろう。さらにそれらが、提案として読者に真剣に検討していただけるならば、遅れてやってきた啓蒙主義者ポパーの本懐にかなうことでもないだろうか（以下は、『よりよき世界を求めて』三一九ページ以下からの引用）。

晩年のポパー

一、われわれの客観的な推測知は、いつ

でも一人の人間が修得できるところをはるかに超えている。それゆえ、いかなる権威も存在しない。このことは、専門領域の内部においてもあてはまる。

二、すべての誤りを避けることは、あるいはそれ自体として回避可能な一切の誤りを避けることは、不可能である。誤りは、あらゆる科学者によってたえず犯されている。誤りは避けることができ、したがって避けることが義務であるという古い理念は修正されねばならない。この理念そのものが誤っている。

三、もちろん、可能なかぎり誤りを避けることは依然としてわれわれの課題である。しかしながら、まさに誤りを避けるためには、誤りを避けることがいかに難しいことであるか、そしてなんぴとにせよ、それに完全に成功するわけではないことをとくに明確に自覚する必要がある。直感によって導かれる創造的な科学者にとっても、それはうまくいくわけではない。直感はわれわれを誤った方向に導くこともある。

四、もっともよく確証された理論のうちにさえ、誤りは潜んでいるかもしれない。それゆえ、そうした誤りを探求することが科学者の特殊な課題となる。よく確証された理論、あるいはよく利用されてきた実際的な手続きのうちにも誤りがあるという観察は、重要な発見である。

五、それゆえ、われわれは誤りに対する態度を変更しなければならない。われわれの実際上の倫理改革が始まるのは、ここにおいてである。なぜなら、古い職業倫理の態度は、われわれの誤りをもみ消し、隠蔽し、できるだけ速やかに忘却させるものであるからである。

六、新しい原則は、学ぶためには、また、可能なかぎり誤りを避けるためには、われわれはまさにみずからの誤りから学ばねばならないということである。それゆえ、誤りをもみ消すことは最大の知的犯罪である。

七、それゆえ、われわれはたえずわれわれの誤りを見張っていなければならない。われわれは、誤りを見出したなら、それを心に刻まねばならない。誤りの根本に達するために、誤りをあらゆる角度から分析しなければならない。

八、それゆえ、自己批判的な態度と誠実さが義務となる。

九、われわれは、誤りから学ばねばならないのであるから、他者がわれわれの誤りを気づかせてくれたときには、それを受け入れること、じっさい、感謝の念をもって受け入れることを学ばねばならない。われわれが他者の誤りを明らかにするときは、われわれ自身が同じような誤りを犯したことがあることをいつでも思い出すべきである。またわれわれは、最大級の科学者でさえ誤りを犯したことを思い出すべきである。もちろん、わたくしは、われわれの誤りは通常は許されると言っているのではない。われわれは気をゆるめてはならないということである。しかし、繰り返し誤りを犯すことは人間には避けがたい。

一〇、誤りを発見し、修正するために、われわれは他の人間を必要とする（またかれらはわれわれを必要とする）ということ、とりわけ、異なった環境のもとで異なった理念のもとで育った他の人間を必要とすることが自覚されねばならない。これはまた、寛容に通じる。

一一、われわれは、自己批判が最良の批判であること、しかし他者による批判が必要なことを学ばねばならない。それは自己批判と同じくらい良いものである。

一二、合理的な批判は、いつでも特定されたものでなければならない。それは、なぜ特定の言明、特定の仮説が偽と思われるのか、あるいは特定の論証が妥当でないのかについての特定された理由を述べるものでなければならない。それは、客観的真理に接近するという理念によって導かれていなければならない。このような意味において、合理的な批判は非個人的なものでなければならない。

ポパー略年譜

一九〇二年――ウィーンのヒンメルホーフにて七月二八日生誕。二人の姉がいた。父はジーモン・ジークムント・カール・ポパー。弁護士で法律事務所を経営し、大きな成功を収めていた。また、学者肌の人物で、歴史と哲学に深い関心をもち、詩も書く急進的自由主義者でもあった。母は、イエニー。音楽の才能に恵まれていた。

一九〇七年――母親から『ニルスの不思議な冒険』を読んでもらい、大きな影響を受ける。

一九一二年――二〇歳ほど年上であったアルトゥール・アルントから大きな影響を受ける。アルントは社会主義者であると同時に、ボルシェビキの断固たる反対者であった。またかれは、マッハたちによって始められた科学哲学的な運動「一元論者」に関心をもっていた。

一九一四年――アルントからの影響で、ポパーにとっての最初の社会主義の本であるエドワード・ベラミの『顧みれば』を読む。第一次世界大戦勃発。

一九一六年――戦争宣伝の影響を受けてオーストリアが攻撃されたという考えをもったが、まもなく巨大な宣伝装置による欺瞞であることを悟り、戦争について父と議論するとともに、オーストリアとドイツの立場が間違ったものであることを確信する。

一九一七年――父との議論のなかでことばの意味を議論することの無意味さを悟る。ポパーは後に、重要なのはことばの意味とか定義であるとする立場を本質主義と呼び、生涯に渉って闘いをつづける。またカントの『純粋理性批判』も読み始める。ソクラテス以前の哲学者に関心をもつ。ニュートンに心酔する。二カ月間病気に罹るが、クラスの授業が少しも進歩していないことを知ってショックを受ける。ロシア一〇月革命。

一九一八年――中等学校をやめる。ウィーン大学に非正規の学生として入学し、当初、あらゆる講義に顔を出すが、やがて数学、物理学、哲学などを勉学の中心に据える。第一次世界大戦終了。オーストリア共産党結成。

一九一九年――二、三カ月の間、みずからをマルクス主義者と見なす。ヘール通りでの警官隊によるデモ隊への発砲を目撃。マルクス主義の倫理に対し深刻な疑問をもち、やがてそれから離れる。アドラーの個人心理学と出会うとともに、やがてウィーン学団の主要メンバーとなるノイラートを知る。アインシュタインからの影響で、科学的態度とは批判的態度であることを認識する。家をでて「学生の家」で生活し、道路工事などの労働にも従事する。グレッケルの学校改革運動が主としてウィーンで開始される。エディントンによるアインシュタインの予測がテストされる。

一九二〇年――アドラーの児童相談所で活動をつづける。アルノルト・シェーンベルクの「私的演奏協会」の会員となる。この年の秋から一九二二年ごろまで音楽家になることを真剣に考えていた。

一九二一年――学習の心理学や帰納の問題にとりくむ。ウィトゲンシュタイン『論理哲学論考』。

一九二二年――ウィーンの指物師アルバート・ペッシュのところで徒弟奉公(一九二四年一〇月まで)。大学入学資格試験に合格、ウィーン大学の正規の学生となる。自作のフーガによってウィーン音楽学院の教会音楽部に約一年間、入学する。シュリックがウィーン大学に招聘される。

一九二四年――翌年にかけて、友人のユリウス・クラフトと認識論や政治哲学について議論する。アドラーのつくった児童相談所で孤児の面倒を見る。教員養成大学での二次試験に合格する。レーニン没。

一九二五年――児童相談所である児童が頭蓋を骨折するという事故があり、ポパーにその責任が帰せられたが、裁判では父親が弁護をおこない、無罪となる。ウィーン教育研究所に入所。ビューラーのもとで主として心理学を学ぶ。最初の公表論文「学校および生徒に対する教師の位置」。

一九二六年――カール・ポラニーの紹介によってハインリッヒ・ゴンペルツを知る。ギリシア哲学史や認識論などについてゴンペルツから親しく教えを受ける。

一九二七年――ウィーンで労働者のデモ隊に警官隊が発砲し、約九〇名の死者と一〇〇〇名近い負傷者がでるという七月事件が勃発する。ポパーは、この事件にオーストリア社会民主党の指導の誤りを見る。ハイゼンベルク「不確定性原理」を発表。

一九二八年――博士論文「思考心理学の方法と問題」（ウィーン大学）がビューラーとシュリックを試験官として最優秀の成績で合格。しかし、ポパーはその内容に不満であった。音楽史についての口頭での学位試験にも合格。

一九二九年――（下級）中等学校の数学と物理学の教師資格を得る。ウィーン学団綱領発表。ウィーン学団メンバーとの接触。ウォール街における株式の大暴落、世界恐慌の発生。

ホワイトヘッド『過程と実在』。

一九三〇年――中等学校教師（～一九三五）となる。ウィーン教育研究所以来のジョゼフィンヌ・アンネ・ヘニンガー（1906－1985）と結婚。ファイグルと知り合う。

一九三二年――この年の早いうちに『認識論の二大根本問題』の第一巻を完成。ウィーン学団のメンバーであるカルナップやファイグルとともにチロルへ行く。一二月になってハインリッヒ・ゴンペルツより『認識論の二大根本問題』の原稿を高く評価した手紙をもらう。

一九三三年――『認識論の二大根本問題』草稿完成。ドルフュスがクーデターによりオーストリア議会を解散する。ナチスの政権掌握。

一九三四年――七月プラハでタルスキーと会い、『探究の論理』の校正刷りを見せる。伯父のシフによって『認識論の二大根本問題』から抜粋された『探究の論理』が出版される（九月）。ハイゼンベルクとの対話。オーストリア社会民主党の指導による労働者の蜂起（二月事件）がおこるが、ドルフュスによって鎮圧される。マッハ協会が解散させられる。

一九三五年――年初、タルスキーと再会し、ウィーンの民衆公園で真理論について直接教えを受ける。ポパーはタルスキーを哲学における師として深く尊敬する。『ヒストリシズムの貧困』のもとになる原稿を書き始める。ベッドフォード・カレッジ（ロンドン大学）のスーザン・ステビング教授の招待を受けて秋に渡英。ケンブリッジやオクスフォードで講演や論文報告をおこなう。

一九三六年――イギリスで、シュレーディンガーと確率論や量子力学について討論する。アリストテレス協会の会合に出席、ロンドン大学のハイエクのゼミで『ヒストリシズムの貧困』のもとになる原稿を発表。七月にコペンハーゲンに行き、ニールス・ボーアと討論。ボーアに圧倒される。スペイン内乱勃発。

一九三七年――教職を妻とともに辞め、ロンドン経由でニュージーランドに出帆。三月カンタベリー大学に赴任。

一九三八年――講義のかたわら、確率論の公理化の研究などに取り組む。三月、ヒトラーによるオーストリア占領（合邦）の報に接するとともに、『開かれた社会とその敵』の執筆を決意する。つづいて『ヒストリシズムの貧困』の執筆も開始。この時期、ポパーは全体主義と闘う決意のある政治家はウィンストン・チャーチルしかいないと考えていた。

一九四〇年――「弁証法とはなにか」（『推測と反駁』第一五章）。

一九四二年――一〇月、『開かれた社会とその敵』の第一部の原稿が完成する。

一九四三年――三月、『開かれた社会とその敵』の第二部の原稿が完成する。原稿をアメリカの友人に送るが、出版社を見つけられなかった。「ヒストリシズムの貧困」の原稿を『マインド』に送るが、掲載を断られる。

一九四四年――ハイエクやゴンブリッチの助力で『開かれた社会とその敵』の出版社（ラウトリッジ社）を見つける。「ヒストリシズムの貧困」を『エコノミカ』（一九四四年～一九四五年）に三回に分けて発表。エックルズ、ニュージーランドのオタゴ大学に赴任。

ポパーがオタゴ大学で講義をしたときに両者は知り合う。ハイエク『隷従への道』。
一九四五年――ロンドンが爆撃を受けているさなかに『開かれた社会とその敵』(小河原誠訳、岩波文庫二〇二三年)が印刷に付される。一一月ニュージーランドのオークランドから出航、航海中はノイマンとモルゲンシュタインによるゲーム理論の本を読む。
一九四六年――一月初め、イギリス着、ロンドン大学に赴任。一〇月二六日、ケンブリッジのキングス・カレッジのR・B・ブレイスウェイトの部屋で「哲学的問題は存在するか」という題で報告し、ウィトゲンシュタインと論争。F・ヴァイスマンと一緒にオランダに旅行する。この年から四八年にかけて論理学関係の論文をつぎつぎと発表。「なぜ論理と算術の計算体系は実在に適用可能か」(『推測と反駁』第九章)。チャーチル、アメリカのフルトンで「鉄のカーテン」演説。インドシナ戦争勃発。
一九四七年――「ユートピアと暴力」(『推測と反駁』第一八章)。
一九四八年――講演「合理的な伝統論に向けて」(『推測と反駁』第四章)。G・ライル『こころの概念』。ソ連、ベルリン封鎖開始。
一九四九年――ロンドン大学の論理学および科学方法論の教授(～一九六九年)となる。ドイツ民主共和国成立。
一九五〇年――二月、クィーン・メアリー号でニューヨーク着(最初のアメリカ訪問)。「自然と社会の研究」という題目で、ウィリアム・ジェームズ講演をハーバード大学でおこなう。またプリンストン大学のセミナーでアインシュタインやボーアと討論。アインシュタインとは非決定論について三度にわたって論じ合う。その議論内容は『オープン・ユニヴァース』の第二六節に詳しい。ゲーデルとも再会し、シルプ編の『アインシュタイン』の巻へのかれの寄稿論文について論じ合う。マッカーシー上院議員の赤狩り演説。帰国後バッキンガムシャーのペンに引っ越す。

一九五一年――主としてこの年から五六年にかけて、『「探究の論理」へのあとがき』(ポストスクリプト)を執筆する。ポパーは長く『探究の論理』の訂正や拡張をおこなっており、それらのいくつかは五九年に『科学的発見の論理』が出版されたときに、それに収録された。『「探究の論理」へのあとがき』そのものは、『探究の論理』の訂正や拡張から生まれ、独立の書物にまで育ったものである。ウィトゲンシュタイン没。

一九五二年――四月、ウィトゲンシュタインにたいする批判を含んだ「哲学的諸問題の性格と科学におけるその根源」(『推測と反駁』第二章)を発表。「ヒューマニズムと理性」(『推測と反駁』第二〇章)。

一九五三年――「言語と身心問題――相互作用主義の再説」(『推測と反駁』第一二章)。「マッハとアインシュタインの先駆者バークリー」(『推測と反駁』第六章)。夏に英国文化振興会による講演「科学――推測と反駁」(『推測と反駁』第一章)をおこなう。アガシ、ポパーに師事する。ウィトゲンシュタイン『哲学探究』。

一九五四年――カント没後一五〇周年記念の放送番組「カントの『純粋理性批判』と宇宙論」(『推測と反駁』第七章)。「日常言語における自己言及と意味」(『推測と反駁』第一四章)。モン・ペルラン協会での講演「世論と自由主義的原理」(『推測と反駁』第一七章)。

一九五五年――「科学と形而上学との境界設定」(『推測と反駁』第一一章)を『ルドルフ・カルナップの哲学』(一九六四年刊)に寄稿する。ラッセル＝アインシュタイン宣言。アインシュタイン没。

一九五六年――渡米、スタンフォード、高等行動科学研究所にアガシとともに滞在。この年から翌年にかけて『「探究の論理」へのあとがき』のゲラ刷りが出てくる。だが、ポパーはまもなく両眼の手術を受けることになり、ゲラ刷りの校正は中断する。手術後、ポパーは六一年までゲラ刷りにいくつか節を追加したり、多くの訂正をおこなう。このゲラ刷りはポパーのサークル内で回覧され、大きな影響を与える。しかし、六二年の時点での改訂されたゲラ刷りをもとにして、弟子のバートリーによって編集され、三巻本として出版されるのは八二～三年である。「知識に関する三つの見方」(『推測と反駁』第三章)。フルシチョフのスターリン批判。

一九五七年――すでに『エコノミカ』に発表されていた『ヒストリシズムの貧困』(久野・市井訳『歴史主義の貧困』中央公論社、一九六一年)が単行本として刊行される。

一九五八年――アリストテレス協会での会長講演「ソクラテス以前の哲学者たちに帰れ」(『推測と反駁』第五章)。ラジオ講演「科学と形而上学の身分について」(『推測と反駁』第八章)。チューリッヒでの講演「西側は何を信じているか」(『よりよき世界を求めて』第一五章)。

一九五九年――『探究の論理』の英訳が一月に『科学的発見の論理』(森・大内訳、恒星社厚生閣、一九七一年)として出版される。「社会科学における予測と予言」(『推測と反駁』

第一六章）。
一九六〇年――ブリティッシュ・アカデミーでの講演「知識と無知の根源について」（『推測と反駁』序章）。「真理・合理性・科学的知識の成長」（『推測と反駁』第一〇章）、これは八月に国際科学哲学会のために準備されたが、あまりにも長いので、そこでは一部しか発表されず、残りの部分は翌年にイギリス科学哲学会の会長講演として発表された。ウィーンで入院し、目の手術を受ける。シュレーディンガーも同じ病院に入院しており、議論をする。合衆国大統領にケネディ当選。
一九六一年――オクスフォード大学でハーバート・スペンサー記念講演「進化と知識の木」（『客観的知識』第七章）をおこない、進化論的認識論の大要を示す。バイエルン放送での講演「知による自己解放」（『よりよき世界を求めて』第一〇章）。秋、ドイツ社会学会（チュービンゲン）で「社会科学の論理」（『よりよき世界を求めて』第五章）を報告し、いわゆる「実証主義論争」を惹き起こす。ベルリンの壁構築。
一九六二年――香港大学で講義。クーン『科学革命の構造』。
一九六三年――論文集『推測と反駁』（藤本・石垣・森訳、法政大学出版局、一九八〇年）。来日。
エックルズ、ノーベル生理学賞受賞。
一九六五年――四月、コンプトン講演「雲と時計」。ロンドンにおける科学哲学の国際合同討議においてバートリーがポパーを批判。ナイト爵。精神科学賞（ドイツ）。
一九六六年――国際科学哲学アカデミー会員。文化大革命始まる。
一九六七年――アムステルダムでの講演「認識主体なき認識論」（『客観的知識』第三章）。「合理性の原理」。ストックホルムにて第一回の「ラッセル法定」開催。

一九六八年——「客観的精神の理論について」(『客観的知識』第四章)。第一四回国際哲学会(ウィーン)での講演「歴史的理解についての客観的理論」(『よりよき世界を求めて』第一二章)。パリ、五月革命。

一九六九年——ロンドン大学を退職、渡米、ブランデイス大学で講義。西ドイツにブラント社民党政権誕生。

一九七二年——『客観的知識』(森博訳、木鐸社、一九七四年)。

一九七三年——ゾンニング賞受賞。

一九七四年——エックルズとともにロックフェラー財団の援助をうけて、九月イタリアのコモ湖畔に一カ月間滞在し、心脳相互作用説について真剣な討論を重ねるなかで二人の共著『自我と脳』の構想を練るとともに、討論をテープに録音した。その一部はこの書物の第三部として収録されている。シルプ編の現存哲学者シリーズ中の一書として『カール・ポパーの哲学』(二巻本)が刊行される。アルプバッハ・ヨーロッパ・フォーラム三〇周年記念講演「科学と批判」(『よりよき世界を求めて』第四章)。ハイエク、ノーベル経済学賞を受賞。ラカトシュ没。

一九七六年——『カール・ポパーの哲学』に収められていた自伝の部分が『果てしなき探求』(森博訳、岩波書店、一九七八年)として出版される。イギリス王立協会会員となる。周恩来死去。毛沢東死去。

一九七七年——『自我と脳』(西脇与作・大村裕共訳、思索社、一九八六年)。文化大革命終結。

一九七八年――「わたくしは哲学をどのように見ているか」(『よりよき世界を求めて』第一三章)。

一九七九年――三〇年から三二年にかけて執筆された草稿『認識論の二大根本問題』がハンセンの手によって編集され出版される。これにはポパーの序文「序文一九七八年」が付される。ヨーハン・ヴォルフガング・ゲーテ大学より名誉博士号を授与された際の講演「知と無知について」(『よりよき世界を求めて』第二章)。ザルツブルク音楽祭のオープニング講演「科学と芸術における創造的自己批判」(『よりよき世界を求めて』第一六章)。ザルツブルク大学で名誉博士号を授与された際の講演「いわゆる知識の源泉について」(『よりよき世界を求めて』第三章)。

一九八一年――オーストリア国家条約二五周年記念講演「文化の衝突について」(『よりよき世界を求めて』第八章)。チュービンゲン大学での講演「寛容と知的責任」(『よりよき世界を求めて』第一四章)。

一九八二年――名誉勲爵士の受爵。クロイツァーとの対談集『開かれた社会――開かれた宇宙』(小河原誠訳、未來社、一九九二年)。アルプバッハでの講演「知識と実在の形成」(『よりよき世界を求めて』第一章)。『「探究の論理」へのあとがき』の第二巻『オープン・ユニヴァース』と第三巻『量子論と物理学における分裂』がバートリーの編集で出版される。ウィーンでの書物週間開催の際の講演「書物と思想、ヨーロッパ最初の本」(『よりよき世界を求めて』第七章)。

一九八三年――『「探究の論理」へのあとがき』の第一巻『実在論と科学の目的』がバートリーの編集で出版される。コンラート・ローレンツとのアルテンベルク炉端対話『未来は開かれている』（辻理訳、思索社、一九八六年）。ミラーの編集による『ポケット版ポパー』。

一九八四年——『よりよき世界を求めて』（小河原誠・蔭山泰之訳、未來社、一九九五年）。ミラーとの共同論文「帰納的サポートの不可能性の証明」。

一九八五年——夫人没。

一九八六年——科学理論のためのルートヴィヒ・ボルツマン研究所長に就任。ロンドンに居を移す。

一九八七年——ミラーとの共同論文「なぜ確率的サポートは帰納的ではないのか」。

一九八九年——ロンドン大学（ＬＳＥ）での講演「知識の進化論に向けて」。カタルーニャ国際賞受賞。ベルリンの壁消滅。

一九九〇年——講演録『傾向性の世界』（田島裕訳『確定性の世界』、信山社、一九九五年）。

一九九一年——ソ連邦崩壊。

一九九二年——一一月、京都賞受賞。

一九九三年——四月二一日、「ヨーロッパの人びとに呼びかける」（旧ユーゴスラビアでの戦争勃発に際して）。

一九九四年——『問題解決としての生』（未邦訳）。一九九四年九月一七日（土曜日）の朝、一〇日ほど入院していたメイデイ大学病院において、友人たちに別れを告げた後、逝去した。ガンが発見されたが、直接の死因は肺炎と腎不全の合併症であった。クロイドン火葬場でおこなわれた葬儀には親友や以前の学生など約四〇名が出席。式はポパー自身の遺言もあって静かでつつましいものであった。遺骨は、一九八五年に亡くなった妻ヘニーの墓に収められた。ポパーはウィーン市の名誉市民であったので、墓はウィーン市の栄誉墓として永遠に維持される。一二月一二日にはLSE主催の追悼式もおこなわれた。

主要著作ダイジェスト

主要著作の内容については本文でかなり論じておいたので、以下においては論及し残した点に力点をおいて、内容のごく簡単な紹介をしておきたい。順序は、邦訳の出版年にしたがった。

『歴史主義の貧困』（久野収・市井三郎訳、中央公論社、一九六一年）

ヒストリシズムを社会科学方法論のレベルで、そしてまた政治哲学のレベルで批判している。ポパーによれば、ヒストリシズムには、親自然主義的傾向と反自然主義的傾向との二つの立場があるが、ともに科学における「法則」の概念を根本から誤解している。また、そこから導き出されているユートピア社会工学は、社会を根本から変革しようとしてかえって、社会に混乱と自由の弾圧を招くものとなる。それに対してポパーは、社会の漸次的改良をめざすピースミール社会工学を対置した。ポパーの議論は、冷戦時代においては、社会科学の方法論としてよりも、マルクス主義およびその実践形態に対する批判の書として読まれた。今日では、社会科学方法論の書物として読み直す必要がある。（筆者の手によって、『ヒストリシズムの貧困』として全面的改訳版が岩波文庫から出版される予定である。）

『科学的発見の論理』（森博・大内義一訳、恒星社厚生閣、一九七一年）

反証可能性の理論を述べたポパーの科学哲学上の主著。これは、一九三三年には仕上がっていた

『認識論の二大根本問題』（一九七九年公刊、未邦訳）から、伯父のワルター・シフによって抜粋されたもの。経験科学的言明が反証可能性をもつこと、またどのような言明にせよ、いつでも反証逃れが可能であることから、方法論的反証主義の立場に立つことの必要性が論じられている。また、後半では確率論や量子力学の問題が扱われている。また、膨大な付録はポパーの専門的な研究を知るうえできわめて重要である。

『客観的知識』（森博訳、木鐸社、一九七四年）

九編の論文と一編の付録からなる論文集。帰納の問題、実在論の問題、三世界論、非決定論、進化論的認識論、真理論などが扱われている。付録の「バケツとサーチライト――二つの知識理論」が、ポパーの認識論の特徴をわかりやすいことばで語っている。つまり、仮説をたてること（仮説演繹法）は、サーチライトを投げかけて未知の世界を照らし出すことであり、対するに、帰納法的知識論は外部からの生のデータをバケツ（なにも書きこまれていない精神）に流し込むことが知識の獲得であると考えているという比喩が語られている。この部分を読んでから、第一章の「推測的知識――帰納の問題に対する私の解決」および第二章の付録的部分「帰納についての追考」を読むと、帰納の問題にかんするポパーの基本的考えがわかる。ポパーの考えでは、ヒュームは反証による誤謬の排除をつうじて知識を獲得する可能性を見抜いていなかった。第二章は、実在論の問題を扱っており、ポパーは常識的実在論の立場から、観念論を論駁している。また、真理への接近という考えが展開されている。真理論については、第九章「タルスキーの真理についての哲学的論評」に詳しい。ポパーはタルスキーの真理論を対応説の展開として理解している。（この著については、筑摩書房から、小河原誠によって全面改訳版が準備中である。)

『果てしなき探求——知的自伝』(森博訳、岩波書店、一九七八年)

文字どおり、ポパーの『自伝』。ただし、一九七四年に刊行されたシルプ編の『カール・ポパーの哲学』の自伝部分として書かれたために、『自我と脳』やそれ以後の伝記的事項についての言及はない。ポパーの知的発展ならびに時代状況、そしてまたかれの哲学がいかなる問題をめぐって展開しているのかを知るうえで格好の書。英語圏ではもっとも成功した知的自伝との評価が高い。(この本については、岩波書店から、蔭山泰之氏によって全面改訳版が準備中である。)

『推測と反駁』(藤本隆志・石垣壽郎・森博訳、法政大学出版局、一九八〇年)

原著は一九六三年刊行。重要な論文集。序章「知識と無知の根源について」が、かぎりない無知のなかで仮説を提出しながら真理を求めていこうとするポパーの哲学的態度をよく述べている。大きく「推測」の部と「反駁」の部の二部に分かれている。「推測」の部では、遺憾ながら本文では紹介できなかった第三章「知識に関する三つの見解」と第四章「合理的な伝統論に向けて」が、それぞれポパーの実在論的認識論と知識の成長を支える伝統の重要性を説得力あるかたちで伝えている。「反駁」の部では、前半部に、カルナップとの論争のなかでの境界設定問題、身心相互作用説、自己言及の問題、弁証法や社会科学の方法の問題といったかなり専門的な論題にかんする論文が収められ、後半部に、政治哲学関係の四本の論文が収められている。

『自我と脳』（西脇与作・大村裕訳、思索社、一九八六年）

第一部はポパーの書いたP章、第二部はエックルズの書いたE章、そして第三部は両者の対話を収めたD章からなる。ポパーは、身心相互作用説の立場から、最終的に心の存在を否定することになる立場を唯物論と呼び、それが思想史的には自己解体を遂げたことを確認している。そのさい、還元主義を論破するために提出されている下向きの因果作用の観念が重要な役割を果たしている。身心問題における唯物論の具体的形態としては、徹底的行動主義、汎心論、随伴現象説、身心同一説が徹底的に批判されている。P五章は、身心問題の歴史をあつかった部分であり、ポパーの学識の深さに驚かざるをえない。この問題について書かれた幾多の書物のなかでも、おそらく、もっとも重要な貢献のひとつであろう。エックルズの章は、当時における最新の情報にもとづいて大脳の諸メカニズムの解明をおこなっている。身心問題を論じるうえでは、E七章が決定的に重要である。対話の部分は、よく整理されたかたちで話が展開しており、腰を落ちつけて読めば興味津々たるものがある。理論的観点からすると、熱力学的観点から相互作用説の問題点を論じているD一〇章が重要である。

『未来は開かれている』（辻瑆訳、思索社、一九八六年）

ポパーの少年期の友人にして動物行動学者のコンラート・ローレンツとの対話を収めたもの。もともとはアルテンベルク炉端対話として放送されたものであり、一般向けの水準で話が進められている。また、三日間におよぶウィーンでのポパー・シンポジウムのうちのわかりやすい一般向けの部分が収められている。ポパー哲学のジャーナリズムへの応用の議論などもおもしろい。

『開かれた社会―開かれた宇宙』（小河原誠訳、未來社、一九九二年）

テレビで放送されたフランツ・クロイツァーとの対話を収録したもの。話題は多岐におよぶが、最初に政治あるいは社会哲学が論じられ、ついで反証可能性の話、進化論、世界の創造性、三世界論や宇宙論が、対話というかたちでわかりやすく語られている。ポパーの精神がよく伝わってくる。ポパー哲学全般への入門として役立つ。

『確定性の世界』（田島裕訳、信山社、一九九五年）

この訳書では、「傾向性」に「確定性」という訳語があてられている。ポパーの二つの講演「傾向性の世界、因果性についての二つの新見解」と「知識の進化論に向けて」とが収められている。いずれも短編である。前者は、傾向性の概念を、後者は進化論的認識論を知るうえで入門的役割を果たすと思われる。

『よりよき世界を求めて』（小河原誠・蔭山泰之訳、未來社、一九九五年）

主としてポパーの講演一六編を三部に分けて収録した論文集。いずれも非専門家向けの話であってたいへんわかりやすい。「知識について」と題された第一部では、ポパーの認識論といわゆる実証主義論争関係の論考が収められている。「歴史について」と題された第二部では、「書物と思想、ヨーロッパ最初の本」とか「文化の衝突について」といった肩のこらないエッセイの他に、第一〇章「知による自己解放」といった啓蒙主義者ポパーの重要な横顔を伝えるラジオ講演も収められている。第九章「イマヌエル・カント、啓蒙の哲学者」もポパーの思想的根源を知るうえできわめて重要である。

また第一二章「歴史的理解についての客観的理論」は、解釈学をはるかにのりこえた「理解」の方法を提出しており、人文科学の方法論に大きく寄与するものである。第三部では、ポパーの哲学観を述べた第一三章「わたくしは哲学をどのように見ているか」が、高度の専門性を備えながら常識を尊重しつつ哲学的思考を進めていくポパーの哲学観を鮮やかに示している。第一五章は、冷戦下におけるポパーの自由主義思想家としての政治姿勢を浮き彫りにしている。第一六章「科学と芸術における創造的自己批判」は、一九七九年ザルツブルク音楽祭でのオープニング講演。芸術と科学の内的つながりを示した見事な講演である。

『フレームワークの神話――科学と合理性の擁護』（ポパー哲学研究会訳、未來社、一九九八年）

W・バウムガルトナーが編纂した九編の論文からなる書物。主題は合理性と合理的な批判的討論（議論）を擁護することにある。クーンとの論争関係では第一章「科学革命の合理性、第二章「フレームワークの神話」が関心を惹くであろう。第三章はいわゆる「実証主義論争」後に書かれた（ポパーの側からの）フランクフルト学派批判。論争の経緯についてくわしい。社会科学方法論の関係では、第七章「歴史哲学への多元論的アプローチ」や第八章「モデル、道具、真理」などが参考になろう。また、第六章「科学者の社会的責任」が、科学者の社会的責任を問ううえで重要な論文である。

『ポストスクリプト』（小河原誠、蔭山泰之、篠﨑研二訳、岩波書店、一九九九―二〇〇三年）

ポパーが『科学的発見の論理』への付録として書き溜めていたもの。ながらくゲラ刷りが回し読みされていたが、弟子のバートリーによって編集され三巻本としてラウトリッジ社から刊行されたのは一九八三年になった。邦訳としては、『開かれた宇宙——非決定論の擁護』(一九九九年)、『実在論と科学の目的』(上、下)(二〇〇二年)および『量子論と物理学の分裂』(二〇〇三年)が刊行されている。確率論の主観主義的解釈を批判して客観主義的解釈が主張されている。

『カール・ポパー　社会と政治——「開かれた社会」以後』(ジェレミー・シアマー/ノーリス・ターナー編　神野慧一郎/中才敏郎/戸田剛文監訳、二〇一四年)

副題にあるように、『開かれた社会とその敵』刊行以降に書かれた(一部に刊行以前のものも含む)政治哲学的エッセイ四八編(序章を除く)から監訳者が一五編を選択したもの。第二次世界大戦後の西側社会にあってポパーが何を考えていたかを知るうえで重要な書物である。第一部は、導入部としての序論であり、第二部は、故国オーストリアで過ごした時代にかかわる思い出であり、第三部は亡命地ニュージーランドでおこなった講義関係であり、第四部は開かれた社会関連の諸論考であり、「冷戦とその後」と題された第五部は、時事的な政治評論を多く含んでおり、まさにポパーが「政治的動物」であったことをうかがわせる。

『開かれた社会とその敵』(小河原誠訳、岩波文庫、二〇二三年)

ポパーの政治哲学上の主著。『ヒストリシズムの貧困』の執筆過程から産み出された。ポパーには、もちろん、ヒストリシズムの諸形態を具体的な素材にしたがって描き出そうとする意図があった。しかしながら、この書の標的はファシズムであり、スターリニズムであり、その思想的背景としての全体主義であった。第一部は主としてプラトンの政治哲学を批判している。第一〇章では、ペリクレスに依拠しながら、開かれた社会の理念が語られている。第二部はマルクスを批判している。第二四章での批判的合理主義の基礎にかんする議論、および第二五章での歴史哲学的考察はきわめて重要であり、社会科学の基礎を考えるうえでも依然として重要である。この書には、膨大な注が付されているが、そのなかに重要な議論や、ウィトゲンシュタインへの徹底した批判などを見ることができる。今日では、この書が、全体主義批判のもっとも重要な古典のひとつとして位置づけられていることを指摘しておきたい。この岩波文庫版は、筆者（＝訳者）が凡例において記しておいたように現時点でもっとも優れた版であると考えられるドイツ語版からの訳出である。

キーワード解説

問題解決図式

トライアル・エンド・エラーの方法とも呼ばれているが、$P_1-TT-EE-P_2$の図式によって考えるのがもっとも好都合である。P_1は問題状況をあらわし、TTはそこで提案されてくる複数の暫定的な問題解決案あるいは理論をあらわす。EEはそれらに対するエラー排除の過程としての批判であり、P_2はそれをつうじて新たに出会った問題である。そして、P_2からまたこの図式がいわばラセン状に再度展開されていくと考えられている。ポパーは、これを解釈一般の基本図式とするのみならず、弁証法にとって代わるものとした。

言語四機能説

もっとも広い意味での言語（コミュニケーション）を機能の観点から説明しようとする理論。当初、カール・ビューラーによって、最底辺の表出機能、その上に成立する信号機能、またその上に成立する叙述機能の三機能説が提案されたが、ポパーはこれに最上位の機能として議論（論証）機能を追加することにより、四機能とした。ポパーは、これらの機能は生物進化の過程で積み上げられてきたと考える。上位の機能が働いているときには必ず下位の機能も働いているが、その逆は成立しない。

非決定論

ポパーは、われわれの認識とは独立に存在すると考えられる世界あるいは実在そのものは、そのすべての面にわたって決定されているわけではなく、いわばほころびがあると考える。したがって、その実在を認識するわれわれの科学的理論も、決定論的予測をすることはできないという意味で非決定的となる。実在そのものがすべての面にわたって決定されているという考えは形而上学的決定論と呼ばれ、また決定論的認識をもたらすとされる理論は科学的決定論と呼ばれている。

算出可能性の原理（principle of accountability）

予測についてある一定の精度が要求されたとき、初期条件についてもあらかじめ必要な一定の精度が計算されねばならないことを要求する原理。科学的決定論はこの考えのうえに成立している。ポパーは、この原理が成立しないことを論証することによって、科学的決定論を反駁する。

発生論的二元論

発生論的二元論とは、生物のうちに行動を制御する機関（たとえば、大脳神経系）と運動を実現する機関（たとえば、筋肉などからなる運動装置）とを区別するという考えである。突然変異は、それぞれの器官で独立に生じると考える。ポパーは、この考えを導入することによって、ネオ・ダーウィニズムの立場からラマルク的進化をシミュレートするのみならず、性選択の現象も説明できると考えている。

進化論的認識論

ポパーは、生物の進化も、また人間によって産み出される知識もともに問題解決図式（トライアル・エンド・エラー）にしたがっていると考える。突然変異体の出現には新しい仮説の出現が対応づけられ、自然選択には仮説の批判的除去の過程が対応づけられ、適応すべき環境には問題状況が対応づけられる。しかしながら、この議論に対してはたんなる比喩に過ぎないのではないかという批判も根強い。

三世界論

われわれをとりまくもっとも広い意味での世界は、物理的事物あるいは状態からなる世界1、意識あるいは心的状態としての世界2、および主として人間の精神的活動によって産み出された知的・文化的産物の客観的内容からなる世界3から構成されるとする考え方。三つの世界の間には相互作用が存在する。ただし、世界1と世界3との相互作用においては必ず世界2の媒介を必要とする。これらの世界は生物進化の過程で順次形成されてきたとされる。

身心相互作用説

心と脳が相互に作用し合うとする考え。ポパーは、心はもの（物理的状態）に還元されるとする唯物論的立場をことごとく批判したあとで、この考えをエックルズとともに提出した（『自我と脳』）。ポパーによれば、意識は生物進化の過程で有利であったから身体との相互作用のなかで発展することができたのであり、言語の成立とともに自我を形成するに至ったと考える。自我は世界3との交渉のなかで自己を形成するので、世界3につなぎとめられている。しかしながら、相互作用の実態についての解明はまだ進んでいないように思われる。

表出主義

芸術作品は、制作者の魂の直接的な表出であるとする考え方。こうした考えでは、作品の位置している客観的文脈とか伝統への目配りが弱くなる。またこの考えは、作品が、ある伝統のなかでの試行であり、伝統のなかでの作品と制作者とのフィードバックの過程を経て生まれてくる点を見落とすことになる。

反証可能性

単称言明であれ普遍言明であれ、言明が偽であるとされる可能性のこと。ポパーは、経験科学的言明はすべて反証可能であると考える。反証可能性の度合いの高い言明ほどより豊かな情報内容をもつ。

方法論的反証主義

ポパーは、経験科学に属する言明はすべて反証可能であると考えるが、反証回避戦略が採用されるならば、反証可能性は失われてしまうので、そのようなことを禁止するかたちで経験科学を営むルールを考えた。この立場が方法論的反証主義と呼ばれる。

批判的合理主義

ポパーは、合理主義の基礎は理性を信じることにあると考えた。しかし、その信じること自体はいかなる論証によっても正当化されうるわけではないので、非合理なものと考えざるをえないとされる。かれはこれを「非合理主義への最小限の譲歩」と呼ぶ。こうした意味においてポパーは、批判的合理主義は理性の限界をわきまえた合理主義であると主張する。しかし、ポパーは合理性を理由づけとしての正当化可能性として捉えていたためにこのような結論に達したのではないかと思われる。この点は弟子のバートリーによって批判された。

非正当化主義

討論などにおいては一般にみずからの立場を正当化する（基礎づける）ことが試みられる。しかし、正当化の試みは正当化の無限背進、循環、打ち切りという「ほら吹き男爵のトリレンマ」を惹き起こす。この困難は正当化と批判との混同にあるとして批判され、ポパーの弟子のバートリーによって正当化なき批判という考えが提出された。それが非正当化主義と呼ばれる。この立場では、すべての言明は批判に開かれており、それ自体他から批判されることがなく、他のものを正当化する（基礎づける）だけの最終根拠のようなものの存在は否定される。

ヒストリシズム

この語は、歴史主義、歴史法則主義、歴史信仰などとも訳されてきた。内容的には、親自然主義的傾向と反自然主義的傾向とが区別される。前者は、自然科学の方法に対して好意的な傾向を示すが根本においては「法則」の概念をまったく誤解しており、歴史には継起の法則が成立すると考えている。反自然主義的傾向は自然科学の方法に対して敵対的であり、歴史や社会の領域には独自の方法が成立すると考えている。ヒストリシズムは、社会科学の方法のレベルにおいてのみ定義されるものではなく、歴史と社会についてのひとつの哲学でもある。そのとき、この立場は歴史の歩みには必然性があると考え、それをできるだけ速やかに実現させる——新社会の生みの苦患を緩和する——ことがわれわれの義務であると考えるに至る。ポパーは、ヒストリシズムの倫理を報償（歴史における成功）を求める倫理であるとしてきびしく批判する。

開かれた社会

あらゆる政策、制度、またわれわれのあらゆる行動や言論が公共的批判に開かれている社会。ポパーは、ペリクレスの演説のなかにすでに開かれた社会のいくつかの重要な理念——民主制、人道主義、外国人の受容などなど——が語られていたと考える。またポパーは、歴史を部族主義的な閉じた社会から開かれた社会への移行として見ている。もちろん、そのときかれは、その移行が歴史の必然であると考えているのではなく、われわれが意図的に追求すべき目標として考えているに過ぎない。

社会工学

ポパーは、社会の変革にはそのための社会的技術が必要であると考える。そのさいかれは、ユートピア社会工学とピースミール社会工学とを区別する。前者は、社会発展の法則にしたがって歴史の次の段階を一挙に大規模なかたちで実現しようとする。しかし、そこには多くの混乱と弊害が生じる。

ポパーは、歴史の発展法則は存在しないと考えるから、社会の諸条件をコントロールしうる範囲で徐々につぎはぎ式に改良していこうと考え、その立場をピースミール社会工学と呼んだ。ユートピア社会工学は、「法則」概念を根本から誤解している。

民主主義

悪しき支配者を除去するための政治的メカニズム。ポパーは、民主主義を民衆の支配とか多数決制といったことによって定義することはない。かれは政治体制に、暴力なしに政府を解職しうる民主制と、そうではない専政政治とを区別するのみである。かれは、選挙制度についても悪しき統治者をいかに速やかに免職しうるかという点から考え、小選挙区制度と二大政党制を支持している。

読書案内

ポパーの書いたものは、どれもこれも平明で読みやすい。参考書や入門書をまず読んでからポパーの著作そのものにとりかかろうなどと考えずに、直接、かれの書物にあたられることをお勧めしておきたい。（以下、翻訳のあるものを中心にして、解説を加える。）

ポパーには初めて出会うので、とりあえずもっとも分かりやすい短編を紹介してくれという読者には、かれの講演集**『よりよき世界を求めて』**（小河原誠・蔭山泰之訳、未來社、一九九五年）のなかに収められている第七章「書物と思想、ヨーロッパ最初の本」、第八章「文化の衝突について」、第一六章「科学と芸術における創造的自己批判」あたりを読んでみられてはと思う。読んで楽しいエッセイという印象をもたれることであろう。にもかかわらず、この哲学者の知的雰囲気がよくでており、哲学というものがいかに平明に語りうるものであるかを実感していただけるであろう。かれの哲学観を知るうえでは、この本のなかの第一三章「わたくしは哲学をどのように見ているか（フリッツ・ヴァイスマンと最初の月旅行者からとられた）」を読まれてから、第一〇章「知による自己解放」、それから第一章から第四章などに目を通されるとよいかもしれない。

手っ取り早くかれの哲学の全体に触れたいという人には、かれのテレビ対談を収めた**『開かれた社会—開かれた宇宙』**（小河原誠訳、未來社、一九九二年）を勧めたい。また、コンラート・ローレンツとの対談を収めた**『未来は開かれている』**（辻理訳、思索社、一九八六年）も側面から役に立つのではないかと思う。これら二冊はともに一五〇ページ程度の小冊子であるが、熟読されると高度な内容が盛り込まれていることに気づかれて、やはりきちんと体系的に入門しなければという思いに駆られるのではないかと思う。

そのときには、やはり、かれの哲学の核心部を形成している『科学的発見の論理』(森博・大内義一訳、恒星社厚生閣、一九七一年)を読まれるべきだと思う。この訳本は上下二冊からなる。確率論とか量子力学といった専門的な話は苦手だという読者には、上巻の第五章までの一四〇ページほどを丹念に読まれるとよいと思う。この部分までなら、ふつうの読者(非専門家)にも十分に読みこなせるうえに、反証主義の基本的考えを把握できるであろう。そのあとで、かれの自伝『果てしなき探求――知的自伝』(森博訳、岩波書店、一九七八年)を読まれると、反証主義の生まれた背景とかその論理的諸帰結、またそれがポパーの思想展開のなかで演じた役割などがわかると思う。ただし、この自伝は正確に読みこなそうとすると非常に高度な知識を要求される。一般読者にはとうてい「全部わかった」などとは言えない書物であるが、伝記的には親しみやすいことがたくさん書いてあるので難しいところは省略して、かれの生涯と思想を垣間見たいという人には、それなりの読み方が可能であると思われる。この本は英語圏では近時におけるもっとも成功した知的自伝のひとつとして評価されている書物なので、筆者としては地道におつき合いすることを求めたい。ただ、この『自伝』では、書かれた時点の関係からして、エックルズとの共著『自我と脳』(西脇与作・大村裕訳、思索社、一九八六年)への言及が見られないのは残念である。

さて、社会科学あるいは歴史への関心からポパー哲学に接近したいという方も多いのではないかと思う。そのような方には、『ヒストリシズムの貧困』(久野収・市井三郎訳『歴史主義の貧困』中央公論社、一九六一年、岩波書店から新訳準備中)よりもはるかに大部なものであるが、素材のうえでのおもしろさがあるので、まず『開かれた社会とその敵』（小河原誠訳、岩波文庫、二〇二三年）を通読されることを勧める。『開かれた社会とその敵』については、今日ではいろいろな読み方が可能であると思うが、とくに注の部分をていねいに読まれるのがよいと思う。というのも、注において重要な議論が数多く展開されているうえに、示唆に富む箇所が多いからである。社会科学の在り方という文脈で、フランクフルト学派との論争に関心をもたれる読者には、本文でも触れておいたように編集上の問題はあるとはいえ、『社会科学の論理――ドイツ社会学における実証主義論争』（城塚登・浜井修・遠藤克彦訳、河出書房新社、一九七九年）を勧めておかねばなるまい。ここでは、ポパーを支持しているH・アルバートの二論文が、批判的合理主義を理解するうえで役立つと思う。

ところで、ポパーは平明な文章にもかかわらず高度に専門的な哲学者でもある。平明な文章の背後に高度な研究成果を踏まえていることを感じさせる書物としては、『推測と反駁』（藤本隆志・石垣壽郎・森博訳、法政大学出版局、一九八〇年）および『客観的知識』（森博訳、木鐸社、一九七四年、筑摩書房から新訳準備中）を挙げておきたい。いずれも論文集である。前者には、ウィトゲンシュタインへの批判（「哲学的諸問題の性格と科学におけるその根源」）や論理実証主義者のカルナップへの批判（「科学と形而上学との境界設定」）といった論争的性格の濃い論文も含まれている。また、ポパー自身の考えをうかがううえで読みやすいものとして「知識に関する三つの見解」、「合理的な伝統論に向けて」、「真理・合理性・科学的知識の成長」なども含まれているので、それらによって本書においては十分に触れることのできなかったポパー哲学の重要な側面への理解を進めることができるのではないかと思う。『客観的知識』のなかでは帰納法を批判した第一章「推測的知識、帰納の問題に対するわたくしの解決」と第二章への付録扱いになっている「帰納についての追考」をまず読まれるべきだと思う。三世界論に触れるうえでは『認識主体なき認識論』および『客観的精神の理論について」にあたられるのがよい。進化論的認識論については「進化と知識の木」を読むべきだが、この論文は自伝『果てしなき探求――知的自伝』中の第三七節「形而上学的研究プログラムとしてのダーウィン主義」によって是非とも補足されるべきである。わかりやすさという点からすると、『傾向性の世界』（邦訳は、田島裕訳『確定性の世界』、信山社、一九九五年）に収められた「知識の進化論に向けて」の方が進化論的認識論の基本的アイデアを摑みやすいかもしれない。

クーンとの論争に関心をもたれる読者には、何よりも『批判と知識の成長』（I・ラカトシュ、A・マスグレーブ編、森博監訳、木鐸社、一九八五年）を勧めておきたい。ワトキンズやラカトシュの議論などがポパーの科学論、あるいは科学史の見方を批判的に理解するうえで啓発的である。

エックルズとの共著『自我と脳』は、邦訳で二巻からなる大著であるが、ポパーの手になる上巻が読みやすい。心的過程は存在しないとする物理主義あるいは行動主義というかたちでの唯物論、また汎心論、随伴現象説、心脳同一説といったものに対するポパーの批判はじつに鋭い。その批判からは学ぶべきものが多い反面、ポパーとエックルズの立場としての心脳相互作用説そのものは現時点ではチャレンジングな思想という水準にとどまるのではないかと思う。とはいえ、還元主義への徹底した批判とか下向きの因果作用といった考えは、心脳相互作用説の水準を超えてわれわれの知的興奮を呼び起こす力をもっている。この本はなによりも読者の側が批判的に読むことが大切であると思う。

すでに「主要著作ダイジェスト」でふれたが、三巻からなる『『科学的発見の論理』へのあとがき』（通称『ポストスクリプト』）と題された大冊の書物がある。これらには、ポパー哲学の要をなしている議論が収められている。なかでも、『開かれた宇宙――非決定論の擁護』が、とりかかりやすいのではないかと思う。また、確率の傾向性解釈、非決定論および量子論などの議論は、今後とも哲学のみならず自然科学の諸分野に大きな影響を与えつづけるだろうと思う。

未邦訳だが、松尾洋治氏の手によって翻訳が準備されている『知識と心身問題』がある。これはもともとエモリー大学での講演であり、わかりやすい話ことばで著述されており、『**客観的知識**』を読み解いたり、心身問題を理解する上での重要な参考書となろう。ほかに大事な書物として評論などを集めた『**問題解決としての生**』、および『**科学的発見の論理**』の最初の原稿であった『**認識論の二大根本問題**』(未邦訳)がある。とくに後者は帰納の問題を理解する上に重要な文献である。


ポパー哲学への入門書あるいは参考書や研究書、また知的背景を知るうえで役に立つと思われる書物をいくつか挙げておく。


浜井修『社会哲学の方法と精神』、以文社、一九七五年。

B・マギー、森博訳『カール・ポパー――開かれた社会の哲学』、富士社会教育センター、一九八〇年。

A・F・チャルマーズ、高田紀代志訳『新版・科学論の展開』、恒星社厚生閣、一九八五年。

H・アルバート、萩原能久訳『批判的理性論考』、御茶の水書房、一九八五年。

P・K・ファイヤーアーベント、村上陽一郎・村上公子訳、『自由人のための知――科学論の解体へ』、新曜社、一九八二年。

K・ローレンツ、谷口茂訳『鏡の背面――人間的認識の自然誌的考察』、ちくま学芸文庫、二〇〇一七年。

W・W・バートリー、小河原誠訳『ポパー哲学の挑戦』、未來社、一九八六年。

鈴木茂『偶然と必然――弁証法とはなにか』、有斐閣、一九八二年。

J・C・エックルズ、鈴木二郎訳『脳と宇宙への冒険』、海鳴社、一九八四年。

関雅美『ポパーの科学論と社会論』、勁草書房、一九九〇年。

長尾龍一・河上倫逸編『開かれた社会の哲学――カール・ポパーと現代』、未來社、一九九四年。

R・ダーレンドルフ、岡田舜平訳『ヨーロッパ革命の考察――「社会主義」から「開かれた社会」へ』、時事通信社、一九九一年。

J・W・N・ワトキンズ、中才敏郎訳『科学と懐疑論』、法政大学出版局、一九九二年。

高島弘文『科学の哲学』、晃洋書房、一九九三年。

小河原誠『討論的理性批判の冒険――ポパー哲学の新展開』、未來社、一九九三年。

小河原誠編『批判と挑戦』、未來社、二〇〇〇年。

蔭山泰之『批判的合理主義の思想』、未來社、二〇〇〇年。

イムレ・ラカトシュ、アラン・マスグレーヴ（編）、森博（監訳）『批判と知識の成長』、木鐸社、二〇〇四年。

T・S・クーン、青木薫訳『科学革命の構造』、みすず書房、二〇二三年。

あとがき

ずいぶんと刈り込んだつもりだけれども本書は少しばかり厚めになってしまったようだ。やはり、弁解が必要だろう。ポパーは九二年の生涯を生きた。二〇世紀をほぼ初めから終わりまで生き抜いた。第一に、活躍した期間が長いのである。第二に、かれが議論した領域は、知のほぼ全域にわたる。古代ギリシア哲学についての独創的解釈、プラトン批判やマルクス主義批判、帰納の問題の解決、反証可能性による境界設定論、社会科学方法論、確率論や論理学、非決定論や量子力学、進化論や身心問題などなど。おそろしく幅が広いとしか言いようがない。これでは、紙はいくらあっても足りない。

かくも長く広い哲学者について、そして、ありとあらゆるところで論争につぐ論争を重ねた人物について、統一ある全体像を描くこと、これが筆者の課題であったのだろう。もちろん、筆者はこの課題をなしとげたとは露ほども思っていない。しかし、おぼろげながらも全体像は浮かび上がってこないか、いや浮かび上がってきてほしい、これがいまの率直な気持ちである。とはいえ、いまはもうすべてを読者の前にさらけ出さねばならない。本書の幸おおからんことを祈りつつ。

本書を書きあげるには、多くの人びとのお世話になった。それらの方々に末尾ながら心からお礼を申し上げたい。

原稿を精読して下さり、字句のひとつひとつは言うまでもなく、筆者のポパー理解の危うい面をチェックして下さった友人の蔭山泰之氏（IBM）には、改めて心から感謝申し上げる。氏のご論考『傾向性と非決定論的‐実在論的世界像――カール・ポパーの確率論と量子論』（『ポパーレター』一九九六年第二号および一九九七年第一号所収）は、本書で論究されなかったポパーの量子論についてのたいへん行き届いた理解を示す貴重な好論文である。本書の欠を補うものとして読者のご参照をお願いしたい。

また貴重なお時間を割いて、拙稿にきびしいコメントをつけて下さった立花希一氏（秋田大学）、冨塚嘉一氏（中央大学）、堀越比呂志氏（青山学院大学）にも、筆者は大きく励まされた。これらの方々の注文にすべて答えきれているわけではないが、なにがしかの答えが書き込まれていればと思う。また大学の同僚の山根正気氏（生物学）は、とくに進化論的認識論の部分を精読して下さり、筆者の何気ないことばづかいの背後に潜む理解の不十分さを容赦なく暴露して下さった。筆者のにわか仕込みの勉強では氏のお眼鏡にかなうべくもないが、なにがしかの改善はおそらく認めていただけるのではあるまいか。また、豊川マキエさんは今回も原稿を通読して下さり、表現の改善に資する指摘をして下さった。

本書はこうした方々の暖かい激励をえて書き上げることのできたものであるが、なお当然残っているであろうさまざまなレベルでのミスや誤りについては、もとより筆者一人がその責めを負うべきものである。読者のご叱正を待ちたい。

最後になったが、学術局の宇田川真人氏は、鹿児島まできて下さり、筆者を督励して下さった。氏は、原稿の仕上がりは時間の関数ではなく、決意の問題であることを見抜かれていたようだ。その眼力や恐るべし。（名称、所属などは当時のまま。）

一九九六年一二月一日

めずらしく霙降る日に

小河原　誠

付記

日本ポパー哲学研究会のホームページが開設されています（https://popper-philosophy.jp/）。旧著の誤りをただし改訂版を出せたのはじつに幸せである。旧著に目を止めてくださった筑摩書房松田健氏をはじめとして、読者の皆様に心より感謝申し上げる。

観念体系　44
観念論　437
寛容　277, 409, 411, 422
「寛容と知的責任」　433
寛容論　409
官僚制　232, 235
議会制民主主義　174
器官　140, 351, 357-359, 361, 363-365, 373, 374, 445
疑似命題　264, 268
技術（テクノロジー）　121, 122, 141, 192, 223, 311, 316, 338, 417, 449
規制観念（統制的理念・規制的理念）　234, 236
期待　87, 207, 297, 348, 360, 363
期待値　329, 331
帰納　48, 73, 77, 79-81, 90, 106-108, 111, 116, 173, 264, 266, 348, 349, 437, 453
　——的　256, 355
　——の原理　108, 173
　——の心理的問題　111
　——の問題　78, 101-103, 106, 111, 116, 264, 424, 437, 453, 455, 457
　——法（的）　42, 73, 88, 89, 106-108, 110-113, 173, 349, 414, 437, 453
「帰納的サポートの不可能性の証明」　434
技能　353, 354
客観
　——主義的芸術理論　59-61
　——性　106, 136, 142, 190, 191, 275, 302
　——的音楽　53, 54
　——的解釈　328, 330, 331
　——的真理　295, 422
　——的知識　340, 359, 362, 363
　——的内容　335-337, 446
「客観的精神の理論について」　198, 432, 454
『客観的知識』　60, 153, 198, 336, 370, 431, 432, 437, 453, 455
キャンベル，ドナルド・トーマス　343, 344, 359, 360, 373
窮乏化　219, 221, 223, 224
キューリー夫妻　293
キュルペ，オズヴァルト　75, 86
教育改革運動　69
教育研究所　48, 69, 75, 81, 87, 425, 426
教員養成大学　48, 425
教会音楽部　49, 425
境界設定問題　88, 89, 101, 102, 104, 111, 148, 149, 264, 439
教会旋律　51
共産党　26-28, 95, 96, 223, 424
京都賞　434
共約不可能性　290-292, 295, 297, 298
ギリシア　210, 211, 213, 216, 255, 260, 261, 271, 296, 371, 378, 425, 457
キリスト教　21, 23, 27
議論（論証）機能　84, 86, 87, 327, 342, 444
キングス・カレッジ　428
近代哲学　284
空虚　36, 37, 39-41, 260, 410
偶然　179, 305, 308, 314, 326, 377
『偶然と必然——弁証法とはなにか』　456
クーン，トーマス　254, 262, 288-295, 299, 431, 441, 454, 456
苦患の最小化　404-407
クニース，カール　185
久野収　177, 182, 207, 430, 436, 452
「雲と時計」　302, 370, 431
クライストチャーチ　175
クラフト
　——，ヴィクトル　92
　——，ユリウス　184, 425
グリューブル，カール　18
グレッケル，オットー　26, 69, 75, 82, 424
クロイツァー，フランツ　29, 433, 440
クワイン，ウィラード・ヴァン・オーマン　378
系　312, 313, 318-322, 325, 352
継起（的，の）法則　190, 192, 200, 345, 449

経験
——科学　40, 104-106, 148, 150-152, 168, 169, 437, 447
——主義　71-74, 77, 173
——論　85, 356
「経験主義の限界」　172
傾向性　327, 328, 331, 333-335, 440, 458
傾向性解釈　325, 327, 328, 455
『傾向性の世界』　434, 454
形而上学　80, 88, 89, 91, 103, 158, 256, 263, 267-270, 272, 304-306, 308-312, 317, 328, 445, 454
芸術　49, 50, 55-63, 66, 67, 337, 441, 447
「芸術＝神がかり」説　56
「芸術創造の秘密」　62
芸術理論　55, 58-61, 63
啓蒙主義　415, 416, 419, 440
ゲーデル，クルト　429
ゲシュタルト　75, 291
ケストラー，アーサー　180
決意　198, 326
決定性　310
決定的テスト　45
決定論　266, 304-314, 317, 320, 325-328, 331-333, 335, 390
——的世界像　376
——的予測（認識）　309, 312, 313, 317, 319, 445
科学的——　311-314, 316-318, 320, 325, 327, 328, 390, 445
形而上学的——　304, 305, 309-312, 317, 328, 445
神学的——　304, 305
認識論的——　309, 311
ケプラー，ヨハネス　169
原因　60, 118, 119, 122, 204, 208, 231, 304, 327, 328, 332, 354
研究プログラム　293, 304, 454
言語　83, 86, 91, 103, 106, 202, 212, 264, 268, 281, 288, 341, 346, 349, 361, 363, 369, 372, 376, 381, 383, 385, 412, 413, 444, 446
『言語・真理・論理』　90, 173
「言語と身心問題——相互作用主義の再説」　429
言語（四）機能説　87, 327, 342, 444
原子　158, 260, 334, 371-374
憲政党　20
ケンブリッジ　172, 174, 262, 426, 428
言明
——の確率　164, 165
——の集合　161, 168
ありそうもない——　165
観察——　111, 130, 131, 133, 135
基礎——　128, 133, 135-137, 140, 142-146, 155
規範的——　245, 291
経験的——　133, 148, 447
厳密なまたは純粋な存在——　129
厳密普遍——　129-135
恒偽——　163
恒真——　161-164
事実的——　163, 291
純粋非存在——　131, 132
数的普遍——　128
全称——　107, 127
妥当な——　245, 247
単称——　107, 126, 128-130, 135, 136, 138-141, 447
テスト——　120
特権的——　246, 247
非妥当な——　245, 247
否定——　129, 246, 268
普遍——　126, 127, 129, 130, 447
法則（的）——　89, 90, 101, 102, 126, 127, 131, 132, 153
矛盾——　163, 198
権利問題　116
コイト，ヘルベルト　187
行為　133, 141, 142, 152, 203, 205, 206, 250, 308, 326, 399, 401
工学　121, 192, 194, 227
光学的観測　333
公共政治　406

肯定的証拠　35, 42-45, 123, 257
行動主義　75, 454
行動を制御する機関　352, 445
幸福　234, 401, 402, 405, 406
幸福の追求　404, 405
合邦　26, 96, 427
合理
　——化　326
　——性　207, 236-238, 243, 244, 247-251, 295, 327, 401, 431, 441, 448
　——性原理　207, 208
　——的妥協　402
　——的討論　236, 411
　——論　356
功利主義　405
合理主義　32, 111, 212, 236-238, 240-245, 401, 403, 448
　——的態度　237
　近代——　403
　真の——　238
　ソクラテスの——　238
　批判的——　3, 212, 236, 237, 242, 243, 247-249, 251, 272, 274, 292, 443, 448, 453, 456
　包括的（無批判的）——　238-242, 248
「合理性の原理」　431
「合理的な伝統論に向けて」　428, 438, 453
小河原誠　187, 271, 311, 428, 433, 434, 437, 438, 440-442, 451, 453, 456
国際科学哲学会議　174
護国団　94
心（こころ）　54, 193, 307, 325, 368-370, 372, 373, 377-379, 384-389, 421, 439, 446
『こころの概念』　428
心の能動性　387
個人心理学　33, 34, 45, 71, 424
コスモス　51, 55
コスモポリタニズム　23
悟性　110, 416
個体　80, 128, 130, 349, 361, 366, 375, 383
『国家』　178, 211, 215, 219
誤謬　51, 62, 86, 348, 437
コペルニクス，ニコラウス　414
コペルニクス的転回　414, 415
コペンハーゲン　174, 427
コミュニケーション　280, 281, 444
コモ湖　368, 432
コリングウッド，ロビン・ジョージ　208
『ゴルギアス』　218
根拠づけ　237, 241, 244
根源的平等　410, 411
コンプトンの問題　369, 370
ゴンブリッチ，エルンスト　60, 173, 174, 179, 180, 427
ゴンペルツ，ハインリッヒ　48, 92, 425, 426
根本前提　299

さ　行

サーチライト　168, 385, 437
最高規則　152-154
ザイペル内閣　94
殺害　29, 94, 342, 362, 392
サマリア人　401
作用量子　389
ザルツブルク　433, 441
産業予備軍　224
算出可能性　312-317, 327, 390, 445
三世界論　63, 142, 302, 303, 335-339, 342, 343, 349, 369, 370, 382, 392, 437, 440, 446, 454
三段論法　85, 86
暫定的ドグマ　146, 147
死　65, 85, 90, 259, 374, 416
詩　57, 337, 423
ジェームズ，ウィリアム　428
シェーンベルク，アルノルト　47, 49, 66, 424
シオニズム　21-23
シオンの長老　203
自我　308, 368, 383-385, 387, 446

視覚　71, 361, 379
『自我と脳』　87, 302, 307, 368, 372, 380, 383, 384, 386, 388, 432, 438, 439, 446, 452, 454
時空領域　107, 128, 135, 136, 138, 143, 144
自己
——犠牲のメカニズム　29, 31, 32
——言及　439
——批判　55, 421, 422
——複製能力　344
——予測　312, 313, 318, 319, 321, 323-326
試行　6, 80, 81, 196, 232, 335, 350, 363, 369, 447
思考実験　331
『思考心理学の方法問題』　48, 88, 425
事実と価値の二元論　282
事実問題　116
事象　37, 43, 77, 114, 135, 136, 140, 330, 331, 335, 373, 377
システム　20, 21, 110, 371
自生的秩序　205
自然
——科学の総体　268, 270
——史的現象　367
——史的な過程　346
——数　339, 340
——選択　342, 344-346, 349, 350, 372, 380, 446
——淘汰　344
——法則　108, 118, 200, 311, 316, 322, 326
——法　409
思想史　173, 174, 183, 198, 210, 211, 227, 305, 311, 343, 348, 371, 439
下からの合理性　249-251
下向きの因果作用　373-376, 439, 454
七月事件　93, 425
実験　23, 44, 45, 113-118, 150, 184, 190, 193, 327, 333-335, 379, 380, 388
実行系　352
実在　199, 259, 260, 308, 312, 330, 334, 335, 340, 371, 372, 382, 437, 438, 445
実証可能性　90
実証主義論争　272-274, 280, 287, 431, 441, 442, 453
実体　90, 206, 363, 371, 388
私的領域（プライバシー）　403
『自伝』→『果てしなき探求——知的自伝』
児童相談所　35, 47, 69, 71, 185, 424, 425
『児童の精神発達』　77
シナプス　385
支配階級　215, 219, 395
自発性　70
シフ
——，イエニー　18, 49, 423
——，ワルター　93, 101, 426, 437
資本　224, 225
資本主義　30, 31, 200, 204, 219, 223-225, 282-284, 365, 394
『資本論』　200
社会
——革命　219-222
——技術　192
——経済博物館　97
——現象　190, 191, 375
——工学　192, 194, 214, 436, 449, 450
——実験　193
——主義　27, 28, 30, 31, 147, 149, 183, 184, 220, 222, 423
——ダーウィニズム　365
——的制度　206
——的法則　194, 201, 284
——変革　184, 193, 254
——民主党　26-28, 68, 69, 71, 94, 96, 97, 178, 185, 425, 426
ピースミール——　192, 194, 436, 449, 450
ユートピア——　192, 214, 283-285, 436, 449, 450
社会科学
——の客観性　106, 142, 190, 191,

275
——方法論　64, 177, 181, 182, 188, 375, 436, 441, 457
「社会科学における予測と予言」　430
「社会科学の論理」　206, 272, 273, 278, 280, 284, 431
「社会科学の論理によせて」　272, 278
『社会哲学の方法と精神』　455
種　79, 80, 285, 344, 345, 349, 350, 354
自由
——意志　266, 305, 306, 325, 326, 386, 390
——学校（フリースクール）　24, 71
——市場　233
——主義　18, 20-22, 213, 423, 441
——という重荷　408
——な精神　307
——な人間　416
——の制約　326, 366
——のパラドックス　232, 233
——への愛　392
習慣　112, 113
衆議院選挙　229
宗教　54, 90, 91, 305, 403
『自由人のための知——科学論の解体へ』 455
集団主義　191, 217, 218
シューベルト，フランツ　53, 67
主観
——主義　328, 442
——主義的芸術論　56
——的音楽　53-56
——的解釈　328-331
——的知識　337, 343
シュシュニック政権　97
シュトラウス，リヒャルト　53
シュモラー，グスタフ・フォン　185
シュリック，モーリッツ　48, 69, 88, 92, 93, 102, 378, 425
シュレージンガー　18, 49
シュレーディンガー，エルウィン　172, 254, 309, 355, 389, 427, 431
『純粋理性批判』　108, 424, 429
状況の先取り　380
状況の論理　201, 205, 275, 345
状況分析　201, 205-208, 375
条件づけ　87
条件反射学説　75, 87
小選挙区制　229, 230, 450
初期条件　118-123, 126, 154, 161, 190, 207, 314-316, 321-324, 329, 332-334, 445
叙述機能　83, 84, 86, 342, 444
「序文一九七八年」　100, 433
「書物と思想，ヨーロッパ最初の本」　433, 440, 451
「序論」　278-280, 283
シルプ，ポール・アーサー　254, 343, 429, 432, 438
城塚登　206, 273, 453
進化
——の系統樹　346, 383
——論　342-345, 347, 351, 358, 359, 365, 368, 369, 372, 380, 440, 457
——論的認識論　52, 80, 81, 291, 302, 303, 336, 343-345, 347, 350, 352, 355-359, 363-365, 372, 431, 437, 440, 446, 454, 458
人格　6, 54, 400, 404
「進化と知識の木」　302, 431, 454
真偽　159, 245
信仰　241, 304
信号機能　83, 84, 327, 342, 444
親自然主義　187-189, 275, 436, 448
人種主義　23
心象　72, 84, 85
身心
——二元論　368-370, 388
——平行論　387
身体
——運動　360
——外知識　358
——外（の）器官　363-365
——外の存在者　343

ジンテーゼ（総合） 195-199
心的現象 371
心的状態 336, 372, 381, 387, 446
人道主義 213, 216, 218, 449
信念 54, 112-115, 312
心脳 369, 384, 386, 432, 454
『新版・科学論の展開』 455
シンプトム 342
進歩主義 66, 67
シンボル 361
信頼
　——度 329
　絶対的—— 115
　相対的—— 115
真理 19, 38, 62, 67, 109, 147, 269, 276, 277, 298, 412, 413, 418, 438, 442
　——の追究 410, 411
　——への接近 162, 168, 169, 394, 411, 437
　——論 172, 412, 426, 437
心理学 24, 49, 69-71, 74, 75, 77, 78, 82, 83, 85-87, 106, 139, 175, 191, 206, 338, 424, 425
心理学主義 137, 138, 140, 142, 145, 201, 202, 204, 275
「真理・合理性・科学的知識の成長」 431, 453
心理的過程 338
神話 51, 65, 202, 295, 298, 368
推測知 419
「推測的知識——帰納の問題に対する私の解決」 437, 453
『推測と反駁』 35, 199, 255, 256, 270, 427-431, 438, 453
随伴現象説 378, 380, 439, 454
数学談話会 92
鈴木茂 456
鈴木二郎 456
スターリニズム 442
スターリン，ヨシフ 430
スタンフォード 430
ステビング，スーザン 172, 426
ステファン大聖堂 19
ストックホルム 432
スペンサー，ハーバート 302, 431
スマート，ジョン・ジェイミソン・カースウェル 378
刷り込み 52, 78, 81, 347
世阿弥 66
生活様式 91
正義 214-219, 283, 395, 397, 400
制御機関 352, 353
制御系 352, 354
制作者 57-62, 447
生産手段 219, 223
生産力 223
政治 21, 25, 28, 64, 68, 69, 93, 94, 97, 98, 158, 174, 184-186, 193, 195, 201, 202, 208, 210, 214, 216, 222, 225-229, 231, 236, 250, 251, 270, 274, 279, 285, 399, 402, 406, 417, 425, 436, 438, 440-442, 450
精神
　——科学クラブ 262, 264
　——活動 336
　——分析学 33, 34, 75
性選択 355, 445
生体構造 353, 354
性的抑圧 34
精度 311, 315-317, 327, 445
正当化 30, 72, 88, 90, 101, 108, 137, 138, 140-142, 146, 147, 240, 242-250, 299, 365, 368, 392, 399, 412-414, 418, 448
正当化主義 147, 148, 243-248, 250, 417
生得観念 78-80
制度分析 201, 205, 208
生物
　——学的レベル 52, 349, 351, 352
　——個体 84, 350, 355, 356
　——の知 349, 356-359, 363
　——の認知機構 359
生命 190, 341, 344, 345, 366, 367, 369, 377, 383

『西洋哲学史』 213
性欲 34
世界１ 335, 336, 339-341, 357, 362, 363, 369, 373, 379, 382-384, 388-390, 446
世界1m 382
世界1p 382
世界２ 61, 303, 336-341, 343, 357, 362, 368, 369, 379, 382-385, 387-390, 418, 446
世界3 61, 142, 245, 303, 336-343, 357, 359, 362, 363, 369, 370, 383, 389, 411, 446, 447
世界３の自律性 339, 340, 342
世界像 259, 366, 367, 376, 458
責任 19, 30, 110, 230, 287, 288, 305, 326, 398, 403, 405, 406, 415, 416
関雅美 456
説明 34-39, 117, 118, 120-122, 127, 128, 154, 202-204, 208, 244, 245, 256-258, 260, 261, 274-276, 332, 333, 370-375, 377, 383, 388
説明項 120, 123, 153, 333
絶滅 342, 346, 353, 366
ゼロ時刻 323, 324
ゼロ状態 322, 324
ゼロ方法 207, 208
善 193, 214, 228, 393, 395, 397-399, 404
選挙 20, 21, 26, 27, 222, 229-231, 450
潜在的反証子 161-163, 201
漸次的改良 436
専政国家 213, 228
全体主義 95, 179, 210, 211, 214, 216, 219, 392, 427, 442, 443
全体論的レベル 374
選択 80, 81, 242, 248, 342, 344, 346, 385, 404
全知全能 305
前頭前野皮質 386
前途有望な怪物 351
セントラル・ドグマ 284, 344, 345
ソヴィエト 184
総合判断 356
相互作用 61, 63, 302, 303, 319, 339-341, 362, 369, 370, 372, 377-379, 382, 384, 386-390, 432, 439, 440, 446, 447, 454
相似 358
創造 50-52, 60-62, 80, 261, 307, 365, 369, 420, 440
相対主義 190, 245, 295-297
相対性理論 25, 33, 34, 312, 321
相対頻度 330
相同（ホモロジー） 347, 357-359, 363-365
創発 369, 372, 373, 377, 383
ゾウリムシ 360
測定（観測）過程 319
測定精度 316
ソクラテス 85, 211, 214, 254, 393, 394, 408, 409, 416, 424, 430
「ソクラテス以前の哲学者に帰れ」 255
『ソクラテスの弁明』 211, 214, 409
ソフィスト 211
存在被拘束性 276
ゾンニング賞 432

た 行

ダーウィニズム 352, 353, 365, 367
ダーウィン，チャールズ 80, 293, 351, 355, 454
ダーウィン的進化論 351
ダーレンドルフ，ラルフ 278, 280, 456
対位法 51
大宇宙 336, 341, 369
対応説 437
大学入学資格試験 48
代議制 229
体験の世界 336
大恐慌 95
対象 75, 76, 83, 85, 105, 138-140, 143, 160, 200, 206, 243, 251, 310, 317, 329, 330, 334, 336, 360, 361, 370, 371
大進化 369
大地静止説 42, 44
大突然変異 351

大脳　336, 364, 378, 379, 381, 387-389, 439
——神経系　352, 445
——生理学　368, 381, 382, 384
——中枢系　359
——皮質　379, 385, 386
——皮質連絡領野　385
代理　360-362
高島弘文　456
高田紀代志　455
田島裕　434, 440, 454
多数決制　227, 229, 250, 450
多数党　231
谷口茂　455
タブラ・ラサ　356
魂　54, 55, 58, 348, 378, 384, 402, 403, 447
タルスキー，アルフレッド　172, 426, 437
「タルスキーの真理についての哲学的論評」 437
タレス　119, 255-257, 261
単一過程　190
『探究の論理』　25, 34, 46-49, 68, 93, 97, 100-102, 104, 111, 116, 120, 143, 153, 155, 156, 160, 172, 177, 188, 289, 426, 429, 430
『「探究の論理」へのあとがき』　429, 430, 433
探索活動　360-363
単称的仮説（単称言明）　107, 126, 128-130, 135-141, 447
単独事象　330, 331, 335
知
——の客体化　361
——の進化　347, 350, 355, 362
——の世界　341, 437
小さな国家　226, 232-236, 404
知覚　109, 116, 137-141, 145, 338
力　86, 125, 216, 233, 242, 304, 306, 308, 334, 335, 395, 454
知識　6, 19, 25, 31, 50, 62, 70, 72, 97, 104-107, 110, 112, 116, 117, 132, 138, 141, 144, 145, 147, 151, 165, 166, 173, 190, 192, 193, 266, 285, 286, 300, 302, 313, 320-323, 326, 329, 337, 338, 340, 343-346, 348, 349, 355, 356, 358-360, 363-365, 407-410, 414-419, 437, 440, 440, 452, 455
——社会学　38, 212, 275, 276, 300
——の進化過程　355, 356
——の成長　189, 193, 254, 288, 319, 323, 325, 326, 340, 438
——のネット（網）　326
背景的——　144, 145
「知識と実在の形成」　433
「知識と無知の根源について」　431, 438
「知識に関する三つの見解」　430, 438, 453
「知識の進化論に向けて」　434, 440, 454
知性　32, 52, 58, 356, 414, 416
知的生産物　55, 336
地動説　42-44, 123, 125
「知による自己解放」　431, 440, 451
チャーチル，ウィンストン　427, 428
チャルマーズ，アラン・フランシス　455
中央ヨーロッパ　95, 184
中産階級　221, 222
中枢状態　378, 382
中等学校（レアール・ギムナジウム）　47-49, 68, 424-426
チュービンゲン大学　433
チューリッヒ　430
超越論　103-106, 156, 264, 300, 408
聴覚　361, 379
治療的方法　264, 267
チロル　426
ツィルゼル，エドガー　92
ツヴァイク，シュテファン　62
通常科学　289-294, 299, 300
「通常科学とその危険」　292
「通常科学の通常性についてのクーン」 294
辻理　434, 439, 451
定位器官　364
低オーストリア　70

定方向（的）進化　351, 354, 355, 372
テーゼ（主張）　56, 187, 195-199, 206, 266, 274-278, 282, 286, 290-292, 295, 297, 298
デカルト，ルネ　369
デカルト的身心二元論　369, 388
デカルトの問題　369
適応　342, 345, 346, 350, 355, 446
出来事　34, 37, 113, 115, 117-119, 121, 122, 126, 132, 135, 136, 189, 190, 203, 208, 304, 305, 311-313, 316, 329, 331, 335, 345
適者生存　365
テスト　45, 46, 77, 81, 89, 115, 120, 121, 123, 140, 141, 143-147, 151, 154, 155, 290, 315, 329, 414, 424
テスト可能　144, 148, 154, 155, 310
哲学　5, 18-21, 24, 25, 38, 46, 47, 50, 55, 64, 67-74, 76-78, 91, 93, 97, 98, 100, 103, 116, 119, 137, 146-148, 173, 174, 177, 184, 195, 196, 199, 201, 208, 210, 212, 213, 225, 226, 236, 237, 253-256, 258-261, 263-272, 278, 279, 287, 294, 296-298, 300, 303, 343, 360, 367, 378, 379, 405, 423-426, 431, 432, 436, 438-441, 442, 449, 451-453, 455-457
哲学史　70, 73, 74, 111, 199, 255, 261, 425
『哲学探究』　272, 279, 429
「哲学的諸問題の性格と科学におけるその根源」　429, 453
「哲学的パズル」　262, 263, 265
哲学的問題　262-267, 270, 272
「哲学的問題は存在するか」　262, 428
『哲学入門』　73
徹底的行動主義　377, 379, 439
徹底的唯物論　377
デモクリトス　371
デュエム，ピエール　102
テル（Tell）　323-325
電気的世界　389
天才　61, 63-66
天動説　42-44, 123, 125, 414
ドイツ　20, 26, 27, 68, 75, 93, 95-97, 101, 143, 151, 174, 185, 243, 272, 280, 423, 428, 431, 443, 453
『ドイツ社会学における実証主義論争』　272, 273, 280, 453
同一
　——性　114, 258
　——説　378-383, 439, 454
　——哲学　199, 200
　——律　381
『統一科学』　289
トゥールミン，スティーヴン　288, 291
統計的理論　330
統合化　346, 383
淘汰　78, 80, 344, 362
淘汰圧　349
道徳　249, 270, 395-400, 415
　——的規則　266
　——的決定　242, 398
　——的実定主義　397
　——的未来主義　397
　——的問題　266
討論　70, 91, 92, 172, 174, 184, 236, 254, 255, 273, 288, 296-299, 368, 411, 414, 427, 428, 432, 448
討論共同体　412
『討論的理性批判の冒険，ポパー哲学の新展開』　242, 246, 292, 298, 456
トートロジー（恒真命題）　40, 161-163
トールド（Told）　323-325
ドクサ　116, 117
独裁政　213, 227, 228
特殊相対性理論　313
独断　79, 142, 143
　——的思考　50, 52
　——的態度　45
　——論　145
ドグマ　51, 52, 55, 79, 80, 143, 145-147, 270, 294
ドグマティズム　51, 199, 201, 248, 270, 281

閉じた世界　379
トムソン，ジョゼフ・ジョン　158, 371
トライアル・エンド・エラー　55, 195, 196, 231, 275, 347, 350, 356, 444, 446
トランスツェンデンタリスムス　103, 104
トリアーデ（三幅対）　195
トリレンマ　137, 142, 145, 243, 248
　フリースの——　137, 142, 145-147
　ほら吹き男爵の——　241, 243, 244, 448
トルストイ，レフ　205
ドルフュス，エンゲルベルト　68, 96, 97, 426
奴隷解放運動　211
トレルチ，エルンスト　182

な　行

内在的批判　281, 282
内発因説　355, 356, 366
内発的要因　355
内容
　偽——　167-169
　経験的——　40, 155, 160, 161
　情報——　40, 41, 150, 161-167, 413, 447
　真——　167-169
　論理的——　161, 162, 167, 412, 413
長尾龍一　456
中才敏郎　442, 456
「なぜ確率的サポートは帰納的ではないのか」　434
「なぜ論理と算術の計算体系は実在に適用可能か」　428
ナチ・イデオローグ　212
ナチス（ナチズム）　69, 95-97, 178, 210, 393, 426
二月事件　96, 97, 426
二元論　208, 282, 284, 352, 368-370, 388, 445
「西側は何を信じているか」　430
西ドイツ　229, 432
西脇与作　432, 439, 452
二大政党制　229, 231, 232, 450
「日常言語における自己言及と意味」　429
日常的事物　371
ニッチ（棲息環境）　354, 366
ニュージーランド　172, 174-179, 368, 427, 428, 442
ニュー・ディール政策　95
ニュートン，アイザック　34, 52, 108-110, 154, 157, 158, 165, 166, 169, 188, 257, 297, 312, 313, 317, 321, 389, 424
ニューヨーク　95, 130, 428
ニューロン　385
人間の知　347, 356, 357, 363
人間の本性　202
『認識』　289
「認識主体なき認識論」　302, 431, 454
認識論的非決定論　309
認識論的レベル　306
『認識論の二大根本問題』　48, 92, 93, 100-104, 173, 264, 426, 433, 437, 455
ネーフェ，クリスティアン・ゴットロープ　54
ネオ・ダーウィニズム　344, 445
熱　208, 258, 298, 371
熱現象　374
熱力学　388, 389, 439
熱力学の第二法則　389
ネプチューン　154
燃素　156
ノイマン，ジョン・フォン　428
ノイラート，オットー　97, 185, 424
脳　368, 369, 384, 385, 446
能動性　70, 77, 80, 387
『脳と宇宙への冒険』　456
ノーメンクラトゥーラ　220

は　行

バークリー，ジョージ　71, 74, 85
ハーシェル，ウィリアム　143, 144
バートリー，ウィリアム・ウォーレン　5, 242-246, 254, 300, 430, 431, 433, 441, 448, 456

ハーバード大学 428
ハーバーマス，ユルゲン 272, 279, 283, 286, 412, 413
バーリン，アイザイア 173
ハーン，ハンス 140
ハイエク，フリードリヒ 172, 173, 178-180, 185, 205, 427, 428, 432
背景知 345, 346
ハイゼンベルク，ヴェルナー 172, 317, 425, 426
排中律 39, 162
ハイデガー，マルティン 96, 212, 269
ハイドン，ヨーゼフ 54, 60
敗北主義 221
バウアー，オットー 185
萩原能久 455
博愛主義 406
博士論文 48, 69, 86, 88, 425
「バケツとサーチライト——二つの知識理論」 437
パスツール，ルイ 293
パターナリズム 232, 234-236, 404
バッキンガムシャー 429
発生論的二元論 352, 445
発達心理学 75
発展法則 31, 200, 345, 450
バッハ
——，カール・フィリップ・エマヌエル 67
——，ヨハン・ゼバスティアン 53, 54, 65, 67, 307
『果てしなき探求——知的自伝』 23, 24, 30, 46, 51, 53, 56, 64, 78, 95, 173, 178, 265, 353, 432, 438, 452, 454
パトナム，ヒラリー 378
ハプスブルク 22, 26, 70
パブロフ，イワン・ペトローヴィチ 87
浜井修 206, 273, 453, 455
パラダイム 288-295, 297, 299, 344
原田茂 76
パルメニデス 259, 260
反自然主義 187-189, 436, 448, 449
反証 37-41, 44-46, 55, 62, 86, 89, 102, 110, 111, 115, 116, 122-126, 128-135, 143, 144, 150-152, 156-158, 160, 162-166, 249, 250, 260, 290, 315, 350, 357, 408, 416, 437
——回避戦略 37-39, 44, 150, 151, 447
——可能性 25, 39, 41, 43, 44, 62, 89, 102, 111, 120, 122, 126, 131-133, 135, 148-150, 155, 159, 160, 165, 321, 409, 436, 437, 440, 447, 457
——可能性の度合い 41, 152, 158-160, 447
——子 136, 152, 161-163, 200
——実験 44
——主義 99, 102-104, 120, 143, 148, 231, 299, 452
——のがれ 315, 437
——理論 135, 136
反-心理学主義 208
汎心論 378, 380, 439, 454
ハンセン，トロエルス・エッガース 100, 433
ハンソン，ノーウッド・ラッセル 139
反知性主義 58, 61
反応性向 79, 80, 346, 348, 349
反復 112-115
反民主主義者 213
反ユダヤ主義 21-24, 27
非科学的な態度 33, 45
火搔き棒事件 262, 264, 279
悲観的イデオロギー 368
悲観的解釈 365-367
非決定性 310
非決定論 80, 190, 302-304, 306, 308-312, 314, 326, 327, 333, 335, 369, 376, 390, 396, 428, 437, 442, 444, 454, 455, 457, 458
非合理 241, 244, 250, 351, 448
——主義 240-242, 245
——主義への最小限の譲歩 243, 248,

448
——性 241, 243, 244, 247
非真理 282, 284
ヒストリシスト 190-192, 210, 211, 214, 309, 394, 396, 398, 400
ヒストリシズム 50, 63-65, 68, 181-183, 186-191, 195, 201, 208, 222, 321, 345, 394, 395, 397, 398, 436, 438, 448, 449
『ヒストリシズムの貧困』 31, 172, 176-187, 195, 200, 207, 275, 426, 427, 430, 436, 442, 452
非正当化主義 245, 246, 248, 250, 251, 448
被説明項 120, 153, 333
非対称性 89, 124, 134
ピタゴラス学派 261
非妥当性 107, 108, 111, 249, 299, 392
左半球 385, 386
必然性 28, 63, 83, 86, 201, 205, 248, 342, 345, 394, 449
否定の否定 195, 199, 200
ヒトラー，アドルフ 22, 68, 95-97, 174, 178, 227, 427
批判 5, 21, 23, 25, 38, 39, 55, 64, 66, 68, 69, 77, 84, 85, 87, 91, 100, 102, 103, 143, 155-157, 173, 178, 181, 183, 185-187, 189, 191, 193-203, 211, 212, 214, 215, 220-222, 225, 226, 229, 232, 234, 236, 242, 244-249, 251, 255, 257-262, 264, 270-272, 275, 276, 279-283, 285-288, 291, 295, 296, 298, 299, 310-312, 330, 342, 344, 345, 347, 367, 370, 373, 377, 379, 380, 383, 392, 394, 397, 398, 406, 408, 413, 422, 429-431, 436, 439, 442-444, 446, 448, 449, 453, 454, 457
——可能性 247, 248, 409
——的思考 50, 52
——的討論 88, 115, 116, 249, 254-256, 260-262, 277, 287, 441
『批判的理性論考』 455
『批判と科学史』 292
『批判と知識の成長』 288, 454, 456
「ヒューマニズムと理性」 429
ヒューム 71, 74, 77, 85, 104, 107, 108, 437
ヒュームの問題 101
ビューラー
——，カール 48, 69-71, 74-78, 81-88, 139, 425, 444
——，シャルロッテ 75
ビューラー＝ポパー説 87
『ピュロニズム概論』 107
表出機能 83, 84, 327, 342, 444
表出主義 55, 56, 58-60, 63, 447
平等主義 215, 217, 219
『開かれた社会』 177-180, 195, 213, 233, 237, 254, 264, 272, 276, 283
『開かれた社会とその敵』 23, 25, 31, 39, 67, 94, 109, 121, 174, 177, 178, 180, 188, 203, 210, 215, 223, 227, 238, 242, 243, 285, 392, 401-403, 416, 427, 428, 442, 453
『開かれた社会の哲学——カール・ポパーと現代』 456
『開かれた社会——開かれた宇宙』 342, 433, 440, 451
比例代表制 226, 229-232
頻度解釈 330, 331
ヒンメルホーフ 423
ファイグル，ヘルベルト 48, 92, 379, 426
ファイヤーアーベント，ポール・カール 272, 288, 291, 292, 455
ファシズム 68, 94, 96, 103, 174, 211, 222, 223, 393, 442
フィードバック 61-63, 355, 447
『フィデリオ』 53
フーガ 49, 424
不可逆性 389
不確定性原理 172, 317, 425
不寛容 403
福祉国家 223, 233
藤本隆志 431, 438, 453

部族主義　218, 399, 449
物質　293, 339, 340, 361, 371, 378
物理
　古典——学　313, 317
　——現象　371
　——主義　370, 454
　——的過程　318, 319, 378, 380-382
　——的決定論　304, 306
　——的言語　381
　——的世界　318, 335, 379
　——的対象　372
普遍
　厳密な——　127, 128
　数的な——　127
　——概念　138, 139
　——性　127, 128, 160, 285, 408
　——名詞　138
ブラームス，ヨハネス　53
フライブルク大学　96
プラグマティズム　103
ブラック，ジョゼフ　150
プラトン　55, 56, 58, 59, 178, 210-219, 225, 226, 233, 254, 442, 457
フランク，フィリップ　93
プランク，マックス　309
プランク定数　317
フランス　306
フランツ・ヨーゼフ一世　24, 26
フリース，ヤーコプ・フリードリヒ　137
フリードリッヒ二世（大王）　65
フリーメイスン　203
フリッシュ，カール・フォン　84
ブリティッシュ・アカデミー　431
プリンストン大学　428
ブルーノ，ジョルダノ　208
フルシチョフ，ニキータ　430
ブルジョワ　18, 20
ブルジョワジー　19-21, 219-221, 225
ブルジョワ自由主義　20
ブルックナー，アントン　53
フレームワーク　295, 296, 299
「フレームワークの神話」295, 296, 298, 299, 441
『フレームワークの神話』　288, 441
フレネル，オーギュスタン・ジャン　157
ブレンターノ，フランツ　70
フロイト，ジークムント　6, 33, 34, 38, 45, 75, 278
ブロードマン領野　385
プロシア　65
プロトコル文　141
『プロレゴーメナ』　110
プロレタリア　28
プロレタリアート　26, 221, 225
文化的な過程　346, 357
「文化の衝突について」　297, 433, 440, 451
分子　373, 374
『分析論後書』　348
平均化　374
ヘーゲル主義　212
ベーコン，フランシス　88
ベートーヴェン，ルートヴィヒ・ヴァン　53, 54, 65
ヘール通り　29, 424
ベクレル，アントワーヌ・アンリ　293
ペッシュ，アルバート　30, 48, 424
ベッドフォード・カレッジ　172, 426
ヘニンガー，ジョゼフィンヌ・アンネ（ヘニー）　48, 82, 100, 426, 435
ヘラクレイトス　211, 259, 260
ベラミ，エドワード　423
ペリクレス　212, 442, 449
ペルシャ　296
ヘルツル，テオドール　22
ヘルバルト，ヨハン・フリードリヒ　70, 74, 77, 81
変異　80, 344-346, 349-354
変異体　80, 345, 350, 446
弁証法　195-201, 278, 281, 284, 285, 438, 444, 456
弁証法的唯物論　200
「弁証法とはなにか」　195, 427
ペンフィールド，ワイルダー　379

ヘンペル, カール・グスタフ 119
防衛同盟 94
「報告をめぐる討論への注解」 278
「膨大な序論に対する短いあとがき」 273
方法の単一性 187, 275
方法論 117, 143, 154-158, 177, 187, 188, 191, 208, 212, 237, 375, 436, 441
——的規則 151
——的個人主義 185, 191, 206-208, 375
——的反証主義 102, 148, 152, 188, 237, 392, 408, 410, 419, 437, 447
——論争 185
亡命知識人 186
暴力 28, 94, 193, 222, 228, 237, 392, 393, 402, 450
ボエティウス, アニキウス・マンリウス・トルクアトゥス・セウェリヌス 305-310
ボーア, ニールス 174, 254, 298, 427, 428
ポーランド 172
ボールドウィン, ジェイムズ・マーク 355
補強済みのドグマティズム 199, 201, 248, 270, 281
『ポケット版ポパー』 434
保護主義 218, 233, 234
補助仮説 150, 154, 155
没価値 276
ホッブズ, トマス 378
ポパー, ジーモン・ジークムント・カール 18, 20-23, 47, 173, 423, 425
ポパー・シンポジウム 439
ポパー図式 197
ポパー的身心二元論 369
ポパー哲学 6, 19, 35, 83, 274, 298, 300, 303, 335, 336, 439-441, 452-456, 459
『ポパー哲学の挑戦』 300, 456
『ポパーの科学論と社会論』 456
ポパー・ヘンペル・モデル 119
ホモロジー→相同
ポラニー, カール 425
ボルツマン, ルートヴィヒ 344, 434
ホワイトヘッド, アルフレッド・ノース 426
ポワンカレ, アンリ 102

ま 行

マイネッケ, フリードリヒ 182
『マインド』 179, 180, 195, 427
マギー, ブライアン 455
マスグレーブ, アラン 454, 456
『マタイ受難曲』 54
マッハ, エルンスト 48, 71-75, 77, 97, 423, 426
「マッハとアインシュタインの先駆者バークリー」 429
『真昼の暗黒』 180
マルクス, カール 33, 185, 195, 200, 210, 212, 219-221, 223-225, 278, 378, 392, 442
マルクス主義 25-34, 38, 45, 69, 71, 94, 178, 181, 183, 185, 188, 195, 210-212, 222, 279, 392, 394, 397, 424, 436, 457
マルシャク, ヤコブ 185
丸山真男 182
満足のいく説明 153, 154
マンハイム, カール 185, 212, 275, 285, 300
ミーゼス, リヒャルト・フォン 330
ミューズ 56
ミュンヘン 97
ミラー, デイヴィッド 434
『未来は開かれている』 433, 439, 451
未来予測 313, 396, 398
ミル, ジョン・スチュアート 21, 185, 234
ミルの原則 234, 235
民意 231
民主主義 95, 184, 214, 218, 222, 225-229, 232, 236, 237, 393, 450
民主制 213, 215, 449, 450
民族主義 20, 22, 23, 181

無意味　6, 38, 43, 89-91, 126, 149, 239, 264, 267-270, 305, 307, 330, 331, 404, 413, 423
ムーア，ジョージ・エドワード　173, 179
無限後退　137, 142, 143, 240, 243, 244, 257, 332
矛盾律　198, 199
無制約の自由　233
無知　30, 214, 329, 333, 334, 407-410
　——の知　408-410
　——の度合　328-330
　——の前での平等　410
ムッソリーニ，ベニート　68, 97
無定義語　141
村上陽一郎　455
目　351
メンガー
　メンガー，カール（Carl Menger　経済学者）　185
　メンガー，カール（Karl Menger　数学者）　92
モーツァルト，ヴォルフガング・アマデウス　53, 54, 61, 62, 65, 67, 307
目標　152, 153, 183, 216, 217, 347, 361, 380, 415, 449
モジュール　384-387
　開放——　386
　半開放——　386
　閉鎖——　386
モノー，ジャック・リュシアン　377
森博　30, 288, 430-432, 436-438, 452-456
モルゲンシュテルン，オスカー　428
問題解決案　197, 444
問題解決図式　197, 198, 340, 444, 446
『問題解決としての生』　434, 455
問題状況　77, 80, 81, 87, 196, 197, 232, 337, 344, 346, 444, 446
モン・ペルラン協会　429

や　行

薬害エイズ　405
ヤング，トマス　157
唯物論　309, 370-373, 377, 378, 382, 383, 388, 439, 446, 454
優位半球　385
有意味性の規準　90, 91
有機的進化　355, 372, 380
ユークリッド幾何学　109, 376
ユーゴスラビア　434
ユートピア　193, 236, 398, 402
「ユートピアと暴力」　428
豊かさ　376, 377
『ユダヤ国』　22
ユダヤ人　18, 22, 23, 97
ユダヤ民族主義　23
『幼児の精神発達』　76
『ヨーロッパ革命の考察——「社会主義」から「開かれた社会」へ』　456
「ヨーロッパの人びとに呼びかける」　434
予期　81
予測機械　319, 321-325
予測精度　315
予定調和　332, 333
読みとり　385-387
『よりよき世界を求めて』　109, 271, 273, 283, 286, 287, 296, 367, 409, 411, 419, 430-434, 440, 451
「世論と自由主義的原理」　429

ら　行

ライプニッツ，ゴットフリート　381
ライル，ギルバート　173, 378, 428
ラカトシュ・イムレ　143, 254, 288, 292, 432, 454, 456
ラザフォード，アーネスト　158, 293
ラジウム　334
楽観主義　392
楽観的解釈　365, 366, 368
ラッセル，バートランド　61, 62, 73, 107, 172, 173, 179, 213, 430, 432
ラディカリズム　392
ラプラス，ピエール＝シモン　306, 309, 310, 318, 319, 322
　ラプラス的決定論　307

「ラプラスの魔」 306, 312, 318, 319, 322
ラボアジェ，アントワーヌ 157
ラマルク，ジャン＝バティスト 353, 445
ラ・メトリ，ジュリアン・オフレ・ド 378
ランデ，アルフレッド 331-333
ランデの刃 328, 331
力学的世界 389
利己主義 217, 218
リサーチ・プログラム 89
理性 199, 238, 240, 259, 401, 402, 448
——信仰 241
——の限界 448
理想的対話状況 412, 413
理知 401, 402, 407
立法者 415
リトロディクション 119, 313
理念型 186, 207
リベラリズム 71
量子力学 172, 174, 254, 309, 310, 317, 328, 331, 427, 437, 452, 457
量子論 455, 458
『量子論と物理学における分裂』 433, 442
理論科学 120, 121, 185
理論的構築物 206
理論比較 158
倫理 30, 183, 326, 368, 391-401, 407-418, 424, 449
新しい職業—— 394, 417-419
合理主義の—— 401
職業—— 394, 417-420
成功と報酬に逆らう倫理 400, 401
対抗—— 394, 400
ヒストリシストの—— 394-396, 398, 400
古い職業—— 417-420
報酬をもとめる—— 398, 399
ポパーの—— 326, 368, 393, 394, 407, 408, 410-412
類似 33, 52, 114, 179, 316, 343-347, 355, 356
ルイセンコ，トロフィム 158
ルーマニア 220
ルール 117, 151, 152, 155-157, 447
ルエーガー，カール 21, 22, 24
ルター派 18
『隷従への道』 428
レウキッポス 371
レーニン，ウラジーミル 28, 225, 378, 425
歴史 28, 63-65, 179, 181-186, 189-192, 200, 201, 213, 214, 223, 246, 296, 321, 344, 345, 365, 370, 393-396, 398-400, 415, 423, 439, 440, 449, 450, 452
——解釈 212
——科学 120, 122, 188, 345
——主義 182, 448
——信仰 182, 448
——（的）相対主義 182, 293
——（的）予言 27, 28, 184, 219, 223
——哲学 64, 441, 443
——の発展法則 31, 200, 450
——の必然性 394
——法則主義 182, 448
『歴史主義の貧困』 31, 177, 207, 430, 436, 452
「歴史的理解についての客観的理論」 432, 441
『歴史の進歩とはなにか』 405
劣位半球 387
レッセ・フェール 223
連言 86, 107, 119, 128-130, 139, 161, 315
連合 70-74, 87
連合心理学 72, 84-87
連合繊維 386
レントゲン，ヴィルヘルム 293
連絡脳 384, 385, 387, 388
連絡領野 385
連立政権 230, 231
労働生産性 219, 223
ローズヴェルト，フランクリン 95

ローレンツ，コンラート　78, 79, 84, 349, 350, 433, 439, 451, 455
ロシア　65, 205, 424
ロック，ジョン　71, 72, 74, 77, 85, 356
ロックフェラー財団　368, 432
ロッシャー，ヴィルヘルム　185
ロマンチシズム（ロマン主義）　402
論証戦略　310, 316
論争　213, 253-255, 262, 272-274, 278-280, 286-289, 298, 299, 302, 428, 438, 441, 453, 454, 457
ロンドン　172, 174, 175, 178, 185, 210, 426-428, 431, 432, 434
論理
　——学　40, 85-87, 130, 167, 172, 198, 254, 321, 322, 428, 457
　——形式　130
　——実証主義　71, 73, 74, 78, 87-91, 102, 103, 119, 254, 453
　——的関係　245, 247
　——的帰結　153, 154, 161, 240, 338
『論理哲学論考』　91, 263, 424

わ 行

ワーグナー，リヒャルト　53, 64-66
ワイマール共和国　96
惑星　144, 159, 160, 190
技　58, 60
「わたくしは哲学をどのように見ているか」　433, 441
渡り鳥　363, 364
ワトキンズ，ジョン　288, 289, 291-293, 303, 454, 456
ワルター，ブルーノ　49

A－Z

a 遺伝子　353, 354
CIA　203
DNA　344, 363
$p \rightarrow s \rightarrow a$　354, 355, 372
p 遺伝子　353-355
P_1-TT-EE-P_2　197, 340, 444
s 遺伝子　353-355